语言、交际与认知论丛

张京鱼 等 著

中国社会科学出版社

图书在版编目(CIP)数据

语言、交际与认知论丛/张京鱼等著.—北京：中国社会科学出版社，2024.8

ISBN 978-7-5227-3456-9

Ⅰ.①语… Ⅱ.①张… Ⅲ.①语言学—文集②文化交流—文集③认知语言学—文集 Ⅳ.①H0-53②G115-53

中国国家版本馆 CIP 数据核字(2024)第 078679 号

出 版 人	赵剑英
责任编辑	宫京蕾
责任校对	韩天炜
责任印制	郝美娜

出 版	中国社会科学出版社
社 址	北京鼓楼西大街甲 158 号
邮 编	100720
网 址	http://www.csspw.cn
发 行 部	010-84083685
门 市 部	010-84029450
经 销	新华书店及其他书店

印刷装订	北京君升印刷有限公司
版 次	2024 年 8 月第 1 版
印 次	2024 年 8 月第 1 次印刷

开 本	710×1000 1/16
印 张	17.5
插 页	2
字 数	298 千字
定 价	108.00 元

凡购买中国社会科学出版社图书，如有质量问题请与本社营销中心联系调换
电话：010-84083683
版权所有 侵权必究

目 录

《大亨正传》转喻人化之解……………………………………张京鱼（1）

基于有生性层级的概念转喻突显性基本原则研究……………张京鱼（46）

英汉心理附加语事件语义关系对比研究……………陈 锋 张京鱼（57）

汉语描写构式的事件语义与型式研究……陈 锋 张京鱼 冯义梅（74）

论主语与话题之争………………………………………褚瑞莉 张京鱼（92）

汉语语气词研究的互动语言学方法论思考……………刘 锋 张京鱼（104）

构式语法框架下清涧方言"圪AA的"
　　状态形容词研究………………………………刘少杰 张京鱼（116）

"日心说"时间认知模式下汉语"前""后"
　　矛盾时间指向理据辨析………………………陈晓光 张京鱼（138）

汉语时间概念视觉-空间表达的方言及类型学研究……………张京鱼（156）

"S像吃了N一样V"身心状态变化比喻句…………张 慧 张京鱼（168）

"起来"和"下去"的儿童习得研究………………黄 梅 张京鱼（187）

语言符号任意性和理据性之辩……………………时 健 曹思源（207）

形义映射突显二语教学模式……………………………………张京鱼（225）

四个知识性因素对学生翻译创造力的综合影响
　　——以中国旅游景点名称汉英翻译为例………王光庭 唐 玮（237）

交叉融合、特色发展
　　——翻译硕士专业人才培养模式………………………马庆林（257）

《语言、用法和认知》述评………………………………张 祥 时 健（267）

《大亨正传》转喻人化之解[①]

张京鱼

摘要：《大亨正传》(The Great Gatsby, 原译名《了不起的盖茨比》) 是一部永不褪色的世界文学瑰宝。它成功的要诀是其诗学转喻——转喻人化语言风格。《大亨正传》中，转喻人化语言现象俯拾皆是，如 the small reluctant hand (一个不大情愿的小手)，a reluctant backward glance (一个不情愿的扭头回望) 等。转喻人源自张京鱼 (Zhang, 2015) 对心理情感形容词与貌似无生命的、却实为转喻人的名词，如 hand (手) 和 glance (一瞥) 独特搭配的观察。小说中情感和场景描写常常具有生动性和戏剧性，原因在于其转喻人视觉和听觉感知的具身体验性 (embodiment)。转喻人一个重要特征是它的互文性 (intertextuality)，而互文性是转喻人翻译的准则。转喻人化思维和认知方式可以给予移就等反现实主义语言现象一个统一的解释。小说中广泛使用心理情感转喻人构式，此构式分"介词+冠词+心理情感形容词+名词"四字格普通式、"介词+心理情感名词"两字格简式和心理情感副词一字格最简式。四字格和二字格心理情感构式的出现频率等同于一字格的心理情感副词，而这一分布构成了该小说的风格特点，其原因是四字格的视觉、听觉突显性。《大亨正传》是一部文学经典、情感经典、语言经典。转喻人化具有语言学、文学、修辞学和翻译学等理论和应用意义。

关键词：认知诗学；转喻人化；文体风格；情感；心理情感构式

[①] 本文系陕西省教育厅哲学社会科学重点研究基地项目"菲茨杰拉尔德《了不起的盖茨比》中心理谓词与诗学转喻研究"（项目批准号：16JZ054）和教育部人文社科西部"基于有生性层级的转喻人认知模式研究"（项目批准号：17XJA740001）的阶段性成果。

Metonymic Humanization in *the Great Gatsby* and its Chinese Translation

ZHANG Jingyu

Abstract: The success of *The Great Gatsby* as a classic literary masterpiece lies in its poetic metonymy or its metonymic humanization. Humanization such as "the reluctant small hand" and "a reluctant backward glance" abounds in *The Great Gatsby*. The term "metonymic human" first appears in Zhang's (2015) observation of the unusual colocation of mental or affective adjectives like "reluctant" with inanimate but metonymic nouns such as "hand" and "glance". The vividness and dramatization in the descriptions of affect/feelings and settings in the novel emerges from the embodied visual and auditory perception of metonymic humanization. The key feature of metonymic humanization is intertextuality which comprises the translation principle of humanization. Humanization as a poetic metonymic thinking provides a unified account for the anti-realist language phenomena discussed in Dimock (2011). We observe a widely-used mental/affective construction in the novel, which appears in either a four-word "Prep (in/with) +a+mental/affective Adjective + N" phrase, the common form, or a two-word "Prep + mental/affective N" phrase, the simple form, or a one-word mental/affective Adv, the simplest form. The frequency of the four-word and two-word forms parallels with that of one-word Adv forms and such a distribution marks a stylistic feature of the novel because of the visual and /or auditory salience of the common form. *The Great Gatsby* is a literary classic, an affective classic and a linguistic classic. Metonymic humanization has theoretical and applicational values in linguistics, literature, rhetoric, and translation.

Key words: poetic metonymy; humanization; stylistics; affect; mental/affective construction

一　引言

　　《大亨正传》（*The Great Gatsby*，原译名《了不起的盖茨比》）是一部永不褪色的世界文学瑰宝。它是美国兰登书屋世纪百大小说第二名，《新闻周刊》票选百大小说，BBC"大阅读"读者票选百大小说，英国《卫报》最伟大的百大小说，法国《世界报》20世纪百大作品等。《大亨正传》的作者司格特·菲茨杰罗德（又译菲茨杰拉尔德，下文简称"菲氏"）是张爱玲最推崇的小说家，而《大亨正传》是《麦田捕手》作者沙林杰的最爱，村上春树的目标。《大亨正传》在新世纪里是"美国的象征"（American Icon），美国大众文化的一部分（Beuka，2011）。诺贝尔文学奖得主、菲氏的明尼苏达州的同乡，美国文化巨人鲍勃·迪伦（2001）歌曲《夏日》（*Summer Days*）是对菲氏和大亨乔伊·盖茨比那最令人难忘宣告的一个明确无误的抒情致意：

　　　　She's looking into my eyes, and she's holding my hand.
　　　　She looks into my eyes, she's holding my hand.
　　　　She say, "you can't repeat the past,"
　　　　I say "You can't? What do you mean you can't?
　　　　Of course you can."
　　　　她瞅着我的眼睛，她握着我的手，
　　　　她看着我的眼睛，她握着我的手，
　　　　她说，"你不能让时光倒流，过去重来。"
　　　　我说"你不能？什么叫作你不能？
　　　　你当然能！"

　　汉语最早译本是黄淑慎翻译的由台北正中书局1954年出版的《永恒之恋》。美籍华人乔志高1970年在香港今日世界社出版的《大亨小传》译本在港澳台负有盛名，《大亨小传》成为台湾重译本的标准书名。巫宁坤翻译的于1980年在《世界文学》期刊刊载的《了不起的盖茨比》成为大陆重译本的典型译名。目前，台湾出版了二十多部译本，大陆出版了四十多部译本，汉语译本总共有六十多部。我们综合大陆和台湾译本的名称，将其更名为《大亨正传》。英文书名三个词，四个音节，汉语译名四个字。这一更名不仅重现了英文书名 The Great Gatsby 的头韵风格，汉语译名改为尾韵，而且还原了修饰语 Great（伟大的）的正面评价主调。

《大亨正传》这部小说讲述的是一个发生在夏季的故事，情节是一个充满浪漫色彩的离奇情杀案。大亨（乔伊·盖茨比）在纽约其豪华公馆的泳池被一个小车行老板（乔治·威尔逊）枪击而死，凶手也在泳池旁的草坪上自尽。这一谋杀案的原因很简单：大亨是撞死行凶者老婆（茉特尔）的肇事逃逸车（一辆瑰丽的奶油色劳斯莱斯轿车）车主，而给他提供此信息的是撞死行凶者老婆的肇事者（黛西）的丈夫（汤姆·布坎南），后者又是被撞死者（茉特尔·威尔逊）的情夫。肇事者（黛西·布坎南）是大亨盖茨比的初恋和极力想挽回的美梦。大亨盖茨比不像另一"大亨"——肇事者的丈夫（汤姆·布坎南）那样靠世袭而来，而是美国中西部一个农家子弟，经过"一战"及其后生活的磨炼，竭尽心思和手段而"拼"来的，其目的就是与自己的初心"重温旧梦"，最后却因其初心而亡。美梦终归幻灭。《大亨正传》叙述了一个追求美、渴望留住青春、守住初心的"美国梦"的毁灭。

《大亨正传》采用第一人称的叙事手法，叙述者尼克·卡罗威是小说中的重要人物，与矛盾着的双方都有千丝万缕的关系。他是大亨盖茨比的邻居和朋友，又是黛西的表哥，世袭大亨汤姆·布坎南的大学同学，还是黛西的好友乔丹的恋人。他充当了盖茨比和黛西分别 5 年后重逢的牵线人，又是盖茨比重温旧梦的批评者和他惨遭谋杀的同情者。小说中所发生的一切都是尼克这个重要人物的亲身见闻，不加虚饰，令读者感到亲切可信，并与之共情。

The Great Gatsby 究竟好在什么地方？为什么这么出色？这自然离不开第一人称的叙述视角的作用。这种独特的叙述视角赋予了该作品深刻的内涵和严密的结构。然而，造就该小说的艺术成就的还是菲氏的语言艺术。他用像诗歌一般的精练语言，创作了一部类似于史诗般的作品。

我们在认知诗学框架下专注《大亨正传》中的转喻。在文学和其他言语语篇中，转喻可能事实上是比隐喻更常见，而且被雅格布森（Jokobson, 1956）等学者认为是现实主义散文（realist prose）的识别标记（Bredin, 1984）。转喻是文学语篇中常见的一种思维方式，转喻对文学文本的构建有认知语言学和认知心理学理论基础。它既是作者思考事物、认识世界的一种认知方式，又是读者理解和阐释文学语篇的一种思维方式。

认知诗学是认知转向下一个新兴的文学研究流派，也是一个融语言学、文体学和文学批评理论与方法于一体的语言文学界面新视角（封宗信，2021），是对以往语言学与文学结合的一次本体论意义上的提升，对文学和语言学研究都具有一定借鉴作用（熊沐清，2008）。认知诗学是用认知科学提供的工具进行文学研究的一个跨学科方法（Tsur，2008：1-2）。比尔维奇（Bierwisch，1970：98-99）指出，诗学的真正研究对象是文学文本中出现的且能够决定诗歌的特别效果的那些特殊规律性现象，终极目标是人的诗学能力，即人能够产出诗性结构并理解其效果的能力。这种诗学能力与卡勒（Culler，1975）提出的"文学能力"本质上是一样的。认知诗学研究文本里潜藏的规律性现象和人的文学能力，在方法上与包括索绪尔和乔姆斯基在内的 20 世纪许多思想家从现实世界研究虚拟世界的主张是一致的（封宗信，2002，2014）。

《大亨正传》的认知诗学研究包括诗学性（密兹纳，1980）、文体风格（Harvey，1957；Turnbull，1963；Monk，1983；Liu，2010；Guliyeva，2015）、语言特点（周怡帆，2015；殷丽莎，2019 等）、象征手法（高奋、秦泽，1991；余苏凌，1999）、并置手法（Doyno，1966；郑庆庆，2003）、隐喻研究（冯耀东，2019）、色彩描写（李希，2002）、浪漫主义（陈雷，2002）、悲剧意义（兰坪，1997；苏煜，2000）、文化神话模式（方杰，1999）、叙述技巧与艺术效果（程爱民、邵蓓，2000；李树欣）等。据我们所知，尚未见有转喻研究。然而，文学中的转喻现象的研究从 20 世纪中期雅格布森（1956，1960）的隐喻—转喻二分诗学功能理论起开始受到重视，劳奇（Lodge，1977，1979）将隐喻—转喻二分诗学功能发展成隐喻和转喻写作模式，雷科夫和特纳（Lakoff & Turner，1989）和吉布斯（Gibbs，1994）注意到文学作品中作家经常使用转喻方式替代人、物和事件等现象。潘科赫斯特（Pankhurst，1999）从认知语言学角度分析转喻在托妮·莫里森（Toni Morrison）的长篇叙事小说 Song of Solomon（《所罗门之歌》）中的诗学功能，说明转喻思维在文学语篇的鉴赏和教学中具有重要价值。周福娟（2008，2014）从认知语言学角度进一步分析指称转喻的诗学功能在诗歌中的体现。在本研究中，我们专注《大亨正传》中的诗学转喻——转喻人。

概言之，本研究采用认知诗学之道，即运用认知科学的概念、方法来分析文学文本《大亨正传》，涉及诸如文本肌理（texture）、话语（discourse）、情感（emotion）、想象（imagination）等文学基本范畴（Stockwell，2002），聚焦《大亨正传》诗学转喻——转喻人现象的文学性及其语言转化性，即其翻译问题。

二 《大亨正传》诗学转喻——转喻人研究的目的与意义

《大亨正传》诗学转喻研究有三个目的和意义。第一个目的和意义在于语言学方面。我们要论证我们的转喻人这种普遍语言现象。根据黄宣范（Huang，1994），汉语是个转喻性的语言，而英语是个隐喻性的语言。英语这样的隐喻性的语言，经常通过隐喻映射来扩展词汇意义，因此产生了英语中更高程度的动词多义现象。而汉语这样转喻性的语言，主要是通过转喻转换的操作来创造词汇意义，因此造成汉语中更高程度的名词多义事实。

根据我们对英语和汉语的转隐喻现象研究的感受，Huang 对汉语和英语的转喻和隐喻语言类型的概括看似能够成立，然而还需进行修正。例如，*Walls have ears* 是所谓的英语隐喻性表达，而它的汉语对应表达"隔墙有耳"则纯粹只是个转喻表达。按照我们的观点，转喻作为人类语言的一个普遍的思维模式，或者认知基本原则如果成立，那么英语和汉语都是转喻性的。我们认定同一单一认知域或者理想认知模式（ICM）的概念映射是不同认知域或者跨域映射的基础，而且越来越多的研究证明转喻比隐喻更为普遍（如 Barcelona，2000；Radden，2000；Radden & KÖvecses，1999 等），因此我们主张英语和汉语具有相当的转喻性。*Walls have ears.* 其实是拟人+转喻的隐转喻，将"墙"先拟人，"墙"才可能"有耳朵"，而"耳朵"就是人的听觉感知的器官，"人体的一部分指代整体人"转喻。汉语的对应表达"隔墙有耳"就没有拟人这个隐喻操作，"墙的外面有耳"只是一个常见的转喻。这一俗语说明汉语的转喻性和英语的隐转喻性，似乎证明了 Huang（1994）的推断。

针对 Huang（1994）汉语是转喻性语言的推断，雅丽芙-劳尔（Yariv-Laor，2009）对比了从希伯来语、英语翻译成中文的《圣经》施约瑟和联邦两个版本中的转喻表达的汉语翻译，她发现了三种情况：

(i) 有的转喻两个版本都避免转喻处理，如 all the city cried out，两个版本分别翻译成"合城的人就都哭号起来""合城的人都呼喊起来"。他们都将 the city 都翻成了"全城的人"，而不是"全城"的转喻处理；(ii) 有的转喻只有联邦版本是转喻处理，而施约瑟版本是隐喻成语处理，如 Fear not, but let your hands be strong，联邦版的翻译是"你们不要害怕，手要强壮"，而施约瑟版本是"你们不要害怕，要奋勇勉力"；(iii) 两个版本都采用分类转喻操作（categorical metonymic operations），如 unto me every knee shall bow, every tongue shall swear 两个译本的译文分别是"万膝必向我屈，万口必指我而誓""万膝必向我跪拜，万口必凭我起誓"。Yariv-Laor 的分类转喻加工来自卜德（Bodde, 1937）汉语分类思维的洞见，尤其是汉语运用数字把世间所有事物归类，如四方、五谷、六畜、百姓、万民等。"万膝""万口"就是汉语数字+名词复合词构式的示例。Yariv-Laor 的《圣经》希伯来语、英语和汉语版本的对比研究也说明英语是转喻性的语言，因为希伯来语的所有转喻英语都有对应的表达。

正像玛兹纳（Matzner, 2016）在对转喻的重新思考中，注重对诗学行动，即文学作品的诗学手段（poetic device）中转喻现象的解释，我们的贡献是增强学界对转喻人现象的认识。张京鱼（Zhang, 2015）首次提出了转喻人这个概念，或者认知模式。它主要指的从英语感事宾语使役心理动词所派生的 V-ed 形式与人的听觉/声音（voice）和视觉/表情（look）类名词搭配现象，如 An excited/shocked voice said…（一个激动的/惊恐的声音说道），a puzzled/disappointed look（一个迷惑/失望的神态），声音（voice）和神态（look）一类的名词貌似没有生命，因而违反了 V-ed 心理状态形容词对有生命的名词的搭配限制，其实它们是人的听觉和视觉表现，是人的听觉和视觉部分指代整体人的转喻。我们将这个"心理情感形容词+名词"搭配称作转喻人构式。这一转喻人构式，生成转换语言学家豪尔（Hall, 1973）就讨论过伍德豪斯（P. G. Wodehouse）小说中独特现象，而他只注意到移就和非移就之分，而没有谈及转喻：如例（1）和例（2）：

(1) He was now smoking a sad cigarette and waiting for the blow to fall. (*Uneasy Money* [1917], Chapter 9)

他此刻一边吸着一根伤心的香烟，一边等着这一打击的降临。

(《不安之财》伍德豪斯 1917)
(2) He uttered a surprised snort. (P. G. Wodehouse's works)
他鼻子发出了吃惊的哼声。

例（1）中的"形容词+名词"构式是移就①，例（2）中的是非移就（non-transferred epithet）形式。我们的研究目的就是给"形容词+名词"这一构式一个统一的情感转喻解释：转喻人是移就、象征等修辞手法的认知的基础。另外一个研究目的，上文已提及，就是证明英语也是转喻性的语言，它的转喻性不比隐喻性差。英语词汇有形态变化，词类有明显的标记，而汉语在这方面就差一些。我们的基本观点是汉语和英语一样都是转喻性的语言。那么我们的主要任务就是要论证英语是转喻性的语言，因为汉语是转喻性的语言已经被 Huang 提出和论证过了。我们只要证明英语照样是转喻的语言，而且英语里转喻现象，和我们汉语里边一样丰富。它们在情感表达上所用的机制和表达是一样的。

转喻人认知模式起因于对英语感事宾语致使心理动词，如 *amaze*, *disappoint*, *excite*, *puzzle*, *surprise*, *worry* 等的研究，这类心理动词以及其所派生的形容词，由于语法位置和论元角色的不规则映射引起了理论语言学界的广泛关注，而文学界对其独特的使用却鲜有人问津。诗学转喻是文学语篇中常见的一种思维方式，转喻对文学文本的构建有认知语言学和认知心理学理论基础。它既是作者思考事物、认识世界的一种认知方式，又是读者理解和阐释文学语篇的一种思维方式。因此，本研究的第二个目的或意义是在文学、认知诗学等领域对文学性表现的研究。我们将证明互文性和转喻性是"文学性"的具体表现。我们关注并聚焦文学作品里"情感"表达的一个构式，即"心理/情感形容词+名词"，认为这是菲氏的独特"风格"。"心理/情绪形容词+名词"这种现象在菲氏的 The Great Gatsby 以及他的其他的小说中，不论是短篇、中篇，还是长篇中，都是屡见不鲜。小说的标题 The Great Gatsby 本身就是这个"心理/情感形容词+名词"构式的示例，Great"伟大的""了不起的"就是一个评价性心理形容词，整部小说可以说是这一心理评价形成的历程。因此，这一发现是

---

① 例（1）中的心理情感形容词 sad 可以转换成副词 sadly，与动词构成状中结构"副词+动词"，即 He was now smoking a sad cigarette = He was now sadly smoking a cigarette.

文学上、文体学上或者认知诗学的一个贡献。换言之，我们关注的是 The Great Gatsby 或者菲氏文体上的这种情感转喻性语言特点。

我们将证明"心理情感形容词+名词"构式或风格突显情感的转喻机制。尽管菲氏生前没有获得过诺贝尔文学奖，但是他与同时代的诺贝尔奖获得者海明威与福克纳在文学地位上至少是同等的。我们知道海明威是不怎么使用形容词的，就是名字前头不加形容词修饰语，而福克纳经常在名词前加上几个形容词修饰语。因此，相比较之下，菲氏名词前一到两个形容词的修饰语结构就构成菲氏的语言风格。菲氏是最后的一个浪漫主义文学家。作为最后一个浪漫主义者，他所使用的形容词和名词都是一些非常华丽的词语。菲氏又是一位现代主义作家。他的小说被说成是一部田园诗，文字如其标题 The Great Gatsby 一样有诗意，即 Great Gatsby 的头韵。

我们研究的对象是 The Great Gatsby 中的诗学转喻现象，而 The Great Gatsby 是一部英文小说，又是一部文学名著，因此我们的讨论无疑要涉及该小说的翻译问题，也就是它有个翻译或语言转换上的意义。如何把 The Great Gatsby 中的情感转喻的语言风格译成汉语？能不能将其转换成汉语？我们将这部小说标题 The Great Gatsby 最后翻译成《大亨正传》，不仅还原了英文原题目头韵诗学特征，还增加了尾韵的诗学性。这方面的探索就和我们的语言学、文学研究结合了起来。我们的考察一方面可以回答汉语和英语是不是都是转喻性语言的问题，另一方面，我们对叙事风格的能否可翻译，以及对翻译质量和标准都找到了一个突破口。这是本研究的翻译理论和实践方面的意义。

三 《大亨正传》诗学转喻性与经久不忘的阅后效果

《大亨正传》英文原作只有约 5 万个词，中文的译本也都是 9 万 5 千个字左右，篇幅上只能算个中篇小说，然而由于它含蓄、精练的笔法，读起来依然像是长篇小说。菲氏的出版商斯克里布纳（Scribners）的编辑帕金斯（Maxell Perkins）在信中曾指出，这本小说所描写的经验至少需要 3 倍多的字数才能表达得出，这说明菲氏超凡卓越的笔触。他的笔法不是纯写实主义，并不浪费笔墨于枝节的描写，而所追求的乃是暗示和呼唤出适当的情调、气氛和神态。他的笔法也不是纯象征的手法，仍借助具体的事物、对白和时代感，而没有使作品流入空洞和抽象（林以亮，1974）。事实上，《大亨正传》恰到好处地将写实和象征兼容并蓄，调配匀称，既反映出"爵士时代"的精神，又刻画出人性中永恒的一面。《大亨正传》以简单的笔触刻画出具体而含义丰富的意象，使有限的篇幅具有无限的生命。

转喻，与隐喻（metaphor）、提喻（synecdoche）、讽刺（irony）一起组成了四种母修辞（master tropes）（Burke，1941）。雅格布森（Jakobson，1956）第一次提出了隐喻-转喻两大普遍原则的二分诗学功能理论。该理论指出，语篇的发展会沿着两条不同的语义线开展：一个话题通往另一个话题的路径不是通过相似性就是通过邻近性。雅格布森将它们称作隐喻性的和转喻性的语言模式。按照雅格布森的观点，语篇联结话题的方式要么是因为它们相互类似，尽管属于不同的语境，要么因为它们在某种意义上在时空上存在相互的邻近性。大部分语篇两种类型的联结方式都使用，但是不变的是，总有一种方式占主导地位。基于相似性的隐喻模式和基于邻近性的转喻形式构成了语篇性的两极。

隐喻和转喻两大修辞格是指所涉及的加工模式：隐喻是基于相似性的替换修辞格，而转喻是基于实体间邻近关系的修辞格，如因/果、部分/整体等。像所有结构主义思想一样，这一隐喻和转喻二分预设着感知和认知都是关系性的。隐喻或转喻的语篇主导性只能对在相同层面的材料对比上才能建立（Lodge，1977，1979）。在现代主义作家中，乔伊斯比劳伦斯更隐喻性些；乔伊斯后期的作品比起前期的更隐喻性些。不同的体裁本身在转喻和隐喻两极性上就有偏向，叙事是基本的转喻形式，而抒情诗是基本的隐喻性形式。

菲氏在语言的把握上十分注重节奏感和韵律感，他的小说让人读起来很流畅，就好像是在读一首诗歌一样，有一种诗情画意的魅力。《大亨正传》是"某种悲剧性的田园诗"，通篇弥漫着一种悲剧性的情调。在《大亨正传》中，浪漫主义风格要比日常现代意义"浪漫"更重要。《大亨正传》在日常意义上绝对也是浪漫的，即与爱情，特别是那种感伤的或者理想化的爱情有关的浪漫。事实上，浪漫主义色彩和浪漫情调在整部小说的每一页上以各种方式有合有离。即便是《大亨正传》中的"绿灯"象征或隐喻，它在本质上也是转喻性的：黛西家码头上的绿灯指代黛西的家，黛西的家指代黛西，黛西指代盖茨比的"初心"——美国梦。也就是说，我们认为《大亨正传》语言本身是转喻占主导性的。

在《大亨正传》中，菲氏控制住了他的抒情倾向，配合上客观的观察，使他流动的文体获得了实质的机理。这本书成功的要诀是其恰到好处的语气或者情调（Mood）（林以亮，1974），或者情调、气氛的文体唤起（Monk，1983）。

诗人兼评论家 T. S. 艾略特别具慧眼，在给菲氏感谢其赠阅《大亨正传》的信上写道：

> ……可是我已读了三遍。我可以说，好些年来，不管是英国的也好，美国的也好，这是我所见到小说中最令我喜欢和起劲的新作品。等到我有空时，我愿意更详细地向你说明：这本书究竟好在什么地方，为什么这样出色。事实上，我认为这是美国小说自亨利·詹姆斯以来第一部代表作……（林以亮译，1976）

遗憾的是，艾略特没再写信给菲氏讲有关他这本书的出色之处和出色之因。然而，有一点可以肯定，那就是《大亨正传》吻合了或者再现了当时以艾略特为主导的新批评主义（The New Criticism）之精神：轻视情节、人物、行动，意象模式（image-patterns）成为文学的基本东西（basic stuff of literature）。可释解之意义（paraphrasable meaning）消失了，意义与其组成意象成分密不可分。小说中有明显取向的意象模式，如水、体育、财富、阶层、家庭和自我意象等并非独立和迥然不同的实体。它们相互重叠、关联，为相互的意义提供原料或做调整。《大亨正传》是个以定向意象模式为局部意义的多重复合体。在横向和序列方向共同运作的回声和对应构成了该部小说的肌肉组织（Monk，1983）。

菲氏在给海明威的信里对小说是这样定义的：一个小说作品的目的是诉诸于读者心智中的"经久不忘的阅后效果"（the lingering after-effects），它不同于雄辩术或哲学之目的，后者使人们处于格斗或思考的心境或情调。（Turnbull，1963：309）他所追求的是能够进入读者潜意识中的阅后效果。在给凯利·福特的信里，菲氏将阅后效果又说成"经久不忘"的心境或情调：

> 在《大亨正传》里，我选择那些适合某一"经久不忘"或者你

喜欢叫什么都行的特定情调，事先在《大亨正传》里摈弃了，例如所有像长岛、大恶棍、通奸主题等的常见材料，而总是从那些给我留下深刻印象的小焦点开始。(Turnbull, 1963: 551)

不论是阅后效果，还是挥之不去的情调都意味着对普通材料的摒弃。菲氏的经久不忘情调之法源自亨利·詹姆斯和其追随者康拉德，尤其是后者不仅"使你看"(make you see)并同时将视觉效果大大地增强到"经久不忘"的意义之中。文体学家伯克（Burke, 2011）以《大亨正传》结尾片段为例，详细分析了读者在阅读的最后阶段所感受到的独特情感体验，以实验数据论证了菲氏所说的"经久不忘的阅后效果"。

实施经久不忘情调文体唤起的还得靠文笔。隽美的语言是《大亨正传》的一大特色，乔伊斯曾赞赏它是真正用英语写的为数不多的小说之一。20世纪20年代标新立异的实验时代，作家们同时朝不同的方向摸索，如海明威把中西部的口语发展成一种新的语言，少用或者干脆不用形容词，而福克纳则一口气连用五六个形容词，而多斯·帕索斯则将形容词和副词混用在一起（林以亮，1976）。我们在《大亨正传》中发现菲氏在这方面可以既保守又有创新的"Adj+N"（形容词+名词）心理情感转喻人构式风格。《大亨正传》对人物的心理描写非常细腻，转喻等手法的使用增强其艺术的感染力，如例（1）—（2）：

（1）Again a sort of apology arose to my lips. Almost any exhibition of complete self-sufficiency draws a stunned tribute from me. (Chapter 1, p.8)

道歉一类的话又一次升到我嘴边。几乎任何一种完全我行我素、自给自足的神情总会从我这里得到颇有点惊奇的称颂。

在例（1）里，stunned"（因惊讶、震惊而）目瞪口呆的"是从致使或使役心理动词stun（使震惊，使惊讶；给［某人］以深刻印象，使深深感动等）派生的过去分词形式的非使役心理或情感形容词，它所修饰的名词tribute指人们以表敬意所说的话，如称赞。赞扬的话是无生命的。然而，它是从人的嘴里发出来的声音，它便具有了人的属性，即VOICE FOR PERSON"声音代人"转喻。因此，tribute就是我们的转喻人名词，

满足了 *stunned* 对有生命的"感事"（Experiencer）的要求。

（2）I called Gatsby's house a few minutes later, but the line was busy. I tried four times; finally an exasperated central *told me* the wire was being kept open for long distance from Detroit. (Chapter 8, p.130)

几分钟后，我给盖茨比的房子打电话，但是电话线很忙。我试了四次；最后一个恼怒的电话交换机告诉我线路一直在给从底特律来的长途开通着。

例（2）里，*exasperated* "恼怒的"是从致使或使役心理动词 *exasperate*（使……恼怒；激怒）派生的过去分词形式的非使役心理或情感形容词，它所修饰的 *central*（电话交换机），即 *central exchange*（中央交换机），是没有生命的机器或装置。"恼怒的电话交换机"（an exasperated central）搭配组合如何成立？交换机如何能像人一样恼怒？然而，其后的动词"告诉我"（told me）为其提供了认知上的允准条件："一个恼怒的电话交换机告诉我"迫使无生命的交换机成为一个修饰语，而将人的属性赋予其所修饰的隐含中心词，即"电话交换机"转指"控制它的人" *operator*（接线员/接话员），这是 INSTRUMERNT FOR ITS USER "工具代其使用者"转喻的一个示例。这就是我们的研究对象：心理谓词和转喻人。在例（2）里的第一句"我呼叫盖茨比的房子"，或者"我给盖茨比的房子打电话"其实也是转喻，房子转指房子的主人："我呼叫盖茨比"，或者"我给盖茨比打电话"。

英语感事宾语心理谓词，即致使心理动词，如 *stun*, *exasperate* 等，由于其语法位置和论元角色的不规则映射引起了理论语言学界的广泛关注，而文学界对其独特的使用却鲜有人问津。例（1）和（2）里心理或情感形容词和转喻人无生名词的搭配这一貌似怪异现象，就是魏璞和（Dimock, 2011）所称的反现实主义语言现象。诗学转喻是文学语篇中常见的一种思维方式，转喻对文学文本的构建有认知语言学和认知心理学理论基础。它既是作者思考事物、认识世界的一种认知方式，又是读者理解和阐释文学语篇的一种思维方式。例（1）和（2）中的"称赞"（tribute）＝人的话语→人的声音指代"人"；中央交换机（central）＝控制中央交换机的接线员（operator）；盖茨比的房子＝房子的主人盖茨比都是我们所称的转喻人现象。

转喻人认知模式能够给予像例（1）和例（2）的反现实主义语言现象及修辞手法一个统一的解释。语言学和认知诗学框架下的心理谓词和诗学转喻的探索对语言学和文学两个学科的交互研究有很多裨益。

四 《大亨正传》中诗学转喻——转喻人现象

《大亨正传》里转喻和转喻人现象俯拾皆是，例（2）—（10）是第一章至第九章中的一例，我们从小说高潮——第七章中还选了两例：

(2) *I graduated from* **New Haven** *in 1915.* (Chapter 1, p.4)
我1915年毕业于纽黑文。

(3) *He'd* **tanked up** *a good deal at luncheon.* (Chapter 2, p.34)
他午餐时（肚子里）已经灌了很多。

(4) *"Don't ask me," said* **Owl Eyes.** (Chapter 3, p.45)
"别问我"，猫头鹰眼睛说道。

(5) **The world and its mistress** *returned to Gatsby's house and twinkled hilariously on his lawn.* (Chapter 4, p.50)
世界先生和其女主人重新回到盖茨比的公馆，在他的草地上，嘴里嘻嘻哈哈，双脚轻快地漂移着。

(6) *Daisy's face, tipped sideways beneath a three-cornered lavender hat, looked out at me with* **a bright ecstatic smile.** (Chapter 5, p.70)
黛西的脸，在一顶三角形浅紫色的帽子下，微微向边侧倾，带着明亮、喜悦的微笑，斜着眼睛看着我。

(7) *We were at* **a particularly tipsy table.** (Chapter 6, p.88)
我们所在的这张桌子格外有醉意。

(8) a. *Gatsby and I in turn leaned down and took* **the small reluctant hand.** (Chapter 7, p.97)
我和盖茨比轮流弯下身，拉了拉那个不大情愿的小手。

b. *Her voice,…, filled the room with* **thrilling scorn.** (Chapter 7, p.110)
她的话语让整个房间充满着令人刻骨铭心的轻蔑气氛。

(9) Then **the same half knowing, half bewildered look** came back into his **faded eyes**. (Chapter 8, p. 132)

没过多久，那个同样的半清醒、半迷惑的神情又回到他暗淡的双眸中。

(10) *They* drew back the sheet and *looked at Gatsby* with **shocked eyes**. (Chapter 9, 138)

他们掀开那个盖着盖茨比的单子，用惊恐的眼睛看着他。

例（2）—（10）都涉及至少一个转喻表达，如黑体所示，斜体字部分是转喻表达的允准条件或语境。例（2）—（5）中的转喻表达是名词短语或者动词短语［例（3）］。例（6）—（10）里转喻表达还是相同的"Adj + N"（形容词+名词）构式。这一构式我们将在下文详细讨论。

我们先拿例（2）来说明我们的转喻和"转喻人"现象。在例（2）里，*New Haven* 是个地方的名称"新港"或"纽黑文"，而其谓语动词是"毕业于"（graduated from），迫使"纽黑文""新港"城市成为一个修饰语，将其指称指向其被修饰语"学校"，即"我毕业于纽黑文的学校"。纽黑文的什么学校？纽黑文是哪个学校的所在地？纽黑文是 *Yale*（耶鲁大学）的所在地。小说叙述者尼克·卡拉威叙述两年前所经历的一段让他刻骨铭心的亡人盖茨比的往事，这位亡人出身贫寒，靠自己在"一战"中英勇表现，获得去牛津大学学习半年的一种回报，而盖茨比的这一段在牛津的经历却被他毕业于耶鲁大学的对手汤姆所质疑和诟病，因此作为盖茨比的同情者，叙述者尼克刻意低调地叙述其毕业的学校和时间，以与其傲慢的同学汤姆有别。牛津大学在牛津市，而耶鲁大学在纽黑文市。有趣的是，纽黑文在小说中共出现了两次，而第二次是尼克的大学同学汤姆所用，*Yale* 出现的一次是汤姆的同类人物黛西的闺蜜乔丹·贝克所用。可见，纽黑文指代耶鲁大学是 PLACE FOR INSTITUTION，"处所代机构"转喻。毕业于耶鲁大学自然是"耶鲁人"（Yale man），而这又是一层转喻，对应于小说中出现了 6 次的"Oxford man"（牛津人）。因此，例（2）中的 *New Haven* 不仅是个 *Yale* 的转喻，而且是个"Yale man"的转喻人。

我们的研究对象是《大亨正传》中的转喻人，而转喻人是转喻中最能产的形式，或曰最典型的转喻，就如拟人是隐喻中最能产的形式，或曰最典型的隐喻一样。转喻人最常出现在"Adj+N"（形容词+名词）构式里，这个 Adj 通常是心理、情感，甚或生理状态形容词，如例（6）—（10）中的 *ecstatic*（欣喜若狂的），*tipsy*（微醺的），*thrilling*（惊心动魄的），*reluctant*（不情愿的），*knowing*（清醒的），*bewildered*（迷惑的），*shocked*（震惊的），而这个 N 一般是无生命的名词，如例（6）—（10）中的 *smile*（微笑），*table*（桌子），*hand*（手），*scorn*（蔑视），*look*（神态），*eyes*（眼睛）。在例（6）—（10）中的 6 个名词"微笑、桌子、手、蔑视、神态和眼睛"中，只有一个是真正的无生命名词，"桌子"，而其他 5 个名词"微笑、手、蔑视、神态、眼睛"的所指其实不是无生命的，而是我们所称的转喻人（Zhang，2015）。

张京鱼（Zhang 2015）依据西尔维斯泰恩（Silverstein 1976）的经典论文《特征层级与作格性》中的有生性层级提出了一个新有生性层级：人/有生的 > 转喻人 > 无生的，即在人/有生命的和无生命的之间还存在一个转喻人的连续体。

转喻人就是通过转喻表达或者指涉的"人"，如例（4）中的 *said Owl Eyes*"猫头鹰眼睛说道"说明"猫头鹰眼睛"是指涉一个"猫头鹰眼睛"的人，具体指涉的是"戴着巨型的如猫头鹰眼睛眼镜的一个壮实的中年男人"（A stout, middle-aged man with enormous owl-eyed spectacles (Chapter 3, p. 37)）。*Owl-eyes*（猫头鹰眼睛）和 *Owl-eyed*（猫头鹰眼睛的）二词所指一致，在整篇小说中共出现 6 次。第 3 次是 *the owl-eyed man*（Chapter 5, p. 75 那个猫头鹰眼睛男人），最后 3 次都是出现在最后一章（Chapter 9, p. 147）盖茨比的葬礼上，指涉的人是唯一一个曾经做客盖茨比公馆、来给盖茨比送行的客人：*It was the man with owl-eyed glasses*（是那个戴着猫头鹰眼眼镜的男人）→ the owl-eyed man said "Amen to that," in a brave voice（那个猫头鹰眼睛男人以勇敢的声音说道"阿门"）→Owl-Eyes spoke to me by the gate（猫头鹰眼睛在陵园门口对我说）。例（4）中的 *Owl Eye* 和最后一例 *Owl-Eyes* 之差只是两词之间没有连词符号，它在小说中出现在 *owl-eyed man*（猫头鹰眼睛的人）之前，而在 *a man with enormous owl-eyed spectacles*（戴着巨大猫头鹰眼眼镜）之后。猫头鹰在英语里最突出的特征就是眼睛大，英语有所谓的 *big-eyed owl*（大眼猫头鹰）之称，菲氏在猫头鹰眼眼镜（owl-eyed spectacles）之前增加了 *enormous*"巨型"的修饰语，也是凸显此人所戴的眼镜之"巨"、之"大"的特征。正因为此人所戴眼镜的"巨大"特性，就如大眼猫头鹰的自然特征一样，是其最突显的特征，犹如《西游记》中孙行者的火眼金睛，可以看透表面，直视真相：他惊奇地发现盖茨比书架上的书竟然全都是真的，纸页都没有裁开，他是唯一一位参加盖茨比葬礼的曾经光临盖茨比公馆盛宴的宾客。

小说 149 页上的三个 *the man with owl-eyed glasses → the owl-eyed man → owl eyes*（戴着猫头鹰眼眼镜的人→猫头鹰眼人→猫头鹰眼睛）展现了转喻人的通达性和简约性。例（11）展现了"慢板"（a-b-c）和"快板"（d）两条"修饰语+人"转喻人互文路径：

（11）a. A stout, middle-aged man with enormous owl-eyed spectacles…（Chapter 3, p. 37）

b."Don't ask me," said Owl Eyes.（Chapter 3, p. 45）

c. The owl-eyed man…（Chapter 5, p. 75）

d. The man with owl-eyed glasses →the owl-eyed man →owl-eyes（chapter 9, p. 149）

在同一页（p. 149）出现的 3 个"快板"表达（10d）的字数递减：5 个词→3 个词→1 个词。它们的所指都一样。而出现在同一章不同页的（11a-b）和不同章不同页的（10c）"慢板"表达：*a man with enormous owl-eyed spectacles →Owl Eyes →the owl-eyed man*，6 个词→2 个词→3 个词，转喻人表达 *Owl Eyes* "猫头鹰眼睛" 2 个词比在其之前出现的（10a）"修饰语+人"表达字数精简了 3 倍。在第 5 章出现的（11c）采用了"修饰语+人" *owl-eyed man* "猫头鹰眼人"的表达，是转喻人的完整形式，即把被修饰语（the modified）或中心词补全，猫头鹰眼睛=戴着样子像猫头鹰眼睛的眼镜的人→戴着猫头鹰眼眼镜的人→猫头鹰眼人，汉语对应的"猫头鹰眼睛"和"猫头鹰眼人"字数一样，都是转喻人。

Owl-eyed spectacles/glasses（像猫头鹰眼睛的眼镜/猫头鹰眼眼镜）指代戴着它的人，"人的突显性服饰"指代"人"，如阿拉法特所穿的绿色军服指代阿拉法特，乌克兰总统泽连斯基所穿的绿色T恤和军裤成为战争时期的泽连斯基的象征，指代泽连斯基。"猫头鹰眼睛"即"猫头鹰眼镜"，汉语里"眼睛"和"眼镜"还是谐音词。

Owl Eyes "猫头鹰眼睛"的互文性一直可以追溯到第二章第 19 页上

出现的埃克尔堡医学博士的眼睛:

(12) The eyes of Doctor T. J. Eckleburg are blue and gigantic——their retinas are one yard high. They look out of no face but, instead, from a pair of enormous yellow spectacles which pass over a nonexistent nose.

　　T. J. 埃克尔堡医生的眼睛是蓝色的、庞大的——单单瞳仁就有三尺高。这双眼睛不是从什么脸庞上,而是从一副巨型的黄色眼镜里向外看,眼镜也是从一个瞧不出的鼻梁上经过。

眼科医生埃克尔堡博士广告牌上的眼睛就是一副猫头鹰眼眼镜,庞大的(gigantic)、巨型的(enormous)。埃克尔堡医生的眼睛在小说里出现了5次,贯穿第二章至第八章。他这双眼睛、这副眼镜是上帝之眼(God sees everything.[上帝能看见一切] p. 134),目睹了黛西开车撞死茉特尔逃逸的全过程。而以"猫头鹰眼睛"为名的盖茨比的宾客,其所戴的眼镜也是巨型的(enormous),他的眼睛也看破了盖茨比书架上的书纸页都没有裁开,目睹了世态的炎凉:蜂拥至盖茨比的盛宴的以百而计的"玩客"却无一人为其送葬。也就是说,"埃克尔堡医生的眼睛"(the eyes of Doctor T. J. Eckleburg/Doctor T. J. Eckleburg's eyes)尽管指代"眼镜",它所谓的"象征"其实也是转喻人。

Zhang (2015)所提出的转喻人是英语感事宾语使役心理谓词的论元搭配限制语言现象,(13):

(13) "Fixed the world series?" I repeated.
　　The idea staggered me. (Chapter 4, p. 60)
　　"操纵世界棒球联赛?"我跟着说了一遍。
　　这句话(这个说法/想法)简直把我愣住了。

例(13)里的 *stagger* 是 *shock*(使震惊)和 *surprise*(使大吃一惊)的同义词。像 *shock*, *stagger*, *surprise* 一类心理动词是致使性的,要求其宾语是感事(Experiencer),一般为人。这类动词还派生出两类不同形式和功能的形容词:即 V-ing 形式的致使形容词,和 V-ed 非致使形容词。例（8）—（10）中的 thrilling, bewildered, faded①, shocked 都是心理形容词，thrilling 是 V-ing 形式的致使心理形容词，而 bewildered, shocked 是 V-ed 形式的非致使心理形容词。V-ing 形式的形容词和名词搭配没有限制，既可以和有生命的名词，也可以和无生命的名词搭配，而 V-ed 形式的形容词和名词搭配有严格的限制，即只能和有生命的名词搭配，而不能和无生命的名词搭配。因此，例（9）和例（10）中的 V-ed 形容词和名词的搭配，bewildered look（迷惑的神情）和 faded eyes（暗淡的眼睛），shocked eyes（震惊的眼睛）都违反了这一类形容词与有生命的名词搭配限制，应该是不合语法的。然而，日常生活中，尤其是文学作品中，此类搭配却屡见不鲜，如例（9）—（10）。在例（9）—（10）中的名词 look 和 eyes，看似是无生命的名词，然而，look（神态）和 eyes（眼睛）其实都是有生命的，因为它们是生物"人"的一部分，"神态"和"眼睛"都是部分代整体的"转喻人"。例（10）中的"他们用惊恐的眼睛看着他"其实就是"他们惊恐地看着他"。"用惊恐的眼睛看着他"传递着眼睛是"惊恐"情绪的表露渠道或媒介，如"眼睛瞪得圆圆的"等，而"惊恐地看着他"就没有显影（profile）眼睛这个渠道，而显影的是面部表情如"目瞪口呆"和肢体反应如"愣/僵住了"等，这一点我们下文还将详细论述。

五 《大亨正传》反现实主义转喻人视听觉耦合现象

这节主要对魏璞和（Dimock，2011）所称的反现实主义语言现象给予转喻人解释。所谓的反现实主义描写是像（14）小说叙述者尼克在一个暖意洋洋但刮着风的傍晚（on a warm windy evening）去看两个他压根一点都不了解的老朋友（two old friends who I scarcely knew at all）：他的表妹黛西和黛西的丈夫——他的大学同学汤姆·布坎南，对布坎南夫妇房子的描写：

---

① Faded 不是严格意义上的心理形容词，就像其词根 fade [（使）变淡，变暗] 不是心理动词一样。Faded 是唯一一种从动词 fade 派生的 V-ed 形容词，不存在其对应的 V-ing 形容词形式，即 *fading。

(14) Their house was even more elaborate than I expected, a cheerful red-and-white Georgian Colonial mansion, overlooking the bay. The lawn started at the beach and ran toward the front door for a quarter of a mile, jumping over sun-dials and brick walks and burning gardens—finally when it reached the house drifting up the side in bright vines as though from the momentum of its run. The front was broken by a line of French windows, glowing now with reflected gold and wide open to the warm windy afternoon. (p. 5-6)

他们（布坎南夫妻）的宅邸是一所欢快的红白相间的乔治式的殖民期风格的豪宅。宅邸的草坪从海滩开始，跑上四分之一英里到前门，跨越日晷仪、砖墙和闪亮的花园，最后到达房子，沿着房子边向上漂升成明亮的藤篮，就好像是它那跑动的推力所致。

我们对节选原文所附的翻译译文，尽量保留了原作的风格，目的是说明这种反现实主义现象或风格汉语中可译性和可创作性，因为这些反现实主义语言现象是菲氏《大亨正传》的一个显著的文体或者叙事风格，或者其文学性表现。我们不禁要问：反现实主义这一文体风格、叙事方式、文学性的本质是什么？如何对这一现象给予一个充分合理的解释？传统的拟人显然缺乏解释力。我们将证明这一所谓的反现实主义现象，其实一点都不反现实，它是自然的"转喻人"现实，不是拟人（personification），而是转喻人或转喻人化（human/humanization by metonymy）。

像例（14）这样的诗学语言证明菲氏首先是一个文体学家。菲氏句子写作的基本成分始终保持不变：他坚信象征主义（symbolism）和意象性（imagery）以及触发情感（mood）和情绪（feeling）（Wagner-Martin, 2016）。格特鲁德·斯泰因（Gertrude Stein, 1933）就曾预言《大亨正传》将会在菲氏的著名的同代人被忘记后继续被阅读，原因是菲氏是年轻作家中唯一一个"自然地写句子的"（writes "naturally in sentences"），句子是他的专长。

菲氏是 20 世纪 20 年代美国小说家中视觉化最强的作家之一（Kundu, 1987）。视觉范畴化，视觉的一种特别形式，不仅是菲氏小说的一个主题，还是他叙事文体和技巧的一个区分性特征。菲氏用语言描写创造了一个既可以识别又比现实性更生动、更强烈和更具戏剧色彩的视觉世界。菲氏在其试图表达情景的感觉时，使用其所写的词语的威力让读者"听到""感觉"，而且更重要的是让读者"看见"。这是菲氏承继约瑟夫·康拉德（Joseph Conrad）风格的表现。

在小说里，视觉意义是通过作家对形状、物体的色调、人物、事件，以及事物的运动的组合而表达的。具有视觉想象力的小说家的公开目的是触发读者的条件和显露现象，在主题上着墨，其目的是用亨利·詹姆斯（Henry James）的话说，给予"事物的模样，表达它们意义的样子，去捕捉作者在书页上所描写的色彩、凹凸、神态、表面、以及人类奇观的实质"（Kundu，1987）。与电影一样，小说的视觉化也是赋予作品一个真实的氛围（air of reality）。菲氏生动而质感丰富的语言成为赋予盖茨比梦幻华丽而庸俗之美和其浪漫的理想主义真实感的完美载具。

例（14）一段描写的重心是在色彩上：布坎南豪宅的红色和白色突然"被发现"在某种光线、气氛和色彩之中，而且总是用有"质地""神韵"（texture）的词语仔细地刻画和实现的：布坎南夫妻的宅邸是一所"欢快的"（cheerful）红白相间的乔治式的殖民期风格的豪宅。豪宅一部分 *the lawn*（草坪）从海滩开始（started），跑（ran）四分之一英里到前门，跨越（jumping over）日晷仪、砖墙和闪亮的花园，最后到达（reached）房子，沿着房子边向上漂升成（drifting up）明亮的藤篮，就好像是它那跑动（run）的推力所涌起。豪宅的一部分 *the front*（正面）被一排法式窗户断开，此刻因反射的金光而闪烁着，把自己完全开放给既有暖意又有风的下午。

宅邸的整个色调或情调是"欢快的"（cheerful）。宅邸的一部分——草坪由低向高，由周边向中心拟人虚拟运动：开始、跑、跨越闪亮的花园、到达房子、沿着房子边向上漂升成明亮的藤篮等。宅邸的一部分正面因反射的金光而闪烁着，把自己敞开给既有太阳又有风的下午。大亨布坎南宅邸的整个描写（宅邸整体情调→外围草坪的走向→豪宅正面外观）都是转喻模式：整体（the house）部分（the lawn）部分描写（the front），尽管"草坪"部分是拟人的隐喻模式。这段描写中的形容词+名词结构都体现出转喻性：*cheerful mansion*, *burning gardens*, *bright vines*, *reflected gold*, *warm windy afternoon*。

第一句就采用了一个移就修辞格 *a cheerful mansion*（欢快的宅邸）。小说紧接着尼克随着接他的汤姆带领读者走进豪宅的内部，在房子里面他遇到欢快之人（cheerful people）黛西和乔丹。因为房子是人的栖息地，因此可以指代豪宅里的人。黛西是尼克的表妹，因此"cheerful"是尼克见到他表妹前对其住所的第一印象，也预示着这是对她的第一印象。

第二句草坪的走向虚拟运动句其实是叙述者尼克的眼睛运动。这一眼睛运动的起始点是海滩，从海滩开始（计算），向前门跑四分之一英里（从海滩起点到豪宅前门的距离的度量），看草坪的视线，而非草坪本身跨越日晷仪、砖墙和闪亮的花园，最后到达房子，草坪沿着房子边向上漂升成藤篮状也是视觉结果。可见，这一被看作拟人的虚拟运动，其实是叙述者尼克的眼睛视觉虚拟运动，是"视觉运动代视觉结果"（ACTION FOR EFFECT）转喻。

形容词+名词组合：*burning gardens*（闪亮的花园），*bright vines*（明亮的藤篮），*reflected gold*（反射的金光），*warm windy afternoon*（有太阳和有风的下午）等都是"视觉""太阳""时间"转喻。*Burning*（闪亮的），*bright*（明亮的），*reflected*（反射的），*warm*（温暖的）等状态或结果（EFFECT/ RESULT）的 CAUSE 原因都是太阳（the sun）。因此，它们都是"结果代原因"（EFFECT FOR CAUSE）转喻。最后一个形容词+名词组合 *warm windy afternoon* 中复合形容词 *warm windy*，不仅只是个头韵，第二个形容词又为下段的转喻听觉描写埋下伏笔。

由于外边刮着风（windy），窗户都敞开着，因此屋子里一切都处于"飘浮"的运动之中，唯一完全静止的物品是一张巨大的长榻，有两个女士好像锚定的气球一样飘浮在它的上面（15）：

(15) The only completely stationary object in the room was an enormous couch on which two young women were buoyed up as though upon an anchored balloon. They were both in white and their dresses were rippling and fluttering as if they had just been blown back in after a short flight around the house. I must have stood for a few moments listening to the whip and snap of the curtains and the groan of a picture on the wall. Then there was a boom as Tom Buchanan shut the rear windows and the caught wind died out about the room and the curtains and the rugs and the two young women ballooned slowly to the floor. (Chapter 1, p. 7)

屋子里唯一纹风不动的东西是一张庞大的沙发榻，塌上供着两个年轻的女人，活像浮在停泊地面的大气球里。她们两人都是一身白，裙子被风吹得起伏着、飘动着，好像她们是承气球绕着房子外面飞了一圈之后刚刚被吹回似的。我一定在那里站了好一会聆听窗纱抽打声和噼啪声，以及墙上一幅画的哀叹声。忽然，屋子里有一种深沉的响声，汤姆把后面的窗户一一关上，被捕捉的风在屋子里全部死亡，窗帘、地毯和两个女人像气球一样飘落到地面。

例（14）中 *windy*（刮着风）一词是这两段室内屋子里"动态"的 CAUSE，即"使"，室内"动态"表征是 EFFECT FOR CAUSE "结果代原因"转喻。当汤姆·布坎南把房子后边的窗户全部关上之后，风这个使因，也就没有了动力，就死了。

屋子里的风随着汤姆把后面的窗户全关上后全死了，窗帘、地毯和两个女人都着地了，屋子才有了一种深沉的响声。被捕捉在屋子里的风像动物一样没有了生命，全部就地而死。被风吹得飘动着窗户和地毯也因风被阻隔恢复原来的状态，而在静止的长榻上"飘浮着"的两个女人这时也不再能够继续飘浮，落地了。有生命和施事性的人与无生命之物的动与静关系由于从窗户刮进来的风而倒置，视觉和听觉映象耦合交融。

例（15）节选两端各有一个 *balloon*，首端是名词"气球"，末端是名转动的"像气球落地"。像在气球里一样"下降"而非其平常意义像在气球里一样"上升"或"旅行"。这种名转动现象在英语里很普遍（Clark & Clark，1979），尽管克拉克与克拉克（1979）在讨论去名词化的动词现象时没有提及转喻，考瓦克西斯（Kövecses，2002）指出他们的八类去名词性动词都是他所称的 ACTION "行动"理想化认知模式（ICM）转喻示例。也就是说，名转动现象是转喻机制的语法表现。

在例（15）里，她们的裙子如波浪般起伏着（rippling）、飘动着（fluttering），我站在那里有好一阵子聆听窗帘的鞭打声和噼啪声（whip and snap），以及一幅画在墙上的嘎吱声（groan）。"I must have stood there listening to..."是述义性高层转喻（high-level predicational metonymy）CERTAINTY TO ACT FOR ACTION。"必然行动代行动"转喻。"我一定（是）在那里站了好一阵子"。= "我在那里站了好一阵子"。我们的"行动必然代行动"转喻是对潘瑟与索伯格（Panther & Thornberg，2005，2010）提出的 OBLIGATION TO ACT FOR ACTION（行动义务代行动）述义性转喻的一个补充。

总之，节选例（14）和例（15）所表现的所谓反现实主义视觉和听觉耦合现象都是转喻人化(humanization by metonymy)。拟人（personification）是隐喻最能产，或者最典型的形式，而转喻人（化）是转喻最能产、最典型的形式。可见，《大亨正传》的语言风格或者神韵的基础是转喻性本质。

六　转喻人化与移就的释解与翻译

本节将对第四节例（3）、（5）、（7）(8a)类似反现实主义叙述给予转喻人解释。为了行文的方面，我们先将例（5）重复为例（16）：

（16）The world and its mistress *returned* to Gatsby's house and *twinkled hilariously* on his lawn. (Chapter 4, p. 50)

世界先生和其女主人重新回到盖茨比的公馆，在他的草地上，嘴里嘻嘻哈哈，双脚轻快地漂移着。

在例（16）里，*the world and its mistress*（世界先生和其女主人）翻译成"男人和女人""男男女女""先生与太太"似乎都没错，然而那样就失去了原作的讽刺等韵味。The world（世界）是指 *mister*，阳性，"主人""先生""男士""丈夫"之意，英语有 Mister World（世界先生）之说，它的代词是 *its*（它的），而不是 his（他的）。*Mistress* 是 *Mister* 的阴性形式，"女主人""太太""女士"之意。因此，我们将其翻译成"世界先生和其女主人"，完全保留其转喻人的形式和意蕴，他们不是普通的"男人和女人"。*Twinkled hilariously on his lawn*，我们将其按照汉语的表达习惯，地点状语前置，嘴里嘻嘻哈哈（hilariously），双脚轻快地漂移着（twinkled）并置，并将两个词的激活区显影：*hilariously* 是"嘴里"发出的声音而 *twinkled* 是"双脚"的动作。

节选例（3）—例（7）表达的都是"醉酒"之意，我们将其重复为例（17）和例（18）

（17）I think he'd tanked up a good deal at luncheon. (Chapter 2,

p. 20)

我想他午餐时（肚子里）已经灌了不少。

(18) We were at a particularly tipsy table. (Chapter 6, p. 88)

我们所在的这张桌子格外有醉意。

例（17）里，动词 tanked 是从名词 tank "罐""缸""箱"转过来的，是上文所说的行动理想化模式转喻的表现。该句用的是主动语态：人成了"盛酒罐子"，"他（把自己）灌了不少"（tanked up a good deal）。汉语名词"罐"有对应的动词形式"灌"，而它们完全是谐音关系，保持了英语原文的转喻性。

例（18）里，形容词+名词搭配 a particularly tipsy table（一张特别微醺的桌子）是个移就修辞表达，无生命的桌子成了"饮酒的桌子"。桌子怎么可能微醉的？例（18）中移就的合法性的允准条件是什么？

移就的构成是"形容词+名词"，如 a tipsy table（微醉的餐桌）和前文的 an exasperated central（恼怒的交换机）、a cheerful mansion（欢快的别墅）等。也就是说，移就是个带有形容词修饰语的名词短语结构。名词中心词是无生命的，而形容词修饰语却是有生命的，而且常常是"人"的属性或者状态，如欢快、恼怒、微醺等。无生命的名词尽管无生命，然而它却和"人"有着领属关系，如餐桌是人吃饭和饮酒的家具，别墅是人居住的场所，电话交换机是人操作的设备，因此餐桌可以转指食者和饮者，别墅房子可以转指房子主人，电话交换机可以转指接线员。因此，移就的基础是转喻人。转喻人或者移就的允准条件（Licensing requirement）是例（19）：

例（19）句子的主语、谓语、补语，甚至附加语部分有且为施事和感事"人"或者人的"言行"。

具体到例（18），其允准条件就是"we were at..."（我们坐在……）。例（18）涉及双重转喻，或者转喻链：PHYSICAL LOCATION/SPACE FOR PHYSIOLOGICAL/MENTAL SPACE（身体/物理空间代生理/心理空间），"坐在微醉的餐桌上"代"微醉"，和 RESULT FOR ACTION（结果代行动），"微醉"代"饮酒"转喻。

在解释了例（18）移就的转喻人机制之后，我们来看 22 本汉译本对此句的翻译（20）：

(20) We were at a particularly tipsy table. (Chapter 6, p. 88)

a. 我们这一桌的人喝得特别醉。乔志高、巫宁坤、姚乃强、邱淑娟, 李佳纯, 李继宏, 沈学甫

b. 我们这张餐桌上的人都喝得酩酊大醉。范岳, 王欢欢

c. 我们这一桌的人醉得特别厉害。吴建国, 汪芃

d. 我们这一桌的人特别能喝酒。李文浩、李文渊

e. 我们这一桌人都喝醉了。陆琼

f. 我们这一桌几乎个个醉得不省人事。侯皓元

g. 我们都醉得东倒西歪。朱敏

h. 与我们同桌的人嗜酒如命。曾建华

i. 和我们同一桌的客人, 都醉得厉害。黄淑慎

j. 我们这一桌喝得特别多。黄庆芳

k. 我们坐到了一桌醉客中间。张思婷

l. 我们坐在了一桌烂醉如泥的人中。邓若虚, 杨博

m. 我们坐在了一个有人醉酒的桌子上。王晋华

在22个译本中, 有17本 (20a-i) 都将 *a particularly tipsy table* 译成了"桌子上的人", (20g) 甚至放弃了"桌子"不译。这些译本都将 *tipsy* 动词化, 翻译成"喝醉了""喝得特别醉/酩酊大醉""醉得厉害/不省人事/东倒西歪""醉客""烂醉如泥的人""喝得特别多""嗜酒如命"等。Tipsy 是 *slightly drunk*, 而非 *drunk*, 加个 *particularly* "特别"也只是说他们特别有醉意, 并非个个酩酊大醉, 如有醉意时的表现: 贪杯, 话多, 走路跟跄追步、不稳等表现, 读者可以自己去想象。小说中描述有一个酒客宴会结束时还去开车, 将车开到沟渠里, 车轮都撞掉了, 下车后还以为车没油了, 还知道问人加油站在什么地方。"格外有醉意"包含此类"特别醉"的酒客, 也包含特别能喝酒, 和喝得特别多的酒客。这种将原文的移就修辞舍弃, 而改用普通表达, 原文文体风格必然受损。

有4个译本 (20k-m) 将原文中表静态的系表结构"be at a table"转换成了"行为动词"结构: "坐到/在……中/上"。系词 be 状态谓词和行为动词 *sit/be seated* 表意不一样, 它没有后者所具有的意愿性 (volitional) 和施事性 (Agentive), 即有意坐在或者被安排在这个"贪酒"的桌子上之义。系表结构所表达的是整体状态, 这张桌子上的人都

喝得有点多，都特别有酒意。而"坐到/在醉客/烂醉如泥的人中"和"坐在了一个有人醉酒的桌子上"行为动词结构所表达的意义不同：叙述者自己被排除在这些人之外，即叙述者自己没喝多，很清醒，而这显然不是原文之义。

在 22 个译本中，仅有两个译本将其中的移就和转喻进行了转换处理：(20j) 黄庆芳的"我们这一桌喝得特别多。"和（20m）王晋华的"我们坐在了一个有人醉酒的桌子上。"例（20j）和（20m）都直接选用"桌（子）"，而非"桌子的人"。"桌子"是专供吃饭喝酒的家具，"家具代家具的使用者"：食客酒客。保留转喻的直译完全可以做到。然而，王晋华（20m）将 *tipsy table* 的翻译成"有人醉酒的桌子"改变了原文之义：特别有酒意的桌子，桌上所有人都微醺了，而非只有个别人醉酒。王晋华的翻译（20m）清晰无比地指出叙述者尼克没有微醉，这显然有悖于原文之义。因此，在 22 个译本中，仅有一本保留了原作的移就转喻人文体风格。

(21) Gatsby and I in turn leaned down and took the small reluctant hand.
我和盖茨比轮流弯下身，拉了拉那个不大情愿的小手。

例（21）是（8a）的重复，其中 *reluctant hand*（不情愿的手）也是转喻人移就，"手"如何能有意愿？"手"作为"人"肢体的一部分，而且是"人"执行"智力"的"工具"，自然可以指代"人"的智力、人的意愿。有关此句转喻人移就的翻译，12 位译者都在"不情愿的手"前加了"小孩"或者"她的"修饰语，如乔志高、巫宁坤、范岳、姚乃强、王晋华、沈学甫、朱敏、曾建华、黄庆芳、李佳纯、李文浩和李文渊、汪芃等，而有 10 位译者，如黄淑慎、邱淑娟、陆琼、侯皓元、吴建国、李继宏、王欢欢、邓若虚、杨博、张思婷，将此转喻人移就按原文完全转换成汉语，只是他们所用的"手"的量词都是"只"，我们该用"个"这个与"人"通用的量词。类指、通用量词"个"具有"转喻""隐喻"性，而普通量词"只"没有，如我们说"王五是个猪"，但不说"王五是头猪"。

心理情感形容词 *reluctant* 在《大亨正传》中共出现 5 次，其副词 *re-*

luctantly 出现一次。在 5 次形容词中，作定语的 3 次，另外 2 次作表语。三例定语用法中，两例是和转喻人名词搭配，只有一例是和普通"人"名词搭配，即原文 Chapter 2，第 24 页上的 *a reluctant elevator boy*（一个不情愿的电梯小弟）。例（22）是另外一例和转喻人名词的搭配句子：

（22）With a reluctant backward glance the well-disciplined child held to her nurse's hand and was pulled out the door.（Chapter 7, p. 98）

这个有教养的小孩，做了一个不情愿的扭头回望，却并没有放松保姆的手，被拉出了门去。

我们将介词短语 *with a reluctant backward glance* 翻译成动词短语，这样就保留了介词和动词宾语的转喻人名词的对等转换。与心理情感形容词 *reluctant* 搭配的 3 个名词中，2 个是转喻人，而仅有一个是普通"人"名词。可见，英语是一个转喻性语言，汉语也是一个转喻性语言。

七　心理情感转喻人构式

我们这节讨论第四节里例（6）—（10）"Adj + N"（形容词+名词）转喻表达。前文，我们已经解释了例（7）和（9）中的移就转喻人现象：*a particularly tipsy table*（一张格外有醉意的桌子）和（8a）*the small reluctant hand*。现将（6）（8b）（10）重复为（22）（23）（24）：

（22）*Daisy's face*, tipped sideways beneath a three-cornered lavender hat, *looked out* at me with a bright ecstatic smile.（Chapter 5, p. 70）

黛西的脸，在一顶三角形浅紫色的帽子下，微微向边侧倾，带着明亮、喜悦的微笑，斜着眼睛看着我。

（23）"You're revolting," said Daisy. She turned to me, and her voice, dropping an octave lower, filled the room with thrilling scorn.（Chapter 7, p. 110）

"你真叫人恶心，"黛西说。她转身向着我，她的声音，降低了一个音阶,让整个房间充满着令人刻骨铭心的轻蔑气氛。

(24) *They* drew back the sheet and *looked at Gatsby* with shocked eyes. (Chapter 9,138)

他们掀开那个盖着盖茨比的单子,用惊恐的眼睛看着他。

例(22)—(24)中的"ADJ"(形容词)*ecstatic*(欣喜若狂的)、*thrilling*(惊心动魄的)、*shocked*(震惊的)都为"心理"或"情感形容词",后两个形容词 *thrilling* 和 *shocked* 是从致使心理动词 *thrill* 和 *shock* 派生的 V-ing 和 V-ed 形容词。例(21)—(23)中的"N"名词 *smile*(微笑),*scorn*(轻蔑),*eyes*(眼睛/眼神)都是转喻人名词。"微笑"是人的面部一种情感表现,"轻蔑"是人的情感态度表现,而"眼睛"是人体的一部分,"眼神"是人的情感表现。因此,这些转喻人名词其实都是情感名词。我们将"心理/情感形容词+转喻人名词"称作心理情感转喻人构式,心理情感是并列关系,而非修饰关系。

情感(Emotion)作为人类共有的表达方式,在人文学科中的各个分支均具有重要作用。对于情感的兴趣从未囿于文学批评领域,而是跨越了语言学、心理学、认知科学等多个学科(黄荷,2020)。在文学、语言学、心理学和认知科学跨学科研究的热潮之下,情感之于我们理解文学性的重要性愈加明显,最显著的例子就是认知诗学研究和后经典叙事学研究领域对情感研究的推崇和重视(熊沐清,2009;尚必武,2016;王丽亚,2018;黄荷,2020)。对心理/情感转喻人构式的研究对认知诗学和叙事学都有裨益。

"心理情感形容词+名词"心理情感构式是一个体验性的(embodied)转喻人构式,它和人类的生活体验密切相关。这个构式有个限制,就是这个"名词"需要具备[HUMAN/人]的特征,毕竟我们讲起心理/情感,都是说的我们人类的心理/情感,尽管我们也知道其他哺乳类动物,尤其是人类家养的宠物如猫狗等也有情感。我们在生活中经常将这些动物转喻人化,即当成转喻人类,在此情况下,我们可以将[HUMAN/人]的特征扩大到它的上义词[ANIMATE/有生命的]。然而,我们还是想保持人类心理/情感的典型性,强调心理/情感构式[HUMAN/人]的特征这一限制,因此这一限制制约着心理/情感形容词+名词构式的产出和理解。通过转喻而具有[人]特征的名词也符合这一限制或约束。我们将"心理/情感形容词+名词"表达中名词的［HUMAN/人］特征要求是通过转喻的方式来满足的现象称作"转喻人"。最典型的转喻人是人的两个感知器官：视觉和听觉，也就是 look（模样）和 voice（声音），如 an excited/disappointed look/voice（兴奋/失望的样子/声音）。Look/voice（模样/声音）都是 HUMAN（人）的一部分，是 PART FOR WHOLE（部分代整体）转喻。

　　心理情感构式在英语中是个"Det. ADJ N"（指示代词+形容词+名词）NP（名词短语）结构，它可以出现在主语位置，也可以出现在宾语位置，但是最常出现在介词的宾语位置上，如在例（22）—（24）里，心理情感名词短语都出现在介词 with 的宾语位置上。心理情感名词短语的中心词或者短语范畴是名词，因此该"N"本身就是心理/情感名词。例（22）—（24）中的 smile, scorn, eyes 都是我们所称的转喻人心理/情感名词，scorn 是一种情感，而 smile 与 eyes，一个是涉及面部及其组成部分如眼睛的表现，而 eyes 是我们的视觉感知器官，工作中眼睛是其所见所感的表现，因此两者都是转喻人心理情感名词。英语里情感有动词和名词的形式，如 fear（害怕与恐惧），surprise（使惊奇与惊喜）等。因此，英语最常见的情感介词短语是 In/with an ADJ N。因为情感名词如 scorn, surprise 是抽象名词，因此这一介词短语情感结构最简短的表现是 IN N，如例（25）—（26）：

　　（25）"No, it's not exactly a polICE dog," said the man with disappointment in his voice.（Chapter 2, p. 22）
　　"对，它不完全是个警警犬，"那人以（带着）失望的口气说道。
　　（26）"I like your dress," remarked Mrs. McKee, "I think it's adorable."
　　Mrs. Wilson rejected the compliment by raising her eyebrow in disdain.（Chapter 2, p. 25）
　　"我喜欢你的裙子，"麦克凯伊太太说道，"我觉得它很可爱。"
　　威尔逊太太听了这句恭维话不屑地把一边的眼眉挑了一挑。

　　例（25）—（26）里，心理情感名词短语就光杆心理/情感名词本身 disappointment（失望）和 distain（轻蔑）。在例（25）里，心理名词 dis-

appointment 所在的介词短语的中心词介词是 with，而其后面又带有一个修饰语 in his voice（在他的声音里），整个附加语 *with disappointment in his voice* 的意义是他说话时声音里带有失望的感情态度或"情调"。也就是说，它所表达的与 *in a disappointed voice* "以一个失望的口气或者音调"完全一样，两者所不同的是，前者是嵌入式心理/情感表达，而后者是个典型的心理情感表达。菲氏选用了 5 个词的嵌入式心理情感构式，而非 4 个词的典型心理情感构式，以表达此"失望"而非我们一般意义上的失望，威尔逊太太想买只警犬，而卖狗老者知道他卖的狗里没有警犬，却给威尔逊太太拿了一只，被汤姆·布坎南揭穿那狗不是只警犬时，卖狗的老者所表现出的那种没有满足顾客需要的失望，那种失望实际上是他没有成功卖出狗的失落。四词格的典型心理情感表达 *in a disappointed voice* 还可以简化成 2 词格简式 *in disappointment*，而意义没有多少变化。菲氏在这一心理情感构式形式选择上去简就繁，在整篇小说短小精悍风格之下来审视，更显菲氏情感描写的细腻，因为它突显和增强了听觉上的"情调"韵味。

例（26）里的心理情感构式是"介词+心理情感名词"简式：*in disdain* "以示鄙视"。*In distain* 的功能就是副词 *disdainfully* 的功能。同样，心理情感介词构式比心理情感副词在形式上长，一般是 4 个词，简式为 2 个词，而心理情感副词就 1 个词，是心理情感表达的最简式。小说中，心理情感副词使用也不少。因此，选择哪一种心理情感表达形式是作者匠心的一种表现。有心的读者可能已经注意到我们（26）的汉语译文与英语原文在"形式和意义"上有所不同。原文是"拒绝接受"这个恭维话，而拒绝接受的方式是"不屑地挑了挑、耸了耸眼眉"，即 ACTION AND ITS MANNER "行动及其方式"，也就是说，后者是前者的详述（elaboration），行动方式所表达的就是行动本身，只是突显和强化了"行动"的视觉性。这个"拒绝接受"或者"不接受"不是口头上说出来的，而是肢体语言——面部表情所显露出来的。人类通常用点头来表示认同或接受，用摇头来表示不认同或不接受。对别人的恭维话，"接受"一般都是"微笑"和"感谢"，"拒绝接受"一般来说就要指出"不接受"的理由。而威尔逊太太的面部反应"把一边的眉毛挑了挑，耸了耸"把"不屑"情感刻画得活灵活现。在例（26）原文里，*eyebrow* 是单数，而非复数。"挑单眉"是"不屑""蔑视"等情感的面部表现，而当 *eyebrows* 是复数的时，即扬眉，或双眉高挑是"惊吓""惊愕""惊奇""惊喜"等情感面部表现，如在（26）例出现的下一页，第二例 *eyebrows* 就是复数（27），而且是同一个威尔逊太太茉特尔的面部表情。第三例 *eyebrows* 也是复数（28）：

(27) "I told that boy about the ice." Myrtle raised her eyebrows in despair at the shiftlessness of the lower orders. (Chapter 2, p. 26)

"我早都告诉那小子关于冰块的事了。"茉特尔对下层社会的这种打混态度绝望地把眉毛扬了一扬。

(28) "Miss Baker?" he inquired. "I beg your pardon but Mr. Gatsby would like to speak to you alone."

"With me?" she exclaimed in surprise.

"Yes, madame."

She got up slowly, raising her eyebrows at me in astonishment, and followed the butler toward the house. (Chapter 3, p. 42)

"贝克小姐吗？"他问道。

"请原谅。盖茨比先生想跟您单独聊聊。"

"跟我吗？"她惊奇地感叹道。

"是的，女士。"

她慢慢地站起来，对着我惊讶地把双眉挑了一挑，跟着管家向房子走去。

节选例（27）里的一个心理情感结构 *in despair*（绝望地）和节选（28）里的两个心理情感结构 *in surprise* 和 *in astonishment* 都是"介词+心理情感名词"简式。*In despair*（绝望地）和 *in astonishment*（惊讶地）是对动词 *raising her eyebrows at me*（对我把双眉一挑）视觉信息的视觉详述或加强，而 *in surprise*（惊奇地）是对动词 *exclaimed*（惊叫，感叹）听觉信息的视觉信息详述或加强，因此三者选用都是简式。像 *despair*, *surprise*, *astonishment* 一类表示"绝望"和"惊讶、惊愕、惊奇、惊喜"等心理情感的动词或名词，面部表情最突出的特征都是 *raise one's eyebrows* "把双眉高挑"，英语文化里如此，汉语文化里也如此。*Surprise*（惊讶）是人类基本情感（basic emotions）之一，"双眉高挑"这种情感面部表达具有普世性（universal）（Eckman, 1972; Eckman & Cordaro, 2011）。《大亨正传》出版于1925年，菲氏对 contempt, disdain, scorn 等"轻视""鄙视""蔑视"类心理情感的面部表达的单眉高挑和 surprise 惊讶类的双眉高挑的观察和刻画体现出菲氏不仅是文学大师，他还是情感大师、语言大师。

节选例（26）—（28）中的 raise one's eyebrow (s) 把眼眉毛高提或者高挑是人的面部行动或者动作 ACTION，而实际表达的是人的心理状态或情感 PSYCHOLOGICAL STATE/ EMOTION，即 ACTION FOR EMOTION（行动代情感）转喻。

现在，我们再回过头来审视我们对（26）的翻译，英文原文里指明威尔逊太太拒绝接受这句恭维话的方式是两个转喻人同义重复表达 raised her eyebrow in disdain，"不屑地把一边的眉毛挑了一挑"，汉语译文完全转换了英语转喻表达，证明了汉语是个转喻性语言（Huang, 1994）。然而，能体现汉语是个转喻性语言的最好例证是对此句的转喻人化翻译（29b）：

(29) a. 威尔逊太太听了这句恭维话不屑地把一边的眼眉挑了一挑。

b. 威尔逊太太对这句恭维话不屑地把一边的眉毛挑了一挑。

c. Mrs. Wilson raised her eyebrow at the/her compliment in disdain.

例（29a）和例（29b）两个翻译相比较，（29a）的译文似乎更符合汉语的一般表达习惯，听起来更顺畅。"听了这句恭维话"的反应是"不屑地把一边的眼眉挑了一挑"，隐含着对这一恭维的不接受。然而，the compliment "恭维话"是个转喻人名词：恭维话是麦克凯伊太太说的，也就指代麦克凯伊太太本人。"对这句恭维话"，实质上是"对麦克凯伊太太"，不屑地把一边的眼眉挑了一挑。汉语有对谁皱眉、对谁送秋波、对谁发脾气的情感习惯表达，因此（29b）是地道的汉语转喻人表达，3个转喻表达，比英语原文还多出一个，证明了汉语是个转喻性语言。翻过来，（29b）3个转喻表达英语也有对应的形式（29），说明英语也是转喻性语言。

菲氏《大亨正传》中英语情感转喻表达 raise one's eyebrow (s) 共出现3例，"眉毛"竟然有单复数之分，1例"扬单眉"和2例"扬双眉"，我们绝大部分人都是想当然地认为眉毛应该和眼睛一样永远是复数，汉语的对应情感表达"把眉毛一扬"指的都是"扬双眉"的情感反应。"脸上挑起了个单眉"和"脸上扬起双眉"对应的是不同的情感，"轻蔑"和"惊讶"，两种情感的面部表情在英语和汉语里都有相同的具身体验性（embodiment）。然而，就因为我们没有读到和听人说过"脸上扬起了一只单眉"，因此，对这一转喻人现象不是那么敏感。我们的这一发现是在转喻人的理论预测下发现的。转喻人理论非常注重互文性，我们发现3例 *raise one's eyebrow(s)* 的表达，其中2例出现在前后两页上，而且是同一个人的面部表情，我们甚至怀疑过第1例单数的合理性。互文性帮助我们对转喻人现象的确认和证明。互文性是文学性的一个重要元素。小说文体主要是转喻性的，转喻人是转喻的最能产和最典型的形式，因此互文性也是转喻的一个重要元素。我们将互文性作为翻译的一个重要标准。

　　按照我们的翻译互文性原则，忠实的翻译应该体现原文的"扬单眉"和"扬双眉"这一区别。尽管"扬单眉"和"扬（双）眉"出现在前后两页上，而且第一次出现的是单数"扬单眉"，会引起译者的注意，然而我们推测很少有译者觉察出这一语言表达上的差异，因而很少有译者将这两种转喻人情感表达转换成汉语。我们研究的22个译本中，仅有一个译文注意到此点，并将其像我们一样翻译出来（30）：

　　（30）韦尔森太太做出不以为然的样子，抬起一边眉毛。（汪芃 2012，p. 61）

　　上扬的眉毛（raised eyebrows）往往指震惊（shock）、惊讶（surprise）、恐惧（fear）、冒犯（offence）等情感（thefreedictionary.com）。像 *raised eyebrows* 一样，*furrowed brows*（眉头紧皱）和 *frown*（皱眉，蹙额）都是不悦（displeasure）、不赞同（disapproval）面部表情情感转喻表达。*Frown* 一词在《大亨正传》里共出现7次，1次是名词，6次为动词，如：例（31）—（32）：

　　（31）The butler came back and murmured something close to Tom's ear whereupon Tom frowned, pushed back his chair and without a word went inside.（Chapter 1, p. 11）

管家又回来了，靠近汤姆的耳朵嘀咕了些什么，于是，汤姆把眉头一皱、把椅子向后一推，一言不发就去了里头。

（32）"Terrible place, isn't it," said Tom, exchanging a frown with Doctor Eckleburg. (Chapter 2, p.21)

"真是个烂地方，是不是，"汤姆说着，与艾克伯格医生交换了一下蹙眉。

例（31）和（32）都体现出丰富的诗学转喻性。例（31）句由连词 *whereupon*（于是）连接的管家和汤姆两人对应的先后-因果行动链，句法和音韵具有对称性、情景刻画具有视觉性和戏剧性。句子以"管家又（从里头）回来了"开始，以汤姆"就去了里头"结束，管家戏剧性地"靠近汤姆的耳朵嘀咕了些什么"，汤姆戏剧性地"把眉头一皱、把椅子向后一推，一言不发就 V"，整个句子是两头平缓中间是以汤姆为中心的高潮。*Frowned*"把眉头一皱"是 FACIAL ACTION FOR EMOTION EFFECT"面部动作代情感结果"转喻。汉语"把字句"是个戏剧化构式（井茁 Jing-Schmid, 2005），而戏剧化指认知方面的显著性（cognitive Salience）和感情和主观方面的表现性（emotive expressiveness and subjectivity）。认知方面的显著性就是转喻的基本原则，感情和主观表现性是转喻人的基本属性。也就是说，*raised eyebrows*, *furrowed brows* 和 *frown* 等面部表情以及像 *push*（推）一类肢体动作都是情感转喻人表达。

在（32）里，汤姆"与艾克伯格医生交换了一下蹙眉"更是一个地道的转喻人化的情感表达。上文已经交代过艾克伯格医生指广告牌上的艾克伯格医生，或艾克伯格医生广告牌，我们一般都是与人交换"眼神"什么的，因此，汤姆蹙着眉头看了一眼广告牌上的艾克伯格医生的"巨大眼睛"，也就是和艾克伯格医生交换了一下蹙眉，艾克伯格医生代艾克伯格医生（眼睛）广告牌，艾克伯格医生（眼睛）广告牌代艾克伯格医生本人转喻。概言之，（32）体现了转喻的互文性原则。

心理情感名词 N 是人的视觉和听觉感知器官及相关身体部分、心理情感感受或表征。视觉转喻人名词以 *look*（样子）为核心，如 *eyes*, *eyebrows*, *frown*, *expression*, *glance*, *look*；听觉转喻人名词以 *voice*（声音）为中心，如 *ears*, *voice*, *groan*, *murmur* 等；心理情感感受或表征名词如 *surprise*, *despair*, *astonishment* 等。《大亨正传》中的心理情感构式，

有 "In/with an Adj N" 四字格普通式，有 "In/with N" 两字格简式，还有 Adj+ly 副词一字格最简式，如 surprisingly。我们在心理情感普通式中发现一个非常奇特的转喻人名词，其功能完全等同于副词词缀 "-ly"。也就是说，"In an Adj way" 表达式在小说中出现的频率惊人地高，一共出现了 27 次，如例（33）—（34）：

（33）"You see I think everything's terrible anyhow," she went on in a convinced way. (Chapter 1, p. 15)
"你看啊我觉得不知怎么的一切都糟透了，"她继续以自信无疑地口气说。

（34）"Five with Becker." His nostrils turned to me in an interested way. (Chapter 4, p. 58)
"是5个，算贝克在内。"他鼻孔转向我，一副饶有兴趣的神情。

例（33）in a convinced way 中的 "way" 是 voice（声音），而（34）in an interested way 中的 "way" 是 look（样子），而其本身保留其泛指的或抽象的 "方式" 意义。换句话说，way 不仅代表视觉和听觉感知，而且代表一般感知的转喻人。为了确立心理情感转喻人构式在《大亨正传》中的独特性，我们对 Adj-ly 形式的副词进行了统计，整部小说有 780 个 Adj+ly 副词，占所有词汇的 1.5%，而心理情感副词为 470 个，占 Adj+ly 副词的 60%。60% 的 Adj+ly 副词是心理情感副词这一事实可能是奠定《大亨正传》"情感"小说的一个重要贡献因素。

在小说的所有 Adj+ly 心理情感副词中，具有 v-edly 和 v-ingly 两种形式心理情感副词的 V 动词是 excite（使兴奋、使激动），即 excitedly 和 excitingly。以 excite 动词为词根的单词，整篇小说出现 24 次，其中 3 次是致使动词形式，7 次是名词 excitement 形式，V-ed 式形容词 excited 5 次，副词 excitedly 5 次，V-ing 形式形容词 exciting 3 次，副词 excitingly 1 次。在 V-ed 形式形容词 Excited 的用法中，3 次是伪被动式的表语（与主动句动词的 3 次平衡对称），1 次是定语，1 次是过去分词作状语。Excitedly 和 excitingly 两个心理情感副词一共出现 6 次，与名词 excitement 的 7 次基本相当。例（35）—（38）是形容词和副词的用例，而例（39）—（40）是心理情感构式用例：

(35) She dressed in white, and had a little white roadster and all day long the telephone rang in her house and excited young officers from Camp Taylor demanded the privilege of monopolizing her that night, "anyways, for an hour!" (Chapter 4, p. 62)

她身着白色,开着辆白色小跑车,她家的电话整天响个不停,泰勒军营的青年军官们都激动地邀约与她单独共度良宵的特权,"无论如何,一个小时就成!"

(36) As we entered he wheeled excitedly around and examined Jordan from head to foot. (Chapter 3, p. 37)

我们走进去的时候,他(戴着巨型猫头鹰眼镜的男人)倏地一下转过身,颇为兴奋,把乔丹从头到脚地打量了一遍。

(37) Daisy watched him and laughed, her sweet, exciting laugh. (Chapter 7, p. 96)

黛西望着他,笑出了她那甜蜜的、撩人的笑。

(38) He found her excitingly desirable. (Chapter 8, p. 124)

他发现她热切渴慕。

(39) A phrase began to beat in my ears with a sort of heady excitement: "There are only the pursued, the pursuing, the busy and the tired." (Chapter 4, p. 66)

有一句话蓦然在我耳鼓上无比兴奋地反复作响:"世上只有被追求的和追求的、忙碌的和疲倦的。"

(40) Gatsby sprang to his feet, vivid with excitement. (Chapter 7, 109)

盖茨比忽地一下弹了起来,活力四射又激动不已。

例(35)的 *excited young officers* 是典型的心理形容词和人搭配,我们将修饰名词的 *excited* 翻译成修饰动词的"激动地",与(36)的 *excitedly* 一样。例(37)中的 *laughed, her sweet, exciting laugh* 是个同源宾语(cognate object)句,同源宾语由名词中心词和修饰语组成,*sweet exciting* 就是其修饰语,*laugh* 是转喻人名词。例(38)的心理副词 *excitingly* 所修饰的是个心理情感形容词 *desirable*(渴慕的),菲氏没有像一般人常用的 *very*, *extremely* 等程度副词来修饰,而是选用心理副词 *excitingly*(兴奋地、热切地），因为心理情感副词本身具有视觉和听觉的具身体验性。例（39）整个句子是个典型的转喻人（化）现象。"有一句话蓦然在我耳鼓上很兴奋地反复作响"，话是转喻人，因此可以"兴奋地"在我的耳朵里、耳鼓上作响，"耳朵"是转喻人名词，*with a sort of heady excitement* 是心理情感普通式和简式综合体，*excitement* 是个心理情感 N，而 *heady*（强烈作用于感官的；使兴奋的、使有信心的）是个与其被修饰语 *excitement* 同义的心理形容词，意义与 *hot-headed* 一样。*The pursued, the pursuing, the busy and the tired*（被追求的和追求的、忙碌的和疲倦的）是 the Adj 转喻人构式示例。例（40）里的 *vivid with excitement* "活力四射又激动不已"心理情感表达同义叠加。

概言之，Adj+ly 副词整体统计数据和 In an Adj way 部分统计数据，以及与 excite 派生的心理情感词语的分布个案数据表明，In/with an Adj N 心理情感构式普通式和 In/with N 简式在小说中出现的频次与心理情感副词基本相当，符合我们对《大亨正传》突出心理情感构式的观察。在情感表达上，菲氏在《大亨小传》中更趋于使用四字格的心理情感普通式和简式。菲氏在心理情感表达上"舍简就繁"、不吝笔墨，因为四字格、二字格心理情感表达比一字格的心理情感副词更具视觉性和听觉性。这是菲氏的"文字用在刀刃上"。

八 结论

我们以《大亨正传》为素材来讨论诗学转喻，论证我们的转喻人化思维或者认知方法。《大亨正传》中超凡的心理情感转喻人构式分布是诗学转喻或者转喻人思维最好的佐证。我们以雅格布森的转喻和隐喻二分修辞或诗学功能观入手，主张语言转喻的首要性和基础性。尽管菲氏是最后一个浪漫主义作家，但他仍然是一个现实主义作家。《大亨正传》在本质上是转喻性的，尽管象征主义和隐喻性也是该小说的重要特点，但是像"绿灯"（the green light）这一象征或隐喻本质上是转喻性的。我们在验证 Huang（1994）提出的汉语是个转喻性语言的同时，假定英语首先也是转喻性的语言，尽管按照 Huang 的假设英语是隐喻性的语言。《大亨正传》中转喻、移就现象俯拾皆是。如果汉语是转喻性的语言，汉语译者就应该将英语原文中的转喻和移就转换成汉语。我们考察了 22 个汉语译本对这些转喻和移就的翻译，发现汉语译本里有对这些转喻和移就的对应转换，这不仅验证了汉语是转喻性的语言，而且证明了转喻和移就的可译性。我们的分析将 Zhang（2015）提出的转喻人提升为转喻人化，转喻的最典型和最能产形式，对应于拟人是隐喻最典型和最能产的形式。这是本研究的重大发现。这一转喻人化思维或认知方式能够给予心理情感形容词和转喻人无生名词的搭配，以及魏璞和（Dimock 2011）所称的反现实主义语言现象等一个统一的解释。

《大亨正传》文学性和认知诗学性的主要表现是转喻人化的视觉听觉耦合。我们不仅论证了转喻人的互文性特征，而且论证了互文性是翻译的一个基本原则。我们提炼出心理情感四字格普通式、二字格简式和心理情感副词一字格最简式。心理情感构式是典型的转喻人构式。四字格情感普通式和简式突显了心理情感的视觉性和听觉性具身感知，是诗学转喻的具体构成形式之一，是《大亨正传》经久不忘情调的基石。《大亨正传》是一部文学经典、情感经典、语言经典。转喻人化具有语言学、文学、修辞学和翻译学等理论和应用意义。

主要参考文献

Barcelona, A. On the plausibility of claiming a metonymic motivation for conceptual metaphor. In A. Barcelona（ed）, *Metaphor and Metonymy at the Cross roads* 31-58. Berlin/NY：Moulton de Gruyter, 2000.

Beuka, Robert. *American Icon：Fitzgerald's The Great Gatsby in Critical and Cultural Context*. New York：Camden House, 2011.

Bredin, Hugh. Metonymy. *Poetics Today*, 1984, 5（1）：45-58.

Burke, Michael. *Literary Reading, Cognition and Emotion：An Exploration of the Oceanic Mind*. London：Routledge, 2011.

Clark, Eve V. & Clark, Herbert H. "When nouns surface as verbs." *Language*, 1979, 55（4）：767-811.

Culler, J. *Structuralist Poetics*. London：Routledge & Kegan Paul, 1975.

Dimock, W. C. Fitzgerald's *The Great Gatsby*, Lecture 4 & 5, Open Yale Course：*Hemingway, Fitzgerald, Faulkner*, Yale University, September 13, 15, 2011. https：//oyc.yale.edu/american-studies/amst-246.

Doyno, V. A. Patterns in the "the Great Gatsby". *Modern Fiction*

Studies, 1966, 12 (4): 415-426.

Ekman, P. Are there basic emotions? *Psychological Review* 1992, 99 (3): 550-553.

Ekman, P & Cordaro, D. What is Meant by Calling Emotions Basic. *Emotion Review*, 2011, 3 (4): 366-370.

Fitzgerald, F. Scott. *The Great Gatsby*. USA: Charles Scribner's Sons, 1925.

Goossens, Louis. Metaphtonymy: The interaction of metaphor and metonymy in expressions for linguistic action. In Dirven, R. and Po¨rings, R (eds.), *Metaphor and metonymy in comparison and contrast* 349-377. Berlin: Mouton de Gruyter, 2002.

Gibbs, R. W. *The Poetics of Mind: Figurative Thought, Language and Understanding*. Cambridge: Cambridge University Press, 1994.

Guliyeva, Ulkar. "The Great Gatsby" by F. Scott Fitzgerald: stylistic devices and their interpretation into the Azerbaijani language. Unpublished MA Thesis, Khazar University, 2015.

Hall, Robert A., Jr. The transferred epithet in P. G. Wodehouse. *Linguistic Inquiry* 1973, 4: 92-94.

Harvey, W. J. Themes and Texture in the Great Gatsby. *English Studies*, 1957, 38 (1): 12-20.

Huang, Shuanfan. Chinese as a Metonymic Language. In Chen, M. Y. & Tzeng, O. J. L (eds), *In Honor of William S. Y. Wang: Interdisciplinary Studies in Language and Language Change*, 223 - 252. Teibei: Pyramid Press, 1994.

Irwin, John T. *F. Scott Fitzgerald's fiction: "an almost theatrical innocence"*. Johns Hopkins University Press, 2014.

Jakobson, Roman. Closing statement: Linguistics and Poetics, in Sebeok, T. A. (ed.) *Style in Language*, 350 - 377. Cambridge, Mass. MIT Press, 1960.

Jakobson, Roman. Two Aspects of Language and Two Types of Linguistic Disturbances, in Jakobson and Halle (eds.), *Fundamentals of Language*. The Hague, 1956.

Kövecses, L. Z. Emotion concepts: Social constructionism and cognitive linguistics. *The verbal communication of emotions*. Psychology Press, 2002: 117-132.

Kövecses, L. Z. Emotion, metaphor and narrative: The Mind and Its Stories: Narrative Universals and Human Emotion, *TRENDS in cognitive sciences*, 2004, 8 (4): 154-156.

Kundu, Gautam. F. Scott Fitzgerald's Verbal Cinema: Film Techniques in the Major Novels. Unpublished Ph. D. Dissertation, Oklahoma State University, 1987.

Lakoff, G. & Johnson, M. *Metaphors We Live By*. Chicago: The University of Chicago Press, 1980.

Liu, Xiangqi. Stylistic Analysis of The Great Gatsby from Context Category. *Journal of Language Teaching and Research*, 2010, 1 (4): 416-425.

Lodge, David. *The Modes of Modern Writing: Metaphor, Metonymy, and the Typology of Modern Literature*. London: Edward Arnold, 1977.

Lodge, D. Historicism and Literary History: Mapping the Modern Period. *New Literary History*, 1979, 10 (3): 547-555.

Lodge, David. *Nice Work*. London, Seeker & Warburg, 1988. New York, Viking, 1989.

Matzner, Sebastian. Rethinking Metonymy: Literary Theory and Poetic Practice from Pindar to Jakobson. Oxford University Press, 2016.

Wagner-Martin, L. Writing "naturally in sentences": The Joys of Reading F. Scott Fitzgerald. *The F. Scott Fitzgerald Review*, 2016, 14: 215-228.

Monk, D. Fitzgerald: The Tissue of Style. *Journal of American Studies*, 1983, 17 (1): 77-94.

Pankhurst, A. Recontextualization of metonymy in narrative and the case of Morrison's Song of Solomon. In Panther, K-U & Radden, G. (eds.) Metonymy in Language and Thought. Amsterdam: John Bejamins, 1999.

Panther, K-U. & Thornburg, L. The role of conceptual metonymy in meaning construction. *Cognitive linguistics: Internal dynamics and interdisciplinary interaction*, 2005: 353-386.

Panther, K-U. & Thornburg, L. Metonymy. In Geeraerts, D. & Cuyckens, H. eds. , *The Oxford Handbook of Cognitive Linguistics* 236-263. Oxford University Press, 2010.

Potts, Christopher. 2007. Expressive dimension. *Theoretical Linguistics* 33, 2: 165-98.

Radden, G. How metonymic are metaphors? In A. Barcelona (ed), *Metaphor and Metonymy at the Cross roads* 93 - 108. Berlin/NY: Moulton de Gruyter, 2000.

Radden, G. , and Kövecses, Z. Towards a theory of metonymy. In Panther, K-U. & Radden, G. eds. , Metonymy in language and thought 17-59. Amsterdam: John Benjamins, 1999.

Stein, Gertrude. The Autobiography of Alice B. Toklas. *Atlantic Monthly* May 1933: 513 - 27; June 1933: 677 - 88; July 1933: 56 - 69; August 1933: 197-208.

Stockwell, Peter. (2010) Humanity and the art of literary linguistics, *Acta Linguistica Hafniensia: International Journal of Linguistics*, 42: S1, 103-116.

Tredell, Nicolas. Fitzgerald's the Great Gatsby: A Reader's Guide. Continuum. 2007.

Tsur, R. *Toward a Theory of Cognitive Poetics*. Amsterdam: North - Holland, 1992. 2nd ed. Brighton and Portland: Sussex Academic Press, 2008.

Wodehouse, P. G. *Uneasy Money*. Blackstone Audiobooks, 2009.

Yariv-Laor, L. Metonymies in Chinese Translations of the Bible: The Schereschewsky and Union Versions. *Translation Quarterly* 2009, Nos. 53 & 54: 93-115.

Zhang, J. Animacy hierarchy effects on the L2 acquisition of psych adjectives, Applied Psycholinguistics, 2015, 36 (2): 275-298.

阿·密兹纳文:《弗·司各特·菲兹杰拉德——"借来的时代"的诗人》,范与中译,《世界文学》1980年第6期。

陈雷:《对〈了不起的盖茨比〉的一种解读》,《国外文学》2002年第2期。

程锡麟、王晓路:《当代美国小说理论》,外语教学与研究出版社

2001 年版。

程爱民、邰蓓：《论〈大人物盖茨比〉的叙述技巧与艺术效果》，《国外文学》2000 年第 4 期。

方杰：《论〈了不起的盖茨比〉的文化神话模式》，《国外文学》1999 年第 1 期。

冯耀东：《认知视角下的〈了不起的盖茨比〉中的隐喻研究》，《北方文学》2019 年第 6 期。

封宗信：《认知诗学：认知转向下的后经典"文学学"》，《认知诗学》2014 年第 4 期。

封宗信：《符号学视角下转喻的认知绕道》，《中国外语》2021 年第 1 期。

高奋、秦泽：《论〈了不起的盖茨比〉的象征手法》，《杭州大学学报（哲学社会科学版）》1991 年第 4 期。

黄荷：《文体学视角下的情感研究》，《外国文学》2020 年第 5 期。

兰萍：《崭新的悲剧意义》，《外国文学》1997 年第 6 期。

李树欣：《认知视域中的不可靠叙述——以〈了不起的盖茨比〉为例》，《外语学刊》2015 年第 5 期。

李希：《论〈了不起的盖茨比〉中色彩描写在人物刻画中的作用》，《外国文学研究》2002 年第 3 期。

林以亮：《介绍〈大亨小传〉》，在费滋杰德著，乔志高译《大亨小传》，今日世界出版社 197 年版。

尚必武：《文学叙事中的非自然情感：基本类型与阐释选择》，《上海交通大学学报（哲学社会科学版）》2016 年第 4 期。

苏煜：《梦里不知身是客——〈了不起的盖茨比〉中的悲剧意识探析》，《上海师范大学学报（社科版）》2000 年第 8 期。

王丽亚：《修辞叙事研究中的情感维度》，《英语研究》2018 年第 2 期。

熊沐清：《语言学与文学研究的新接面——两本认知诗学著作述评》，《外语教学与研究》2008 年第 4 期。

熊沐清：《多样与统一：认知诗学学科理论的难题与解答》，《外国语文》2011 年第 1 期。

殷丽莎：《〈了不起的盖茨比〉的语言特点》，《广西民族师范学院学报》2019 年第 2 期。

余苏凌：《略论〈了不起的盖茨比〉中象征手法的运用》，《国外文学》1999 年第 1 期。

郑庆庆：《论〈了不起的盖茨比〉中的并置对照手法》，《天津外国语学院学报》2003 年第 3 期。

周福娟：《指称转喻在文学语篇中的诗学功能》，《苏州大学学报（哲学社会科学版）》2008 年第 1 期。

周福娟：《指称转喻在文学中的认知功能》，《外语教学》2014 年第 4 期。

周怡帆：《〈了不起的盖茨比〉的语言特色分析》，《短篇小说：原创版》2015 年第 3 期。

菲氏英文原著和中文翻译译本：

Fitzgerald, F. Scott. *The Great Gatsby*. USA: Charles Scribner's Sons, 1925.

菲茨杰拉德：《了不起的盖茨比》，邓若虚译，北京十月文艺出版社 2015 年版。

菲茨杰拉德：《了不起的盖茨比》，董继平译，浙江文艺出版社 2017 年版。

菲茨杰拉德：《大人物盖茨比》，范岳译，辽宁人民出版社 1983 年版。

菲茨杰拉德：《了不起的盖茨比》，侯皓元译，陕西人民出版社 2010 年版。

菲茨杰拉德：《了不起的盖茨比》，黄庆芳译，航空工业出版社 2008 年版。

费兹杰罗：《大亨小传》，黄淑慎译，正中书局股份有限公司 2001 年版。

菲茨杰拉德：《了不起的盖茨比》，贾文浩、贾文渊译，北京燕山出版社 2010 年版。

菲茨杰拉德：《了不起的盖茨比》，李继宏译，天津人民出版社 2013 年版。

费兹杰罗：《大亨小传》，李佳纯译，商周文化事业股份有限公司 2012 年版。

菲茨杰拉德：《永恒之恋》，陆琼、崔人元译，东方出版社 2010

年版。

费兹杰罗:《大亨小传》,乔志高译,今日世界出版社 1974 年版。

费兹杰罗:《大亨小传》,邱淑娟译,晨星出版有限公司 2002 年版。

菲茨杰拉德:《了不起的盖茨比》,沈学甫译,中国文联出版社 2016 年版。

菲茨杰拉德:《了不起的盖茨比》,王欢欢译,北京理工大学出版社 2021 年版。

菲茨杰拉德:《了不起的盖茨比》,王晋华译,中译出版社 2016 年版。

菲茨杰拉德:《了不起的盖茨比》,吴建国译,上海文艺出版社 2015 年版。

菲茨杰拉德:《了不起的盖茨比》,巫宁坤译,中国宇航出版社 2015 年版。

菲兹杰罗:《大亨小传》,汪芃译,远流出版事业股份有限公司 2012 年版。

菲茨杰拉德:《了不起的盖茨比》,杨博译,生活·读书·新知三联出版社 2019 年版。

菲茨杰拉德:《了不起的盖茨比》,姚乃强译,中央文献出版社 2004 年版。

菲兹杰罗:《大亨小传》,张思婷译,漫游者文化事业有限公司 2013 年版。

菲茨杰拉德:《了不起的盖茨比》,曾建华译,长江文艺出版社 2013 年版。

菲茨杰拉德:《了不起的盖茨比》,朱敏译,武汉出版社 2015 年版。

(张京鱼:西安外国语大学外国语言学及应用语言学研究中心,陕西西安 710128;zhangjingyu@sixu.edu.cn)

基于有生性层级的概念转喻突显性基本原则研究①

张京鱼

摘要：本研究基于有生性层级发展人类思维认知方式转喻的突显性基本原则理论。在"慢火车温暖村民出行路"这一新闻标题中，"慢火车"和"出行路"都是无生命的实体名词，而表述这两个名词之间关系的动词"温暖"却是一个表述有生命的实体的动词。在这种转喻表达的认知释解中，唯一变化的是这个表达整体中各个成分/组件的"突显度"。我们提出转喻性体验的本质是其突显性认知基本原则，构建概念转喻的认知突显方案。

关键词：转喻；突显性；有生性层级；转喻人

Salience Principle of Conceptual Metonymy Based on Animacy Hierarchy

ZHANG Jingyu

Abstract: This study establishes and highlights the salience principle of conceptual metonymy based on Animacy Hierarchy. In the headline of *A Slow Train Warms the Villagers' Travel Path*, the subject NP "a slow train" and the object NP "the travel path" are both inanimate nouns while the verb "warms"

---

① 本文系教育部人文社科西部（项目批准号：17XJA740001）"基于有生性层级的转喻人认知模式研究"和陕西省教育厅哲学社会科学重点研究基地项目（16JZ054）"菲茨杰拉尔德《了不起的盖茨比》中心理谓词与诗学转喻研究"的阶段性成果。

which denotes the relations of these inanimate nouns normally denotes the relations of animate nouns. In the construal of such metonymic expressions, the only variance is the salience of the constituents of the whole expression. We propose the general principle of salience as the nature of the embodiment of metonymy, thus providing a salience-based program for conceptual metonymy.

Key words: metonymy; salience; animacy hierarchy; humanization

一 引言

本文是对体验哲学人本转喻认知模式的研究。我们认为概念结构与感知结构具有相似性，人的转喻性体验思维与认知和人类语言语法的转喻性并无二致。人这一主体与世界之互动无处不见其主体性，其语言表征和释解都受到转喻性认知模式的制约。"林海雪原'慢火车'温暖村民出行路"是2021年2月17日央视播放的一则新闻标题：在林海雪原上，每天都运行着这样一趟只有四节车厢的"慢火车"。每逢下雪公路难行，这趟绿皮火车就是当地人唯一的出行方式。"慢火车"运行在"村民出行路"上，运行的慢火车温暖着村路，火车运营者温暖着村民。就像慢火车是当地村民唯一的出行方式，转喻是人的一个基本思维和认知方式，尽管不是唯一。火车和村路都是无生命的名词却代表着有生命的实体，火车是人制造的交通工具，而村路是人踩出来或者修的处所，两者在语言交际和认知释解中自然都成了"转喻人"（张京鱼Zhang，2015），谓语"温暖"的释放者/提供者和承接者。

突显性，又称显著度（salience）是知觉心理学的一个基本概念，显著的事物是容易吸引人注意的事物，是容易识别、处理和记忆的事物（沈家煊，1999）。有生性，又称生命度，是一种基于名词所指称对象的知觉度和是否有生命等而来的，与语义和语法相关的范畴。有生性层级（Animacy Hierarchy）便是人类主体和世界互动中的一个重要一元，语言表征中的转喻人现象，如"一个激动/兴奋的声音说道X"（An excited voice said X）中的"声音"（voice），是转喻性体验的再现（Zhang，2015）。本研究就是基于有生性层级发展人类思维认知方式转喻的突显性基本原则理论，因为在"慢火车温暖村民出行路"语言表达的认知中唯一变化的是这个整体中各个成分/组件的"突显度"。我们提出转喻性体验的本质是其突显性认知基本原则，构建概念转喻的认知突显方案。可见，本研究具有认知科学理论建设之意义，属本学科的国际前沿性研究。

二　国内外研究现状述评

（一）研究现状梳理

转喻无处不在，从语法到修辞表达，到处都有其身影。我们的语言研究，实在是不能无视转喻这头在屋里四处走来走去的大象（袁毓林，2018）。自20世纪80年代以来，转喻和隐喻一起从修辞格转变成了心理机制或认知方式。转喻在这一转向的起初是在隐喻论述中顺便被提及的，而其被关注度逐年增强，到世纪交替前后其独立地位不仅得到确立，而且有超越隐喻之势，越来越多的研究证明转喻比隐喻更为普遍（如Barcelona，2000；Radden，2000；Radden & Kövecses，1999等）。近年来，将转喻作为一个概念现象的研究越来越多元化，如转喻的概念本质、转喻与隐喻的关系、词义拓展的转喻理据以及语法转喻研究。综观转喻研究可见三个层面：探索本质及其运作机制转喻本体研究，以转喻为框架所进行的语言各层面的应用研究以及基于哲学、语料库、修辞批评等多种视角对转喻的研究等（Blanco-Carrión et al, 2018）。

（二）前期研究的不足

对于转喻本质及其运作机制的研究是最基础的研究，目前还存在较大分歧。对转喻的理论研究始于农博格（Nunberg，1979），兰登与科文赛斯（Radden & Kövecses 1999，2006）发表了其转喻理论（Toward a theory of metonymy），潘瑟与索伯格（Panther & Thornburg，2010）在《牛津认知语言学手册》中的"转喻"一文中也只对转喻给出了一个工作定义，认为转喻是偶发性和可取消性关系。学界的一个基本共识是转喻是基于概念的邻近性（contiguity），而这是与隐喻概念的相似性（resemblance）对照的结论。邻近性是Piersman & Geeraerts（2006）转喻原型范畴的核心和对转喻分类的重要变量，而克劳福特（Croft，2006）则认为邻近性对转喻的描写还不如传统观的联想（association），因为邻近性隐含空间近因此很模糊，而联想在参照作为概念显影框架的语义域结构中可以变得很精确。

(三) 转喻本质的最大公约数——突显性

转喻被描写为雷科夫（Lakoff，1987）称为"理想化认知模式"（ICM），在此模式里"认知框架"和"突显性"是两个重要概念（沈家煊，1999）。转喻是域内概念映射的过程，其本质是用突显、易感知、易记忆、易辨认的部分代表整体或整体的其他部分，或用具有完型感知的整体代替部分的认知过程。兰盖克（Langacker，1993）认为转喻是一个参照点现象。概念作为认知项参照点的适合性（aptness）依赖于它们的"相对突显性"，而后者描述如下：其他事情保持不变，相对突显性的各式原则一般为：人>非人；整体>部分；具体>抽象；可见>不可见；等等。安兰科与考尔森（Alac & Coulson，2004）指出不同转喻的理据是相对突显（relative salience）的认知原则，中心的和高度突显的事物作为参照点唤起或者激活其他不突显的事物。翰窦（Handl，2011）提出了将突显度作为转喻规约性的测量标准。Habdl（2011）采用了施密特（Schmid，2007）对突显度从本体和认知双面界定。本体突显度指有些实体比其他实体更可能吸引人的注意力。认知突显度则指用突显度来描写一个概念的临时激活，即当一个概念被当下激活，不管什么原因，它在认知上是突显的，加工时认知消耗最小。突显度的这两个方面显然是相连的：突显的实体经常会成为人的注意焦点，相对的概念因而会比那些包含本体上不突显的实体的概念更经常地被激活，即认知上更突显。袁毓林（2018）也指出转喻是人类概念系统中基本的认知手段，人们倾向于利用事物某个容易理解或感知的方面来指代事物的其他方面，包括用突出的整体来指代不太突出的部分，或者用具有明显特征的部分来指代比较平凡的整体。这些转喻理论中一个公约数是概念转喻的认知突显度，对概念转喻的认知突显度原则的研究还没有引起重视，而这便是本研究所关注的焦点和理论的创新点。

(四) 心理可及性、可及性层级与突显性

在对转喻本质研究中的另一个共识是心理可及性（Accessibility）更能准确地描述转喻架起心理桥梁的功能，和明确喻体在转喻关系中的作用（卢卫中、刘玉华，2009）。不论是本体突显性还是认知突显性都涉及概念指谓。可及性层级，尤其是施事性层级在句法成分的允准与解读有密切

关系。陈平（1994）认为句法成分与题元之间的配位取决于施事性等级。胡建华（Hu，2002）指出，局部性原则和显著性原则是协调并制约语法系统运作的两个重要原则。显著性原则即语法系统优先选择最显著的成分进行加工或运算。胡建华、潘海华（2002）讨论了 NP 显著性的计算与汉语反身代词自己的指称关系，可见突显性原则是语言认知的基本原则。可及性层级或施事性层级其实就是有生性层级。

（五）有生性层级与突显性

张京鱼（2003，2007）创建了语义突显层级模式，张京鱼（Zhang，2015）依据希尔万斯泰恩（Silverstein，1976）的经典论文《特征层级与作格性》中的有生性层级提出了一个新有生性层级：人/有生的 > 转喻人 > 无生的，即在有灵（人）和无灵之间还存在一个转喻人的连续体。他用实证的方式表明中国学生对英语中转喻（人）理解没有什么障碍。瓦尔特利特（Waltereit，1999）在探讨转喻的句法限制中证明了有些论元如主语或直接宾语更容易发生转喻，并由此建立了论元受转喻影响的层级性。有生性是影响体词性喻体比喻性的一个参数，它作为一个语法范畴或语义范畴，关注的是施事成分的语义角色、动词的语义分类、施事成分的有生性在句法中的表现（马庆株，1988；倪涛，2020；王珏，2004；杨海明，2007；杨海明、康婵媛，2017；张伯江、方梅，1999；张伯江，2009 等）。李秀明（2009）则论证生命度等级的升降在修辞话语形成新创结构过程中起着重要的作用。因此，本研究将综合考虑句法、语义、语用以及话语多方面的信息根据 NP 的有生性或生命度提出转喻认知突显释解模式。

（六）学术价值和应用价值

针对转喻的研究国家社科基金已立项 10 项，其中两项是和隐喻一起研究的："中国古典诗词中的隐转喻现象"（2009），"英汉语法中的高层转喻机制研究"（2011），"英汉语句法语义接口词化的转喻研究"（2012），"基于语料库的汉英语法转喻比较研究"（2013），"基于认知的英汉语法转喻对比研究"（2017），"基于概率模型的转喻识别英汉对比研究"（2018），"汉英实体范畴概念合成的隐转喻层级性计量研究"（2019）和"刻意性转喻的认知语用研究"（2019）。最早的 2009 年立项"中国古典诗词中的隐转喻现象"是修辞学视角，而最近的 2019 年立项"刻意性转喻的认知语用研究"

是语用学视角，其余 80% 的立项都是认知语言学和对比双视角。已立项的转喻研究都属于应用层面的研究，而本研究主要是修辞学、语言学、哲学、心理学、信息学等多重视角的转喻本体理论研究。

　　基于有生性层级的概念转喻突显性原则是语言学、心智哲学、现象学、心理学、修辞学等跨学科的产物，是认知科学发展的必然。概念转喻的突显性原则的科学确立旨在揭示人类转喻思维和认知方式的本质，有助于消除学界对转喻本质及其运作机制研究上分歧和冲破这方面研究的瓶颈。我们的转喻突显性认知原则能够给予隐喻、移就、拈连、矛盾修饰法等众多比喻一个统一的解释，有助于完善和丰富语言与认知理论建设。本突显性原则能够指导语言各个层面的转喻应用性研究，以及应用到修辞学、艺术学如（广告学）、语言教学、机器和人工翻译等领域的研究和实践，突显其应用价值。

三　研究内容

（一）研究对象

　　概念转喻，即语言使用中的转喻现象，或者语言的转喻性。作为思维或者认知方式的转喻最核心的本质是其认知突显性，主要体现在"整体代部分""部分代整体""部分代部分"转喻思维。语境及语言外的因素如百科知识等是转喻现象的认知调控项。人类交际的参考原则和透明原则决定了认知突显性原则。

（二）框架思路

转喻突显性认知原则构建框架和过程

公理/假定	⇒	理论建构的基础	⇒	基本原则	⇒	转喻突显性原则
			数学推理和哲学演绎 ⇓		应用研究 ⇓	
转喻是思维方式；语言是转喻的；语言与感知交合关系		可及性层级 语义突显层级 有生性层级		一系列推理：显著的>不显著的		语言各层面、修辞学、广告学、语言教学、机器和人工翻译

（三）公理/基本假定

转喻作为思维方式预示着语言（概念和语法）是转喻性的。基于语言与感知交合这一体验心理学之根本（Neisser，2001，2003），概念结构和感知结构具有相似性。

（四）理论建构基础和元素：

1. 语言生态的可供性（affordance，Gibson，1979；van Lier，2004）和转喻可供性（Violi，2004）。

2. 认知语言学视野下的转喻突显性元素：

（1）Lakoff（1987）理想化认知模式里的突显性元素；

（2）Langacker（1993）转喻参照点模式中相关突显性各式层级；

（3）Croft（2002）的"域突显"理论；

（4）皮尔斯曼与基里尔兹（Piersman & Geeraerts，2006）的转喻原型范畴观；

（5）潘瑟（Panther，2006）转喻使用事件观，即转喻是基于使用事件的意义详述过程。转喻是一种意义详述，其结果是一个概念突显目标意义，即一个整合整体包含背景化的来源义和详述加工产生的新创意义成分。语境在使用事件中转喻解读中扮演着重要作用；

（6）Handl（2011）的转喻规约化突显性标准。

3. 修辞学、心理学视域下的分级突显性假设（Giora，1997，2002，2003）和感知可及性层级（Shen & Gadir，2006；Shen & Aisenman，2008）。

4. 认知语用学或关联理论下的阐释说（Papafrogou，1999）、临场概念说（Falkum，2011）、心理图式说（Jodłowiec & Piskorska，2015）和转喻的内隐性分类论（Tóth，2017）。

5. 逻辑学、计算语言学、和自然语言处理、生成语义学及生成语法等多视野下的突显性元素：伽马咯（Gamallo，2013）的知识本体突显性形式化处理、帕特黑拉曼（Pattabhiraman，1992）自然语言处理中的典型性和示例性突显元素、普斯特加夫斯基（Pustejovsky，1991，1995）的语义冲突生成词库论和胡建华（Hu，2002，2010）制约语法系统运作的突显性原则等。

（五）突显性基本原则

突显性基本原则：概念系统优先选择最显著的成分进行加工处理。

Zhang（2015）零位［致使］语素的语义突显层级与有生性层级理论（"致使"是人类语言普遍存在的一个语义范畴，而致使结构就是对这一语义范畴的表征模式）：零位［致使］语素在与无生致事的组合中最显著，在与有生的致事的组合中最不显著，在与转喻人的组合中居中，用示意图表示为：无生的 >转喻人>人（有生的）。本研究将此有生性层级拓展到语言的各个概念和语法范畴：人>转喻人/物>无生名词，举例如"吃"后 NP 所谓"宾语"其实是食物>转喻食物>非食物。

对转喻突显性原则的演绎和详述涉及一系列推理关注转喻的等级性、原型性与分类域（Barcelona，2018），聚焦转喻触发器的作用，后者指的是促成转喻的因素，包含对语法结构的认识、ICM 框架、认知文化语境、交际语境、说话人/作者的交际目的和修辞目标等（Hernández–Gomariz，2018）。

突显性基本原则具有基于语料库的语言、文化、认知三位一体的应用研究证据，我们拟采用心理语言学实证研究检验之。

（六）研究重点和目标

1. 对突显性原则的语言学、心理学、社会文化理据论证；
2. 对突显度从本体到示例、从物理到心理、从语言到语言使用、从概念和感知结合等方面对突显度进行细化；
3. 突显性原则的一系列演绎推理；
4. 突显性原则的应用研究和实证检验。

本研究的难点就是如何对理论建构基础和元素进行数理逻辑推理和哲学演绎，既概括又细化突显性表征，以及对此原则的应用和实证检验。我们的研究目标是构建一个揭示语言概念和语法系统的突显性原则理论。

四　结论

转喻突显性原则理论的构建过程具有构建科学体系的三大要素：公理、数理公式和实验证明，是认知科学理论建设。转喻突显基本原则理论的创新性建构揭示的是人类体验、概念、语言的转喻性本质。此理论能够弥补体验哲学对概念结构和感知结构不具相似性的不足，有助于对认知语言学和语言及心灵哲学中有关概念的本质的研究。转喻的突显观能够更合理地解释言语联觉现象，即言语联觉是属性转喻现象，而非概念整合隐喻现象。转喻的突显观能够给予隐喻、比拟、移就、拈连、矛盾修饰法等语言现象及修辞手法一个统一的解释。

本研究成果去向是语言学、心理学、哲学、艺术学等跨学科研究和教学领域，在文学艺术创作、传播学、广告学、语言教育和人工与机器翻译等领域具有极高的应用价值。其社会效益从2021年春晚上的"偷秤"相声和主持人"请准备好你的掌声"报幕串词的效应可见一斑。"偷秤"并不是"偷了某人的一杆秤"而是卖东西时用不足斤的称"偷斤两"，把应该给顾客的斤两在顾客不知情的情况下私自留给自己，也就是"卖主在秤上偷买主"。"秤"是工具，"在秤上偷"是方式，因此这是"工具"代"方式"转喻。"请准备好你的掌声"的释解自然是"请准备好鼓掌"。"掌声"是"鼓掌"行动（ACTION）的结果，即"掌声"代"鼓掌"，属于"结果"代"行动"转喻。

主要参考文献

陈平：《试论汉语中三种句子成分与语义成分的配位原则》，《中国语文》1994年第3期。

胡建华：《论元的分布与选择——语法中的显著性和局部性》，《中国语文》2010年第1期。

胡建华、潘海华：《NP显著性的计算与汉语反身代词自己的指称》，《当代语言学》2002年第1期。

李秀明：《生命度等级的提升和降低：修辞新创结构的构成规则之一》，《修辞学习》2009年第5期。

刘露营：《显著度与名词转喻指称的限制》，《四川外国语学院学报》2007年第3期。

沈家煊：《转指和转喻》，《当代语言学》1999年第1期。

王恩旭、丁崇明：《"部分-整体"转喻中语义冲突的形式化描写》，《逻辑学研究》2016年第2期。

王珏：《汉语生命范畴初论》，华东师范大学出版社2004年版。

吴淑琼：《基于汉语句法结构的语法转喻研究》，博士学位论文，西南大学，2011年。

杨海明：《生命度与汉语句法的若干问题研究》，博士学位论文，暨南大学，2007年。

杨海明、康婵媛：《生命度定位与摆度对词类功能扩张的影响——以汉语工具词的兼类为例》，《中国语文》2017年第5期。

袁毓林：《汉语中的概念转喻及其语法学后果》，《语言教学与研究》2018年第1期。

张辉、卢卫中：《认知转喻》，上海外语教育出版社2010年版。

张京鱼、张长宗、问小娟：《有生性在中学生英语心理谓词习得中的认知作用》，《外语教学与研究》2004年第5期。

张京鱼：《语义突显层级模式与致使结构的二语习得》，中国社会科学出版社2014年版。

Blanco-Carrión, O., Barcelona, A. & Pannain, R. (eds.). *Conceptual Metonymy: Methodological, Theoretical, and Descriptive Issues*. Amsterdam: John Benjamins, 2018.

Croft, W. The role of domains in the interpretation of metaphors and metonymies. *Cognitive Linguistics* 1993, 4: 335-370.

Gamallo, P. Lexical Inheritance with MeronymicRelationships, *Axiomathes*, 2013, 23: 165-185.

Giora, R. *On Our Mind: Salience, Context, and Figurative Language*. New York: Oxford University Press, 2003.

Handl, S. Salience and the conventionality of metonymies. In Handl, S. & Schmid, H-J. eds, *Windows to the mind: Metaphor, metonymy and conceptual blending*, 85-114, New York, Walter de Gruyter, 2011.

Lakoff, G. 1987. *Women, fire, and dangerous things: What categories reveal about the mind*. Chicago: University of Chicago Press, 1987.

Langacker, R. W. Reference-point constructions. *Cognitive Linguistics* 4: 1-38.

Neisser, J. The swaying form: Imagination, metaphor, embodiment. *Phenomenology and the Cognitive Sciences* 2003, 2: 27-53.

Panther, K-U. & Thornburg, L. 1998. A cognitive approach to

inferencing in conversation. *Journal of Pragmatics* 1999, 30: 755-769.

Panther, K-U. & Thornburg, L. Metonymy. In Geeraerts, D. & Cuyckens, H. eds., *The Oxford Handbook of Cognitive Linguistics*. Oxford University Press, 2010.

Pattabhiraman, T. Aspects of Salience in Natural language Generation, Ph. D. Dissertation, Simon Fraser University, 1992.

Peirsman, Y. & Geeraerts, D. Metonymy as a prototypical category. *Cognitive Linguistics* 2006, 17: 269-316.

Radden, G., and Kövecses, Z. Towards a theory of metonymy. In Panther, K-U. & Radden, G. eds., *Metonymy in language and thought* 17-59. Amsterdam: John Benjamins, 1999.

Silverstein, M. Hierarchy of Features and Ergativity. In Dixon, R. (ed.), *Grammatical Categories in Australian Languages*, Australian Institute of Aboriginal Studies, Canberra, 1976: 112-171.

Tóth, M. Delimiting and Classifying Metonymy: Theoretical and Empirical Challenges in Cognitive Metonymy Research. Ph. D. Dissertation. University of Debrecen, 2017.

Waltereit, R. Grammatical Constraints on Metonymy: On the Role of the Direct Object. In Panther, K-U. & Radden, G. (eds), *Metonymy in Language and Thought*. Amsterdam: John Beniamins, 1999: 233-254.

Zhang, Jingyu. Animacy Hierarchy Effects on the L2 Acquisition of Attributive Psych Adjectives, *Applied Psycholinguistics*, 2015, 36 (2): 275-298.

Zhang, Jingyu. Review of "*From Body to Meaning in Culture*" by Ning Yu, Metaphor and Symbol, 2010, 25. (1): 58-61.

Zhang Jingyu, *The Semantic Salience Hierarchy Model: L2 Acquisition of Psych Predicates*, Bern: Peter Lang, 2007.

Zhang, W. 2013. Variation in Metonymy: A Corpus-based Cognitive Linguistic Approach. Ph. D. Dissertation, University of Leuven, 2013.

(张京鱼：西安外国语大学外国语言学及应用语言学研究中心，陕西西安 710128；zhangjingyu@ sixu. edu. cn)

英汉心理附加语事件语义关系对比研究

陈 锋 张京鱼

摘要：心理附加语根据语义指向可以分为四种类型：言者指向、施事指向、方式指向与状态指向。从所体现的事件结构关系看，不论是英语还是汉语，言者指向心理附加语体现命题与言者的显著心理致使关系，施事指向类隐含事件与状态之间的动因关系，方式指向类与动作事件具有心理呈现关系，状态指向的心理附加语体现状态与事件的共时性事件语义关系。事件结构关系的不同不仅可以用来区别心理附加语语义指向的差异，还可以用来解释不同类型心理附加语所表现出的不同形态结构表征。

关键词：心理附加语；语义指向；事件结构关系；形态结构表征

A Comparative Event Semantic Relations in English and Chinese Psych Adjunct

CHEN Feng, ZHANG Jingyu

Abstract: Psych adjunct can be divided into four types according to their semantic orientation, which are speaker-oriented, agent-oriented, manner-oriented and state-oriented. From the relations of event structure, both in English and Chinese, the speaker-oriented psych adjunct shows an evident causative relation between proposition and the speaker, the agent-oriented type implies a causal relationship between the event and the state, the manner-oriented has a psychological presentation relationship with the action event, and the state-oriented reflects a simultaneous relationship between the state and the event. Event structure relations can not only be used to distinguish the semantic orientation of psych adjunct, but also to explain the different morphological and structural representations of different types of psych adjunct.

Key words: psych adjunct; semantic orientation; event structure relation; morphological and structural representation

一 引言

附加语是论元结构的非选择性成分，在句中对动作、事件或者事件参与者状态起补充或修饰作用。附加语句法与语义的研究一直是语言学的热点问题之一（Jackendoff，1972；Zubizarreta，1982；Chomsky，1995；Alexiadou，1997；Cinque，1999；Geuder，2000；Ernst，2001；Costa，2008；Delfitto & Fiorin，2017；Payne，2018；戴曼纯，2002；彭家法，2007；邢欣、郭安，2016）。汉语的附加语传统上对应于状语，国内对汉语状语的研究主要集中在对方式状语（何洪峰，2006；潘国英，2011；李湘、端木三，2017），插入语或者话语标记语的研究（祁峰，2011；孔蕾，2015；司红霞，2018）。以往对附加语的研究尽管也都涵盖了表示心理情感概念的一些类型，而对心理附加语系统的研究相对不足，研究多集中在副词形式的心理附加语，很少涉及其他形式（如形容词形式，介词短语形式等），缺乏对心理附加语类型、形态—句法与语义指向等方面专门的研究。

张京鱼（2002）从形态句法角度对英汉两种语言心理谓词的致使性，尤其是隐性致使做了较深入的研究，但该研究仅囊括了传统的心理谓词：动词与形容词，没有涉足对心理副词附加语的致使性研究。孔蕾、文秋芳（2015）从英汉语评价标记形式的差异入手对词汇编码事件语义的能力和形态特征的关系做了研究，该研究对评价类心理附加语的形式-概念映射关系特征的研究具有一定的启发性，但没有对表征心理概念的其他类型附加语事件编码形式做进一步研究。

不论是英语还是汉语，不同类型的心理附加语表现出不同的语义指向性和事件结构关系。英语的心理附加语可以出现在句首、动词前、动词后和句尾四个位置，语义上分别指向言者、施事者、动词和主语。然而，汉语的附加语则集中出现在句首和动词前两个位置，语义上涵盖了对应的英语四种情况。但是，从事件结构来看，不论是英语还是汉语，句首言者指向和动词之前施事指向的心理附加语都含有致使动因关系，其他不论是汉语动词之前还是英语动词之后的动词指向（方式类）和主语指向（状态类）的心理附加语均不含有致使动因关系。

概言之，英汉两种语言心理附加语，在句子中可居位置上有差异，不同位置的附加语不仅语义指向有差异，而且表现出事件语义致使或者动因关系的差异。英语附加语句法形态丰富，位置确定，语义指向分工明确，类型分明，而汉语则形态贫乏，位置相对单一固定，语义指向分工模糊，类型杂糅。如何对英语不同位置附加语语义指向与事件关系做出正确的判断与解释？如何对汉语动词前同一状语位置的不同类型做出区分？这正是本研究所要解决的问题。

二 英汉心理附加语的句法位置与类型

英语属于 VO 语言，结构按照由 VP 到 CP 从右至左、从低到高的次序排列（Rizzi，1997）。戴曼纯（2002）通过对英、汉附加语的分布分析发现，它们主要有 A、B、C、D 四种合并位置，依次为 VP 内指示语位置 A，vP 内指示语位置 B，TP 内指示语位置 C 与 D，如例（1）所示：

(1) [TPAdvD [TP Spec [TP AdvC [TP T[v*P AdvB [v*P Spec [v*P v* [AgroP Spec [AgroP Agro [VP AdvA [VP [V DP]]]]]]]]]]]]

心理附加语主要以副词形式出现，如 surprisingly、surprisedly 等。类型各异，分布广泛。分布上，我们认为，心理副附加语也同样占据 A、B、C、D 四个基本位置，如例（2）—（6）①：

(2) Surprisingly, your grammar doesn't seem too bad even though you have no basis for an intellectual debate of any kind.

---

① 除特别说明外，本文全部语料来自 iWeb 英语国家语料库和 CCL 北京大学现代汉语语料库。

(3) I then downloaded one, followed the above steps, and surprisedly restored all data back from the Transcend memory card.

(4) I angrily wrote a letter to the editor.

(5) He shakes fists angrily in air.

(6) But this time Sara went away angry.

基于 Geuder（2000）对附加语的分类，本文将英语心理附加语划分为 A 位置的动作方式描绘类，如例（5）或者状态描写类，如例（6），B 位置的心理结果类，如例（3），C 位置的施事心理动机类，如例（4）和 D 位置的言者心理评价类，如例（2）。

相比较，汉语的心理附加语主要有两个基本位置，分别是句首位置，如例（7）和句中位置，如例（8）—（11），但是它们依然具有和英语一样的语义指向类型。其中，居首位置对应于英语的言者指向的心理评价类附加语，而在句中动词前的位置情况复杂，既可以表示主语的伴随心理状态，如例（8），也可以表示施事因果关系，如例（9）表示施事行为动因，如例（10）表示施事行为结果，还可以表示动作行为的方式，如例（11）。

（7）令人愕然的是，在这个被国内外朋友称之为国际大都市中的大街小巷，遇红灯视而不见的大有人在。

（8）我小舅气呼呼地走了，走的时候天已经黑下，他赌气喝了好多酒，醉了。

（9）钓鱼风越来越引起了群众的厌恶。一位农村老大爷愤怒地掀翻村干部的酒席，指责村干部和钓鱼者。

（10）小爷去世三年之后，我才在一次偶然的机会里，悲伤地发现他永远离开了我们。

（11）陆海天从他的书柜里、办公桌下，取出了一轴轴字画，一件件瓷器艺术品，兴高采烈地向我讲解。

不难看出，英语心理附加语基本上可以依据句法位置判断其语义指向，而汉语心理附加语除了句首位置类型，其他类型基本无法通过位置判断。然而，语义指向通常离不开事件语义关系，下文我们通过透析它们的事件结构关系来进一步揭示心理附加语的类型差异。

三 心理附加语的事件语义结构

正如上文所述，表达心理概念的附加语至少有以下四种类型：言者指向附加语、施事关系指向附加语、动作方式附加语以及描述性形容词附加语。心理附加语不仅具有附加语的属性，而且具有谓词的特性，属于附加性的谓词（adjunct-predicate）(Zubizarreta 1982)，可以用来描述与事件相关的个体心理状态，被描述的个体可以是小句显性主语，还可以是隐性的。不论是英语还是汉语，它们在句中的语义指向的差异皆可以进一步通过不同事件结构关系表现出来。

（一）言者指向型附加语

言者指向型心理附加语是整个事件命题的谓词，而整个事件命题是心理附加语的致事（Causer）论元，言者是心理附加语的隐性役事（Causee）。二者之间的事件结构关系和语义内容可以表示为例（12）—（13）：

(12) ∃P ∃P' [Causer(P)[CAUSE [BECOME(P')]]]
(13) "What CAUSE x (experiencer) BECOME y (state) is z (proposition)"

即"让 x 感到 y 的是命题事实 z"。如例（14）：

(14) Surprisingly, your grammar doesn't seem too bad even though you have no basis for an intellectual debate of any kind.
　　令人惊讶的是，你的语法似乎并不太差，即使你没有任何知识辩论的基础。

例（14）表达的是：What CAUSE (speaker) BECOME surprised is the fact (that your grammar doesn't seem too bad even though you have no basis for an intellectual debate of any kind). 即，让言者感到震惊的是命题事实（你

尽管没有任何思想辩论的基础但语法看起来却并不糟糕），该事件的致事（Causer）为无生命的事实性命题，感事（Experiencer）为言者，心理附加语谓词以 V-ing 形式体现一种致使性事件关系，与 OE 型心理谓词致使性特征相一致。

（二）施事指向型附加语

含有施事指向型附加语的句子，主语既是动作事件的施事（Agent）论元，也是心理附加语的隐性感事（Experiencer）论元，施事指向的附加语与谓语动词都是施事主语的事件谓词。二者之间的事件结构关系和语义内容可分别表示为因果关系的例（15）—（16）或者动因关系的例（17）—（18）：

(15) ∃e∃s [Causer (e) [CAUSE [BECOME (s)]]]
(16) "x (Agent) DO y & x (Experiencer) BECOME z (state) by DO-ing y"

即"x 执行事件 y 并因执行事件 y 而处于 z 状态"。

(17) ∃e∃s [Causer (s) [CAUSE [OCCUR (e)]]]
(18) "x (Agent) DO y by x (Experiencer) BEING z (state)"

即"x 执行事件 y 并因 x 处于 z 状态而执行事件 y"。

(19) I then downloaded one, followed the above steps, and <u>surprisedly restored all data back from the Transcend memory card.</u>

然后我按照上面的步骤下载了一个，便惊奇地恢复了存储卡里所有的数据。

例（19）画线部分内部事件结构解析为例（20）：

(20) ∃e∃s Restoring (e, I, data) & Agent (e) = I & Theme (e) = data & surprise (s, I) & Experiencer (s) = I & CAUSE

(e, s)

例（20）表达"我感到很震惊又重新恢复了所有的数据"。其中，主语"我"是心理附加语的感事，同时也是"恢复"事件的施事。在动作事件与心理状态之间存在隐性的致使关系，该事件导致了心理状态的出现。

(21) I angrily wrote back a letter.
我感到很生气，遂回了封信。

例（21）事件结构可以分析为例（22）：

(22) ∃e∃s Writing back (e) & Agent (e) = I & Theme (e) = letter & angry (s) & Experiencer (s) = I & CAUSE (s, e)

例（21）"回信"事件由施事主语"我"执行，而这一事件又是由"生气"心理状态引发的，体现了心理状态与动作事件的因果关系。

在英汉两种语言中，表达施事动机语义时，通常心理动机在前，事件发生在后，句法排列顺序体现了事件的时间与因果顺序。这种来自非句法因素语序的排列可以认为是受到句法作用之外认知因素的影响，包括时间、因果、信息结构等（程工 2018）。

（三）动作方式附加语

根据新戴维森主义，动作事件是动作方式附加语的论元，而动作方式附加语是动作事件的谓词（Parsons, 1990: 50-58）。方式与动作之间的事件结构关系和语义内容可表示为例（23）—（24）：

(23) ∃e [DO (e, x) & Manner (e)
(24) "x DO in a manner of y"

即"x 执行事件并以 y 的方式执行该事件"，如例（25）：

(25) John shook fists <u>angrily</u> in air.
他怒气冲冲地（在空中）挥舞着拳头。

例（25）画线部分内部事件结构解析为例（26）：

(26) ∃e Shaking (e, John) & Agent (e) = John & Angry (e)

例（25）表达"他怒气冲冲地挥舞着拳头"，其中附加语 *angrily* 仅表示挥拳的方式是"怒气冲冲地"，而挥拳动作与"怒气冲冲地"方式之间并没有致使或因果关系。

（四）参与者状态附加语

描述性附加语是动作事件参与者的次要谓词，事件参与者不仅是主要谓词的论元，也是描述性附加语的论元，它们之间的事件结构关系和语义内容可以表示为例（27）—（28）：

(27) ∃e∃s [DO (e, x) & state (x) = ∃e∃e1∃e2 Do (e1, x) & Agent (e1) = x & state (e2, x) &τ (e1) = τ (e2)

(28) "x DO in a state of y simultaneously"

即"x 执行事件并同时出现了 y 的状态"，如例（29）：

(29) But this time <u>Sara went away angry</u>.
但是这一次 Sara 离开时很不高兴。

例（29）画线部分可以分析为例（30）：

(30) ∃e∃e1∃e2 Going away (e1, Sara & Agent (e) = Sara & angry (e2, Sara) & τ (e1) = τ (e2)

例（29）可以理解为包含两个独立的事件，一个是 Sara 离开了子事件，另一个是 Sara 很不高兴，且二者不存在因果关系，而仅表示时间上的同时性。

对上述四类不同心理附加语所在句子的事件结构解析，本研究发现言者指向的心理附加语体现了无生命的命题与言者之间的致使—结果关系。施事关系指向的心理附加语体现了事件与施事之间的因果关系。方式心理附加语是对动作方式描绘。描写类附加语则是对个体伴随心理状态的描写，体现了状态与事件的共时性事件语义关系。

四 英汉心理附加语的形态表征差异

上节分析说明事件语义关系决定了心理附加语的语义指向。心理附加语的不同形态表征差异是否也可以通过事件语义关系获得解释？本小节在上节的基础上继续分析英汉不同类型心理附加语在不同事件关系中所呈现的形态表征差异。

（一）言者指向与致使性

根据是否含有致使性特征，张京鱼（2002）将英语心理谓词主要分为两大类：主语感事类（SE）和宾语感事类（OE）。含有致使性的心理动词及派生的 V-ing 形容词，如 *surprising*，*exciting* 等属于 OE 类；不含致使性的心理动词及派生的 V-ed 形容词和非派生的心理形容词，如 *excited*，*angry*，*regretful* 等属于 SE 类。致使性心理谓词派生的心理附加语蕴含的事件表达了 xv. y 事件，即 x causes y to become（state）心理影响类事件（孔蕾、文秋芳，2015）。

在言者指向的心理事件中，无生命的命题作为致事，隐性的言者属于役事，只有 OE 类心理谓词派生的附加语才能满足事件关系，而 SE 类不能满足，如例（31）：

（31）Frighteningly/ *Fearfully, one child in five still leave primary school without reaching expected standards in reading and writing in this area.

例（31）中的心理附加语 *frighteningly* 源自致使性心理谓词 *frighten*，属于 OE 类的心理动词，其派生形容词也具有致使性，属于 V-ing 类的心理形容词，其对应的附加语可以应用于言者心理评价结构中；*fearful* 派生于不含致使性的 SE 类心理动词 *fear*，心理附加语也同样不能用于含有言者指向的句子中。然而，英语心理附加语有少数例外，如 *happily*，*sadly*，*curiously* 等尽管也是由非致使性的心理谓词派生而来，但它们可以用作言者指向的附加语，以 *happily* 为例：

(32) Happily/ * Ecstatically/ * Joyfully, the budget cuts will not be passed this year. (Ernst 2002：84)

例（32）中 *happily* 是言者指向的心理附加语，该句表示"让人欢喜的是，财政削减今年将不会得到通过"。然而，言者指向的 *happily* 若替换为意义相近的 *ecstatically/joyfully*，则句子均不合法，因为这两个词不含致使性，无法满足无生主语的感事角色。这里我们暂且将诸如 *happily* 等一类言者指向用法解释为 *happily speaking* 的简略形式，且该用法已经逐渐惯用为表示言者评说意义的构式。限于篇幅，将另文论述。

此外，英语常用"to one's +心理名词"形式表示言者指向的心理评价，且该结构含有致使义，体现事件性命题对言者造成的心理影响，例如上文中的 *happily*，*sadly*，*curiously* 等位于句首时可以分别替换为 *to one's happiness*，*to one's sadness*，*to one's curiosity* 等形式。因此，例（32）可以释义为例（33）：

(33) To our happiness, the budget cuts will not be passed this year.

汉语言者指向的心理附加语也含有相应的显性"致使性"标记，如常以"使/令/让人 A 的是"或"A 的是"，表示心理评价意义，如例（34）—（35）：

(34) 让人痛心的是，事实恰恰如此！
(35) 可惜的是，他们没来。（邢欣、郭安 2016）

汉语学界把这种表达形式称为"语用标记"（冯光武，2004，2005）或者"话语标记"（祁峰，2011；周明强，2017；鲁莹，2019）。

李宗江（2014）列出了现代汉语常见的评价标记"可 X"和"所 X"，并指出这些结构逐渐被"X 的是"替代。孔蕾（2015）将评价概念的附加语划分为四类：一般心理感受类、心理影响类、认识类和定性类。前两种都与心理情感有关，如"令人惊讶的是""幸运的是，幸好"等。而本文认为，含有心理概念的言者指向评价只能是含有致使义的附加语，但"致使性"可以是显性的，也可以是隐性的。汉语心理附加语显性致使形式是"使/令/让人 A 的是"，隐性致使形式为"A 的是"，如"幸运的是""有趣的是""遗憾的是"等。尽管感事没出现，但是命题与言者之间仍然隐含了一个具有致使义的轻动词"使/令/让/值得"。"A 的是"形式，其实应该是"使/令/让/值得+人+A 的是"完整形式，而且从李宗江（2014）所给的例词"可+A"（如"可惜""可叹""可悲"等）或"所+A"（如"所幸""所恨""所喜"等）可以看出，这两个结构中的"可"与"所"在古汉语中都具有使动用法，在现代汉语言者指向的附加语中依然隐含着其致使的用法。尽管表示言者指向的心理附加语可以省略轻动词与内论元（言者），但是命题主语的致事角色是不可改变的。因此，言者指向实质上是命题指向。在此意义上讲，言者指向的心理附加语"使/令/让人 A 的是"结构与其说是"语用标记"和"话语标记"，不如说是命题焦点标记。本文把这种含有命题焦点标记的句子称作事件焦点句。

事件语义结构可以对如例（34）—（35）这样的事件焦点句中的致使动因关系做出统一解释。如图 1 所示，该附加语结构是由功能中心语"的是"投射形成的一种事件焦点句，信息焦点是事件命题，"的是"结构是焦点功能中心语，其中表示状态变化的功能中心语 BECOME 选择心理状态谓词 AP 为补足语，构成状态变化子事件 VP1，表示致使关系的功能中心语 CAUSE 选择言者 DP 为内论元，事件 E 命题为致事外论元，构成致使子事件 VP2，然后焦点中心语"的是"选择事件命题作为补足语，其标定语是一个与由 BECOME 与 CAUSE 合成的复合事件 e 同标的空算子。由于焦点中心语"的是"具有较强的核查特征，引发了 BECOME 与 CAUSE 一步一步移位到了焦点中心语的位置进行合并，最后生成了我们所看到的含有致使性心理附加语的事件焦点句。

此外，事件焦点句的致使性结构也可以解释如"他遗憾的是没能来参加我们的宴会"主语指向心理附加语这一隐性致使事件焦点结构的生

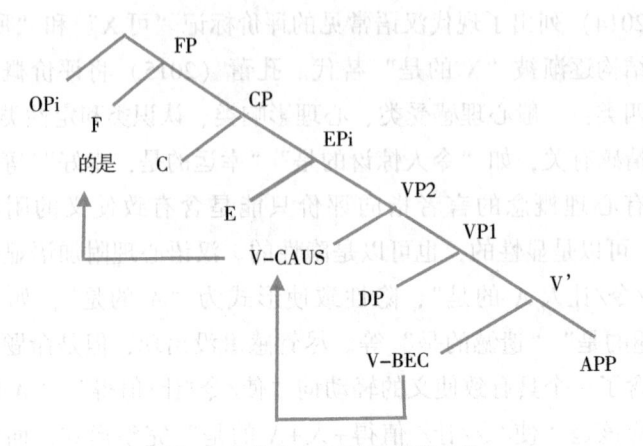

```
                    FP
         ┌──────────┴──┐
        OPi            CP
       ┌─┴─┐       ┌───┴──┐
       F       C          EPi
      的是                ┌──┴───┐
                          E      VP2
                                ┌─┴──┐
                             V-CAUS  VP1
                                    ┌─┴─┐
                                   DP   V'
                                       ┌┴─┐
                                    V-BEC APP
```

图 1　事件焦点句的致使性结构

（注：OP = operator 空算子，EP = event phrase 事件短语）

成。根据 Rapoport（1999），不同的体结构可以允准或者强制呈现不同的体焦点。在完成类或者致使类体结构中，体焦点的选择是任意的，可以突显事件的过程，也可以突显事件的结果状态。如果体焦点仅突显事件的结果，则"他遗憾的是"可以解释为树形结构中的致使性轻动词 CAUSE 没有出现，仅出现 BECOME 状态事件，而且 BECOME 状态事件发生了上升移位，与焦点中心语"的是"合并，最后生成"他遗憾的是……"之类的事件焦点句。

（二）施事指向与因果关系

施事指向的心理附加语体现了事件与心理状态之间的因果关系。具体来说，施事心理状态可以表现为事件的动因，也可以表现为事件的结果。不论是汉语还是英语，指向施事的心理附加语均表示施事的心理感受，均派生于 SE 类心理谓词，心理感受对感事主语的述谓需要非致使性的心理附加语表征形式实现。

英语心理附加语主要是以 SE 类心理谓词 V-ed 形式和零派生的心理形容词添加后缀 -ly 表征，如 *surprisedly*，*gladly* 等。如果使用 V-ing 宾语感受类心理谓词派生的附加语，则导致句子不合法，如例（36）—（37）：

(36) I disappointedly (* disappointingly) began thinking that The Manual of Ideas may not be what I had anticipated.

我开始失望地感到，这本思想指南可能并非我所预期的那种。
(37) John gladly returned home.
约翰欣喜地回到了家。

例（36）表达感事主语的心理状态结果，只能选择主语感事 V-ed 形式的附加语 disappointedly，而宾语感事的 disappointingly 由于含有致使性而不能用于该句。同理，例（37）的 gladly 也是用来描述感事主语心理结果状态的心理附加语。

尽管在因果关系上心理动因与结果心理状态的事件语义关系方向相反，但是二者表征形式一样，英语都使用 SE 类的非致使性心理附加语，汉语都使用"AP+de"形式，如例（38）—（39）：

(38) He excitedly (* excitingly) jumped on hearing the good news.
他听到这个好消息兴奋地跳了起来。
(39) He angrily shouted at the people.
他愤怒地朝那些人吼叫。

例（38）excitedly 是非致使心理谓词 excited 的派生附加语，表达事件"他跳了起来"的心理动因"他感到兴奋"，而 excitingly 是 OE 类心理谓词 exciting 的派生附加语，不能用来表达心理感受动因。同理，例（39）中的 angrily 也是描述感事主语的心理动机的附加语。

汉语主语指向的心理附加语由于缺乏显著的缀合形态标记，不论是表达事件对施事的心理影响的汉语例句（36）—（37），还是表达施事心理动机的汉语例句（38）—（39），其体现事件语义关系的心理附加语都只能通过"AP+de"语法手段来实现。

（三）方式附加语的心理呈现关系表征

方式指向的附加语是对动作方式的描绘，二者之间不存在因果关系，仅是呈现与被呈现关系。形态上，英语有明显的词缀形式 -ly，而汉语同样需要助词"地"附着在心理形容词之后，表示动作呈现的方式。如例（40）—（42）：

（40）努尔哈赤听了，一拍脑门，兴奋地说道："范先生可真高明，你这一说，朕心里也亮堂起来了！"

（41）"Is that what you think about?" she asked, looking at him interestedly.

（42）Darius nervously said as he looked to everyone for confirmation.

形态上，例（40）中汉语方式心理附加语与例（36）—（39）中汉语施事心理附加语一样，都以"AP+de"形式表示。例（41）—（42）中的英语方式心理附加语 interestedly 与 nervously 也与例（36）—（39）中英语施事心理附加语一样，以 V-ed 和无派生结构的 SE 类心理副词形式表示，描绘主语执行动作的方式。由于不涉及致使性事件关系，派生于 OE 类的 V-ing 形式的心理附加语也同样不能用来表达方式义。

（四）状态心理附加语

状态心理附加语是对事件参与者状态的描述，是事件参与者的述语，状态与事件之间无任何致使或因果关系，仅存在同时性事件语义关系，因此在形态表征上，英语常以表示主语感事的 V-ed 形式或者光杆的心理形容词体现，如例（43）—（44）。而汉语常以状态形容词后加助词"的"表示，如例（45）：

（43）John came back depressed（*depressing）.
（44）He went away angry.
（45）他气呼呼的离开了。

例（43）—（44）中英语的描述性心理形容词 depressed 与 angry 位于动词后句尾，表示他离开时的心理状态，表示与事件的同时发生，二者无致使或因果关系，描述性形容词均属于 SE 类心理附加语，而 OE 类的心理形容词 depressing 则不合法。例（45）中汉语的心理附加语"气呼呼的"是重叠式的状态形容词后加助词"de（的/地）"表示，表达离开时主语的状态。语义关系上与英语一样，状态附加语跟动作事件也没有因果致使关系。与英语所不同的是句法位置在主要谓语动词之前。

当然，汉语心理状态附加语除以"A 的 V"格式和"AV"格式

(Zhang 2001)① 表达状态与事件的同时性语义关系以外,还可以是"A 然 V"格式或"A 而 V"等格式,例(46)—(48)中心理附加语的这三种形式均体现了事件与心理状态的非因果共时性关系。

(46) 贾政在怒打宝玉。(Zhang 2001)
(47) 亦绯红茫然离开医院,竟不知该何去何从。
(48) 衡南县以乡、村两级人口学校经常为上门群众提供政策、技术服务,让群众高兴而来、满意而归。

概言之,英汉语句首言者评价性心理附加语均具有形态标记,英语主要是 V-ing-ly 形式,汉语主要是"使/令/让人 A 的是"形式,且均具有致使性事件语义关系。英语主语状语描写心理附加语以 SE 类的 V-ed 或光杆形容词性心理谓词形式出现,施事关系和方式类心理附加语均以派生于 SE 类心理谓词的 V-ed-ly 或形容词+ly 形式出现。汉语的这三种类型心理附加语均以"心理形容词+de"形式表示。

五 结论

本文基于事件语义学对心理附加语的四种语义类型做了分析,发现不同类型的心理附加语体现了不同的事件语义关系。言者指向的心理附加语以命题事件作为致事,言者作为感事,体现了命题与言者心理状态的致使因果关系。施事指向的心理附加语以主语作为心理状态的感事,同时主语又是动作事件的施事,事件与施事心理状态之间具有隐性的因果关系,而方式描绘类与状态描述类不存在因果致使关系,前者仅呈现动作的方式,后者仅体现与事件的共时性语义关系。英语心理附加语位置分工明确,语义指向确定,事件语义关系明晰,不同语义类型的英语心理附加语中也表现出显性的形态结构表征。而汉语心理附加语位置和形态表现较单一,语义指向较混杂,事件语义关系较聚合。在事件语义关系分析的基础上,本文还提出了含有言者指向心理附加语的结构为事件焦点句,其"A 的是

---

① Zhang(2001)提出的"de 结构"与"V-V"结构实际上分别对应的是汉语中的 A-de-V 结构和 A-V 结构。前者如"热热的喝一碗酒",后者如"活捉一只老虎"。

P"结构是"的是"作为信息焦点中心语引发致使—结果中心语事件结构移位的产物。这不仅可以有效解释含有致使性特征的言者指向的心理附加语,也可以解释不含致使特征的施事指向的心理附加语句法—语义结构表征。

主要参考文献

Alexiadou, A. *Adverb Placement: A Case Study in Antisymmetric Syntax*. Netherlands & Philadelphia: John Benjamins, 1997.

Chomsky, N. *The Minimalist Program*.Cambridge, Mass.: MIT Press, 1995.

Costa, J. Adverbs and the syntax-semantics interplay. *Estudos Linguísticos*, 2008 (2): 13-25.

Cinque, G. *Adverbs and Functional Heads: A Cross-Linguistic Perspective*. Oxford: Oxford University Press, 1999.

Delfitto, D. & Fiorin, G. *Adverb Classes and Adverb Placement* (2nd edn.). New Jersey: Wiley Blackwell, 2017.

Ernst, T. *The Syntax of Adjuncts*. Cambridge: Cambridge University Press, 2002.

Geuder, W. Oriented Adverbs-Issues in the Lexical Semantics of Event Adverbs. Unpublished Ph. D. Dissertation, University of Tübingen, 2000.

Jackendoff, R. S. *Semantic Interpretation in Generative Grammar*. Cambridge, Massachusetts: MIT Press, 1972.

Parsons, T. *Events in Semantics of English: A Study in Subatomic Semantics*. Cambridge, Massachusetts: MIT Press, 1990.

Payne, A.Adverb Typology: A Computational Characterization.Unpublished Ph.D.Dissertation, University of Delaware, 2018.

Rapoport, T. R. Structure, aspect, and the predicate. *Language*, 1999 (4): 653-677.

Rizzi, L. The fine structure of the left periphery. In L. Haegeman (ed.). *Elements of Grammar*. Dordrecht, Neth.: Kluwer, 1997: 281-337.

Zhang, N. The structures of depictive and resultative constructive constructions in Chinese. *ZAS Papers in Linguistics*, 2001 (2): 191-221.

Zubizarreta, M.L.*On the Relationship of the Lexicon to Syntax*. MIT, 1982.

程工：《层级结构和线性顺序之新探》,《外语教学》2018 年第 1 期。

戴曼纯：《广义左向合并理论——来自附加语的证据》,《现代外语》2002 年第 2 期。

冯光武：《汉语语用标记语的语义、语用分析》,《现代外语》2004 年第 1 期。

冯光武：《语用标记语和语义/语用界面》,《外语学刊》2005 年第 3 期。

何洪峰：《汉语方式状语研究》,博士学位论文,华中师范大学,2006 年。

孔蕾：《事件语义视角下的英汉"言者导向语"对比研究》,博士学位论文,北京外国语大学,2015 年。

孔蕾、文秋芳：《基于事件语义的英汉评价标记对比研究》,《现代外语》2015 年第 5 期。

李湘、端木三：《"自然焦点"有多"自然"？——从汉语方式状语的焦点结构地位说起》,《世界汉语教学》2017 年第 4 期。

李宗江：《近代汉语评价性语用标记及其向现代的演变》,《语言研究》2014 年第 1 期。

鲁莹：《话题化的元话语标记"X 的是"》,《语言研究》2019 年第 2 期。

潘国英：《方式状语连用的语序》,《汉语学习》2011 年第 5 期。

彭家法：《附加语的句法位置》,博士学位论文,北京语言大学,2007 年。

祁峰：《"X 的是"：从话语标记到焦点标记》,《汉语学习》2011 年第 4 期。

司红霞：《再谈插入语的语义分类》,《汉语学习》2018 年第 6 期。

邢欣、郭安：《前指附加语的语义指向与句法合并》,《中国语言学报》2016 年第 1 期。

张京鱼：《操汉语的英语学习者对心理谓词的习得：语义突显层级模式》,博士学位论文,广东外语外贸大学,2002 年。

周明强：《强调类话语标记语"X 的是"的语用功能考察》,《语言科学》2017 年第 1 期。

(陈锋 济南 齐鲁师范学院外国语学院 250200；张京鱼 西安 西安外国语大学英文学院 710128 zhangjingyu@xisu.edu.cn)

汉语描写构式的事件语义与型式研究[*]

陈 锋 张京鱼 冯义梅

摘 要：描写构式是跨语言现象，表达的是双重谓语结构中的描写性状态与主要事件共时性事件语义。本研究基于描写构式的语言类型学研究和事件语义结构理论，论证了汉语描写构式存在的客观性与合理性，并着重指出除了有"XP+V"型、"XP+de（的）"型两大基本型式外，还包括"XP+zhe（着）"型、"XP+er（而）"型与"XP+ran（然）"型三种常用型式和"V+XP+N"一种特殊型式。汉语描写性谓词尽管句法位置与方式状语相同，但语义上有本质区别。描写构式中的描写性谓词描述事件参与者行为过程中同时出现的外部突显状态、内部心理状态或者生理感知状态，且该状态表现出特定情境下的二元对立性和选择唯一性。

关键词：状态形容词；描写构式；共时性；事件语义

Patterns and Event Semantic Features of Chinese Depictives

CHEN Feng, ZHANG Jingyu, FENG Yimei

Abstract: Depictives are cross-linguistic constructions, which depict the simultaneity of the secondary state and main event in the double predicates construction. Based on the typology of depictives and event structure theory, the ob-

---

[*] 本文系山东省人文社会科学课题"山东方言中心理谓词的量度范畴研究"（编号：2022-JCWX-09）的阶段性成果。

jectivity and rationality of the existence of Chinese descriptive constructions is justified. Furthermore, this article mainly argue that besides "XP + V" and "XP+*de*" patterns, there are three other patterns ("XP+*zhe*" "XP+*er*" and "XP+*ran*"), and one special variant "V+XP+N". Although depictive predicates in Chinese depictives are similar to adverbials in position, they are semantically distinct in nature. Depictives are used to describe the inner psychological or outer perceptual qualities of participants simultaneous with the main event, which presents binary opposition and unique selection in a specific situation.

Key words: state adjectives ; depictives ; simultaneity ; event structure

一　引言

一般而言，形容词作定语与副词作状语是无标记的用法，而形容词作状语则是有标记的。吕叔湘（1986）认为例（1）结构中的形容词本来是处于定语的位置却跑到了状语的位置。张国宪（2005）认为此表物形容词结构是性状形容词的句法异位和语义异指现象。

（1）咱们热热的来壶茶喝。（老舍《骆驼祥子》）

国内其他学者给予状态描述性形容词不同的称谓并做了较深入的研究，如"错位修饰状语"（Chao，1968；丛迎旭，2013）；"动主/宾双系的形容词状语"（郑贵友，1996）"指宾状语"（熊仲儒，2013；杨永忠，2014，2016；祁文慧、张智义，2016；叶狂，2016）；"形容词状语"（刘振平，2015）；"指元状语"（王文斌、杨静，2022）等，但他们大都是对结构生成或者语义指向的研究，且都是在传统的"状语"框架下的研究。

尽管邢欣、郭安（2016）把例（2）中位于谓语前指向主语的状态形容词称作"主语指向附加语"，但是并没有认识到状态形容词的附加性谓词特征，也没有认识到状态附加语所表的状态与主要谓语所表的动作事件之间的共时性事件语义关系。

（2）他气呼呼地走了。（邢欣、郭安，2016）

状态附加语具有谓词性功能，与动作行为没有直接的因果事件性关联，既不是用来描述动作行为的方式，也不是用来表示事件的原因或结果，而是用来描述事件参与者（人或物）在事件过程中同时所呈现的状态特征，本质上属于描写性的谓词。由于所处的结构中已经含有一个谓语动词，这个形容词谓词常被看作双重谓语结构（double predicates）中的次要谓语（secondary predicate）。韩礼德（Halliday，1967）把次要谓语主要分为两大类，即描写性次要谓语和结果性次要谓语，并把含有描写性次要谓语的结构称作描写式（Depictives），把含有结果性次要谓语的结构称作结果式（Resultatives）。

鉴于 Zhang（2001）和 Shi（2003）明确将汉语形容词表物的状语结构称作描写性结构（Depictives），本文将例（1）—（2）中汉语 $NP_1+A+V+(NP_2)$ 结构称为描写性次要谓语构式，简称描写构式，以区别于结果构式。尽管在句法上处于动词前的形容词属于状态性附加语，但是从语义上来讲属于状态性谓词，表示主要谓语表征的事件发生时事件参与者所呈现的附带性状态。"描写构式"这一称谓突显了状态形容词的述谓性和事件性，还原了其本来面貌和本质属性。

汉语方式状语结构和结果构式的研究已经较为成熟，而描写构式研究相对不足。Zhang（2001）仅列出了汉语描写构式"*de* 结构"和"V-V"两种类型①，没有提到汉语其他类型的描写构式。Shi（2003）认为汉语仅有数量有限的形容词（如"生""热""湿""活"等）与语素"着"连用可以组成描写构式"A+着+V"，而将其他词不能生成描写构式归结为语言外的因素，并没有解释原因。

简言之，学界对描写构式这一现象的大部分研究依然没有冲出传统状语的"藩篱"，即便从"形容词状语"角度列出了汉语描写构式的一些现象，但其类型十分有限，缺乏全面性和系统性。因此，描写构式的构式地位、类型和语义结构，皆有待于进一步深化研究。

汉语描写构式地位的确立是否得到语言类型学上的支持？该构式事件语义基础是什么？除了"*de* 结构"和"V-V"两种型式，汉语描写构式还有哪些型式？与印欧语言比较，汉语描写构式语义特征有何独特之处？

---

① Zhang（2001）提出的"*de* 结构"与"V-V"结构实际上分别对应的是汉语中的 A-*de*-V 结构和 A-V 结构。前者如"热热的喝一碗酒"，后者如"活捉一只老虎"。

这些问题目前国内外学者鲜有研究。与以往描写构式的句法分析研究视角不同，本文是基于事件语义学从事件性关系角度对涵盖以上问题的描写构式型式和语义特征的研究。下文第二节基于语言类型学证据证实汉语描写构式的存在的可能性。第三节从事件性语义关系角度论证汉语描写构式存在的合理性，及其与方式状语的主要区别。第四节论述汉语描写构式的主要型式。第五节提出汉语描写构式的变体型式。第六节是结论。

二 描写构式的语言类型基础

描写构式是一种跨语言现象，不仅在英语、法语、德语和俄语等印欧语言普遍存在，而且在日语与闽南台湾语中也广泛存在。一些学者（Rapoport, 1991, 1993a, 1993b; Legendre, 1997; Richardson, 2001; Müller, 2004, Nikolaus & Schultze‑Berndt, 2005; Gonzálvez‑García, 2009; Rothstein, 2003, 2017; Lin, 2017; Schultze‑Berndt, 2017 等）从不同语言出发对描写构式句法-语义特征进行了深入研究。我们从中发现，尽管语言不同，但是构式表达的语义特征和句法关系具有跨语言的普遍性，例如（3）—（8）：

（3）Ben cut the bread hot.（英语）（Rapoport, 1990）
班热热的切了块面包。
（4）Il est mort jeune.（法语）（Legendre, 1997）
'He has died young.'
他英年早逝。
（5）Er ißt das Fleisch roh.（德语）（Müller, 2004）
'He eats the meat raw.'
他常生吃肉。
（6）Vadim vernulsja iz bol'nicy zdorovyj/zdorovym.（俄语）（Richardson, 2001）
Vadim‑NOM returned from hospital healthy‑NOM/cured‑INSTR
'Vadim returned from the hospital healthy/cured.'
瓦蒂姆康复/痊愈出院。
（7）Taroo‑ga katuo‑onama‑de tabeta.（日语）（Koizumi, 1994）

Taroo-NOM bonito-ACC raw ate
'Taro ate the bonito raw.'
太郎把这条金枪鱼生着吃了。

(8) 阿旺仔悿悿在煮麵。(闽南台湾语)(Lin, 2017)
A Ong-a tired cooked noodle.
Mike cooked the noodle tired.'
迈克疲惫不堪的煮了面条。

汉语描写构式也不例外，如例（7）—（8）：

(9) 武松活捉了一只老虎。

(10) 武松热热的喝了一碗酒。(Zhang, 2001)

在语义关系上，例（9）—（10）与例（3）—（8）中划线部分的状态谓词均与主要谓词共享同一事件参与者，且表现出事件的同时性。

在句法关系上，英语、法语、德语、俄语等 VO 语序的印欧语的主要谓词 V 在前，形式为 NP_1+V+NP_2+A。日语是典型的 OV 语言，主要谓词 V 在后，其描写构式形式为 NP_1+NP_2+A+V。其实，日语与印欧语描写构式本质上是一样的，只是动词分布存在特征差异而已。而汉语、闽南台湾语是 OV 和 VO 混合型语言（金立鑫，2011），描写构式体现为 OV 语言类型特征，状态次要谓语通常出现在事件主要谓词之前的附加语位置。

如果一个双重谓语结构中同时出现了主语指向和宾语指向的描写性谓词，汉语是主语指向在前，宾语指向在后；而英语正好相反，例如(11)—(12)：

(11) 阿贵$_i$愉快的$_i$热热的$_j$喝了那碗茶$_j$。

(12) John$_i$ sketched the model$_j$ nude$_j$ [drunk as a skunk]$_i$.
(Zhang, 2001)

陈兴（2011）通过对英、汉次要谓语对比也发现，如果描写构式与结果构式同时出现在双重谓语结构中，汉语是描写性谓词在前，结果性谓词在后；而英语正好相反，如例（13）—（14）：

(13) 张三ᵢ气冲冲地ᵢ撕碎ⱼ了李四的来信ⱼ。
(14) John hammered the metalᵢ flatᵢ hot ᵢ.　　（陈兴，2011）

从以上的比较不难发现，汉语跟英语其实一样，主要谓语动词都倾向于与结果谓词距离最近，宾语指向的描写性谓词次之，与主语指向的描写性谓词距离最远，三者分布为：结果性谓词在句法上位于 V' 内，而宾语指向的描写谓词位于 VP 内，主语指向的描写谓词位于 IP 内（Nakajima, 1990）。这表明在英、汉两种语言中不论是结果谓词还是描写谓词，其深层句法结构位置都具有一致性，句法上表现出描写性构式的语言类型学共性。

综上分析，汉语描写构式不论是在语义关系上还是在深层句法关系上都具备了跨语言的共性，汉语描写构式具有存在的现实可能性，其语法地位获得了语言类型学证据的支持。

三　描写构式的事件语义基础

正如 Halliday（1967），Zhang（2001），Rothstein（2003，2004）等所述，描写次要谓语与结果次要谓语同属于双重谓语结构，它们体现了两个单一事件的加合（sum）关系。两个单一事件在合成为单一复合事件时需满足一定的语义限制条件。根据新戴维森事件语义学代表人物之一Rothstein（2003，2004）的谓词合成理论，双重谓语结构的次要谓语事件与主要事件之间需满足时间—参与者相关性限制条件（15）：

(15) 时间-参与者相关性
TPCONNECT (e_1, e_2, y) iff：
(1) $\tau(e_1) = \tau(e_2)$ (i.e. the run time of e_1 is the same as the run time of e_2);
(2) e_1 and e_2 share a participant y.
(Rothstein, 2003: 71)

根据该限制条件，主要谓词和次要谓词之间的关系是通过它们所指涉事件的加合操作（sum operation）获得的。该操作的实现条件为两个谓词所表示的事件之间必须具备"时间-参与者相关"(TPCONNECT)的关系，即时间的共时性（temporality）与事件参与者的共享性（shared participant）。

作为双重谓语结构之一的描写构式，同样要满足时间-参与者相关性的语义允准条件，即主要谓词所表示的事件与次要谓词所表示的状态之间具有时间的共时性和参与者的共享性。描写构式的判断标准就是要看次要谓词所描述的参与者状态（e_2）与主要谓词描述的事件（e_1）是否存在时间上的重合，即 $\tau(e_1) = \tau(e_2)$。事件 e_1 与事件 e_2 通过实现（15）的语义限制条件合取为一个新的单一复合事件 e，如例（16）的事件结构可以表示为（17）：

(16) John drove the car drunk.
约翰醉酒驾车。

(17) $\exists e \exists e_1 \exists e_2 [e =^S (e_1 \cup e_2) \wedge \text{DRIVE}(e_1) \wedge \text{Th}(e_1) = \text{THE CAR} \wedge \text{Ag}(e_1) = \text{JOHN}$
$\wedge \text{DRUNK}(e_2) \wedge \text{Arg}(e_2) = \text{JOHN} \wedge \tau(e_1) = \tau(e_2)]$
(Rothstein, 2003)

例（16）—（17）表达了"约翰驾车"行为事件（e_1）的发生与"约翰醉酒"状态事件（e_2）的出现是同时的，且这两个子事件是作为一个单一复合事件"醉酒驾车"（e）表征的。

描写次要谓语所呈现的状态一般包括内部的生理状态与心理状态，和外部肢体的状态，如例（18）—（20）：

(18) 禁止<u>疲劳</u>驾驶。
(19) 父亲<u>闷闷不乐</u>的回来了。
(20) 小孩子在地板上<u>光着脚</u>走路。

我们的身体要么处于疲劳，要么处于不疲劳状态，例（18）禁止的是当身体处于"疲劳"状态时的驾驶。例（19）表示父亲回来时的心理状态"闷闷不乐"，例（20）表示小孩走路时的肢体状态"光着脚"。例（18）—（20）里的描写性次要谓语所表示的状态与主要谓词所表示的事件均具有同时性,符合描述性形容词特定情境下状态描述的本质特征。概言之,描写构式的次要谓语都指向事件参与者的某一状态,是伴随主要事件的附加性状态陈述,属于状态附加语。

然而,状态附加语与一般的方式状语是完全不同的两个概念,二者的区别可以通过与所依存的事件语义关系体现出来。方式通常是针对某个动作行为实现的方法、途径、工具或者动作的具体姿势,如"乘车""步行""自驾"等表达"交通运动"方式,"眯着眼看字""瞪着眼看人""斜着眼看对方""目不转睛地看风景"等表达"看"的不同方式。动作的方式可以有多种,每个事件情境可以采用多种行为方式,如"横看成岭侧成峰"即表达了对于"观山"事件,可以有不同的观察方式,且因观山的方式不同会产生对山的不同认识。方式状语可以用"咋/如何/怎么(样)实现……的?"问句来甄别,例如(21):

(21) ——你咋/如何/怎么(样)过的河?
　　——我游过来的/蹚水过来的/坐船过来的……

状态通常是蕴含了某个具体的事件情境,主体的状态一般表现为同一特征类别的二分性,且每个特定的情境下同一特征类别只能表现为其中的一种状态,如"生/熟""活/死""生病/健康""醉/醒""光(着)脚/穿(着)鞋""着衣/裸体""凯旋/败北"等。例如,人们走路时,要么光着脚,要么穿着鞋。不可能走路时既光着脚又穿着鞋。如果想了解一个人的状况,我们通常会问:"近况/状况如何?"

描写构式中的状态附加语表示主要谓语表征的事件发生时事件参与者所呈现的状态,可以表示一个人处于某个事件情境下的内部身心状态或者外部肢体状态,这一特定情境下的状态可以用"……的时候(身心)状况如何/怎么样?"来询问,例如(22):

(22) a. ——父亲回来时怎么样?
　　　——闷闷不乐/开开心心。
　　b. ——战士们从战场回来时状况如何?
　　　——凯旋而归/落败而回。

如果例（22）中两组单一事件分别组合成单一复合事件，便生成了两个描写构式，如例（23），语义上等同于例（22）：

(23) a. 父亲闷闷不乐的/开开心心的回来了。
　　　b. 战士们从战场胜利归来/落败而回。

可见，由状态形容词构成的描写构式是对同一事件参与者状态与行为事件加合组成的单一复合事件语义关系的紧缩形式表征。

四　汉语描写构式的基本型式

本文第二节确立了汉语描写构式存在的跨语普遍性的基础，第三节论证了汉语描写构式存在的事件语义基础，本节主要讨论汉语描写构式的各种型式。参照 Zhang（2001）与 Shi（2003）等研究，以及 CCL 语料库①和《汉语大词典》官方在线网站②的汉语描写构式语料，本研究发现汉语描写构式大致可以分为五种基本型式。汉语描写性次要谓语以形容词短语（AP）为主，还包括部分动词短语（VP）和介词短语（PP）。为了避免语类区分，本文统一用 XP 代替。

（一）构式型式一：{ XP +*de*（的）+V }

这一类型描写次要谓语位于动词前与描写性功能词"的"组合，此处的功能词"的"有别于"地"，表示动作事件参与者的状态特征，而非动作的方式，如"热热的喝一壶茶"中"热热的"。Zhang（2001）将此类型称作 *de*-类型，其中"*de*"作为功能中心语 v，C-选择 XP 作为补足语，然后合并扩展投射为 vP，即 [*de*-XP]，输出的语音表层形式是 [XP-*de*]，最后 vP 作为附加语与主要谓词 V 合并生成双重谓语结构。

Zhang（2001）认为汉语的描写次谓词只能位于主要谓词之前状语的位置，但是如果我们将例（24）a 改写成（24）b 就会发现，其实，汉语描写谓词的位置可以在动词前（XP-*de*-V），也可以像英语之类印欧语言

---

① 本文用例凡是未明确标明出处的全部来自北京大学 CCL 语料库。
② 汉语大词典在线网址：www.hydcd.com。

在动词后（V-XP-*de*），且两种形式可以替换。例如：

(24) a. 女士气呼呼 *de* 离开了。
b. 女士离开了气呼呼 *de*。
c. *气呼呼 *de* 女士离开了。

例（24）a-b 都是汉语描写构式的表现形式，很明显有别于（24）c 的修饰性定语用法。不过，不是所有的动词前的状态附加语都有对应 V-XP-*de* 的形式，我们将 XP-*de*-V 称为描写构式的无标记的形式，而 V-XP-*de* 称作有标记的形式。

(二) 构式型式二：{ XP+V }

此类型的描写次谓词位于主要谓语动词前并与之紧密结合，已经发展成了一个复合词，如"醉驾""活捉""生吃"等。Zhang (2001) 将此类称作 V-V 型，这一类型的结构是由功能中心语 v 首先选择描写次谓词作为其补足语，扩展投射为 XP 结构，即 [FP [F' X$_i$ [XP [v' t$_i$]]]，然后该短语上移附加至主要谓词之前并与之合并，生成双重谓语结构。Huang (1992：126；2009：45) 认为"V-V"结构与"AA+的"构式不同，前者属于词类范畴，而后者属于短语结构。汉语的 V-V 构式经历了重新分析和重构的过程，其句法限制也发生了改变，不再受到统辖原则和最小距离约束的限制，这表现在例（25）：

(25) a. 他生吃了这盘蔬菜。
b. *他生生的吃了这盘蔬菜。
c. *他生着吃了这盘蔬菜。
d. 他把这盘蔬菜生着吃了。
e. 这盘蔬菜他生着吃了。

例（25）a 则由"生"和"吃"两个谓词构成了复合词"生吃"，其中的描写性谓词"生"摆脱了统辖原则和最小距离约束的限制，而描述谓词已经被主要谓词吸附归并而词汇化为一个合法的独立复合词。例（25）b-c 由于违背了最小距离范围内先行语（"这盘蔬菜"）与管辖语

（"生"）之间的统辖关系，句式表达不可接受。例（25）d-e 分别通过把字句和话题句将先行语前置，满足了先行语与管辖语的统辖关系，因此都合法。例（25）a 体现了语言由分析性结构到复合词的句法—词汇化过程，成了汉语常见的一种构词方式，证明了"今天的词法是昨天的句法"（Givon，1971：413）。

（三）构式型式三：{XP +zhe（着）+V}

"着"属于结构功能词，其语法功能地位举足轻重。《现代汉语八百词》（吕叔湘 1999：665-666）对"着"的释义为："表示动态的助词，紧接动词、形容词之后；可以构成'动$_1$+着+动$_2$'构成连动式，动$_1$多为单音节动词，与动$_2$之间可以有方式、目的和手段的关系。"本文认为，连动式与描写构式极为相似，但有本质区别。共同之处在于两种结构都包含两个事件，且两个事件共享一个主体。二者的不同在于连动式里的两个事件是由两个独立的动词构成，且由持续体标记"着"串联起来，而描写构式里的两个事件可以由一个状态形容词与一个动词通过状态标记词"着"串联起来。此外，这种共时性还可以表现为"了"状态实现体变体形式，如"不要累/醉了开车"。

(26) 演员们唱道："一把把胡麻撒上天，心中的花儿有万千。月月唱来年年唱，<u>幸福着</u>唱红了太阳。"

(27) "……中华民族到了最危险的时候，每个人<u>被迫着</u>发出最后的吼声……"（《中华人民共和国国歌》）

例（26）表达演员们唱歌时处于"幸福"的状态。例（27）表达了中国人民在民族危险时刻发出的吼声是处于"被迫的"状态之下的。这一类型的描写构式还包括"快乐着工作""悲伤着离开""恐慌着跑来""疲惫着干活"等，它们均体现了心理状态和动作事件的共时性和事件参与者的共享性。

（四）构式型式四：{ XP +ran（然）+V }

型式四的格式标记（marker）是"然"，或称作"然"型式描写构式。《辞海》将"然"解释为形容词或副词词尾。《汉语大词典》[①] 也认为"斐然""赫然"结构中的"然"表示状态特征,例如:

(28)"终风且霾,惠然肯来。"《诗经·邶风·终风》

例(28)句中的"然"作为一个词尾功能词,和表心情的形容词"惠"连用,构成了状态描述形容词短语,表示"欣喜顺心的"心理状态,与一个由谓词"来"表示的运动事件同时发生,便构成了描写构式。在构式中,"然"尽管出现在行为动词之前,但是并非表示动作行为方式,而担当了事件参与者状态特征描绘的一个语法手段,相当于"……的(状态)"。"然"这一古汉语的遗留功能词完全可以用现代汉语"的"来替代,如"斐然"和"赫然"都是"清清楚楚的"之义。"然"型式的描写构式常出现在古汉语四字短语中,如"愤然离去""茫然走来""悠然醒来""盎然而入""废然而返"等。如果"然"用于副词之后,则描绘动作行为的方式,就成了方式状语,如"恍然大悟""悄然离去"等。

(五)构式型式五:{XP+er(而)+V} 或者 {V+er(而)+XP}

型式五的标记是"而",或称作"而"型式描写构式。《辞海》里提到"而"其中一个义项,"用于形容词或副词的语尾,无义。"如例(29):

(29)毕公子惊叫出声,<u>颓然倒地</u>。白衣女郎奔出坟穴与丫环<u>仓皇而逃</u>。

例(29)中的"而"位于形容词的词尾,作为语法功能词连接了"受到惊吓"的状态和"逃走"事件。前者是状态描写谓词,后者是动作行为谓词,构成了有描写构式。下面的四字短语中的"而"前形容词皆表示事件参与者的状态,且与动作行为事件共现,如"<u>乘兴而来,败兴而归</u>""<u>无疾而终</u>""<u>不欢而散</u>""<u>含恨而终</u>""<u>大败而逃</u>",个别"而"

[①] 辞海在线网址:http://www.cihai123.com/zidian/1092042.html。

型式描写构式的"而"标记位于行为动词之后,如"临时而惧",属于有标记形式。不管何种形式,"而"发挥的作用是相同的,即充任描写构式的一个语法标记,联结具有同时延展性且共同描述同一个对象的两个子事件复合而成的单一事件,完全符合描写构式的"时间-参与者关联"(TP-CONNECT) 语义允准条件。

从韵律上讲,如将后一个动词替换为双音节,如乘兴来到、败兴归去、仓皇逃走等,则"而"可以省去。这是汉语"2+2"音节强势的驱动所致。从这个角度来说尽管"而"也可解释为音节的填充形式,但是与它作为描写构式中连接状态与事件的语法标记并不矛盾。

综上,以上五种型式都属于汉语描写构式的典型类型,前三种型式主要出现在现代汉语中,而后两种较多用于古汉语。其中,"XP-de-V"型与"XP-然-V"型相近,功能词用于描述事件参与者的状态,属于描写性功能词显性型,"XP-着-V"型与"XP-而-V"型相近,功能词均表示事件参与者状态与行为事件的持续伴随性,也属于描写性功能词显性型,而"XP+V"则由于状态与行为事件紧密融合,其描写性功能词不再显性出现,属于描写性功能词隐性型。

五 描写构式的变体型式

上文所列的描写构式五种基本型式均满足构式条件,句法分布主要出现在动词之前附加语位置,部分出现在动词之后附加语位置。本研究还发现,除了以上描写构式基本型式,还有一类变体型式"V+XP+N",如例(30)—(31):

(30) 他们把加强安全教育放到首位,增强司机的安全意识,坚决杜绝开"赌气车"。

(31) 有目击者证实,死者输钱后曾在酒吧内一个人喝闷酒并自言自语。

例(30)—(31)的 XP 位于名词之前,表层结构与定中结构相同,但深层结构实则描述事件主语的状态特征,分别表示"开车""喝酒"事件过程中主语所处的"愤怒"与"闷闷不乐"心理状态,属于描写构式的变体。尽管这两个状态形容词的位置看似名词前的定语修饰语，但是与真正的定语在语义上是有区别的，如例（32）—（35）：

(32) 约翰喝了一杯<u>热热的</u>开水。
(33) 约翰喝了一杯<u>热</u>开水。
(34) 约翰画那位<u>裸体的</u>模特。
(35) 约翰画那位<u>裸体</u>模特。

例（32）中"热热的"表明约翰喝开水时开水正处于"热热的"的状态，是对开水状态的描述，而（33）中"热"是对开水的性质与属性的限定，它是用来区别于凉开水或温开水的。同理，例（34）中的"裸体的"表明约翰画画时那位模特正处于"裸体的"的状态，而（35）中的"裸体"则是区别性修饰语，表示这个模特的性质是"裸模"而非其他类型的模特。重叠式状态形容词如"热热的"是谓词性的，而性质形容词如"热"是体词性的（朱德熙，1999）。谓词性的状态形容词本质上属于描写性谓词，在描写构式中是一种附加性谓词（Adjunct Predicate）（Zubizarreta，1982）。很多时候，言者为了强调主体的感知性而将这个描写性谓语前移，一直可以移到主要谓词之前，我们便得到了与例（32）与（34）的语义上基本相同的形式例（36）与（37），即更典型的描写构式：

(36) a. 约翰喝了<u>热热的</u>一杯开水。
b. 约翰<u>热热的</u>喝了一杯开水。
(37) a. 约翰画<u>裸体的</u>那位模特。
b. 约翰<u>裸体</u>画那位模特。

例（37）b由于行为"画画"主、客体均是有灵实体，因此描写谓词"裸体"在述谓指向上存在歧义，既可以表示约翰是裸体，也可以表示模特是裸体。

概言之，以上各例在定语位置的状态形容词其实是描写次要谓语，它在动词与内论元宾语之间"修饰语"位置极易给人造成"定语"成分的假象，类似的例子还有"说醉话""说气话""说动情话"等分别表示在"醉酒情形下讲话""气愤状态下讲话"和"动情之下讲话",都属于特殊的描写构式,这些例子中名词前的修饰语都是状态附加语,而非真正的定语。

判断一个结构是否为描写构式,可以通过"NP 在 XP 状态下 V"或者"NP 在 V 时 XP"这一等值的构式语义框架来甄别。如果该结构能够被其中之一替换,则属于描写构式;否则,不是。例如我们常说的"喝闷酒"与"喝喜酒""吃喜糖"尽管表层形式一样,但是其状态性附加语属于两种完全不同的成分结构,前者属于描写构式的变体形式,而后两个结构就不属于描写构式的变体形式,它们无法替换为"欢喜状态下喝酒/吃糖"或者"喝酒/吃糖时欢喜",因为"欢喜"这一状态不一定在参与者身上同时出现,即"喝喜酒"或"吃喜糖"时该事件参与者也可能内心不愉悦或者很平静,此时的"酒"和"糖"被赋予了"喜庆"的标志属性,属于定语修饰性用法。从修辞的角度,它们属于移就格,将人的属性特征转移到事物上。简言之,"喝闷酒"预设了喝酒时饮者的心理状态,而"喝喜酒"不一定体现出饮者即时的心理状态。构式语义上,不论描写谓词处于何种位置,只要该谓词所表示的状态与主要谓词所表示的事件持续共现,且能够复合成一个单一的事件,就可以判定为描写构式。至于构式型式如何移位以及为什么移位皆可以从轻动词句法的角度做出的解释(熊仲儒,2020),限于篇幅不在本研究范围之内。

六　结语

描写构式是一种跨语言现象,不仅广泛分布于印欧语、日语等语言中,而且在汉语中普遍使用。由于描写性谓词(通常为状态形容词)处于附加语(状语)的位置,往往被视作状语。然而,它与一般状语不同,与动作行为没有直接的逻辑语义关系,而是描述事件者外部、内部或者主观感知的状态,与事件具有"时间-参与者相关性"(TPCONNECT)关系。汉语描写构式不论在语义上还是深层句法位置上与其他语言都有跨语言的普遍性。

本文研究发现,汉语的描写构式型式除了包括"XP+V"复合词类型,还有"XP+结构功能词"的"(de)、"着"(zhe)、"而"(er)、"然"(ran)等形式。前者没有语法标记,后者语法标记显著。此外,汉语描写构式还表现为一种特殊的变体形式"V+XP+N",其形式上尽管与定中结构相同,但却具备描写构式的核心语义条件,可以通过其构式语义加以甄别。本研究还发现谓词性形容词/附加语可以处于多个位置,动词前为其主位,动词后和体词前为次位。

主要参考文献

Chao, Y. R. *A grammar of spoken Chinese*. University of California Press, 1965.

Givon, T. Historical syntax and synchronic morphology: An archaeologist's field trip. *Chicago Linguistic Society* 1971 (7): 394-445.

Gonzálvez-García, F. The family of object-related depictives in English and Spanish: Towards a usage-based constructionist analysis. *Language Sciences*, 2009, 31 (5): 663-723.

Halliday, M. A. K. Notes on transitivity and theme in English. *Journal of linguistics*, 1967, 32: 199-244.

Huang, J. Complex predicates in control. In Higginbotham, J. & R. Larson (eds.), *Control and Grammar*. Kluwer, Dordrecht, 1992: 109-147.

Huang, J., Y.-H. Audrey & Li, Yafei. *The Structures of Depictive and Resultative Constructions in Chinese*. Cambridge: Cambridge University Press, 2009.

Koizumi, N. The stage-level Representation and the Peculiar Status of Depictive Predicates. *English Linguistics*, 1996, 13: 121-139.

Legendre, G. Secondary predication and functional projections in French. *Natural Language and Linguistic Theory* 1997, 15: 43-87.

Lin, H-L. Syntax and semantics of post-verbal secondary predicates in Taiwan Southern Min. *Journal of Chinese Linguistics*, 2017, 45 (1): 68-103.

Müller, S. An HPSG analysis of German depictive secondary predicates. *Electronic Notes In Theoretical Computer Science*, 2004, 53: 233-245.

Nakajima, H. Secondary predication. *The Linguistic Review*, 1990, 7 (3): 275-309.

Nikolaus, P. H. & E. F. Schultze-Berndt. *Secondary Predication and Adverbial Modification: The Typology of Depictives*. Oxford: Oxford University Press, 2005.

Rapoport, T. R. Adjunct – predicate licensing and D – structure. In S. Rothstein (eds.). *Syntax and Semantics 25：Perspectives on Phrase Structure*. New York：Academic Press, 1991：159-187.

Rapoport, T. R. Stage and adjunct predicates：Licensing and structure in secondary predication construction. In E. Reuland & W. Abraham (eds.). *Knowledge and Language II：Lexical and Conceptual Structure*. Dordrecht：Kluwer Academic Publishers, 1993a：157-182.

Rapoport, T. R. Verbs in depictives and resultatives. In J. Pustejovsky (eds.). *Semantics and the Lexicon*. Dordrecht：Academic Publishers, 1993b：163-184.

Richardson, K. What secondary predicates in Russian tell us about：The link between tense, aspect and case. In *ZAS Papers in Linguistics*, 2001 (26)：1-25.

Rothstein, S. Secondary predication and aspectual structure. In E. Lang, C. Maienborn & C. F. Hansen (eds.). *Modifying Adjuncts*. De Gruyter Mouton, 2003：553-590.

Rothstein, S. *Structuring events：A study in the semantics of lexical aspect*. Blackwell Publishing, 2004.

Rothstein, S. Secondary predication. In M. Everaert & H. C. van Riemsdijk (eds.). *The Wiley Blackwell Companion to Syntax*, Second Edition, John Wiley & Sons, Inc, 2017.

Schultze-Berndt, E. Depictive secondary predicates in typological perspective. In M. Everaert & H. C. van Riemsdijk (eds.). *The Wiley Blackwell Companion to Syntax*, Second Edition, John Wiley & Sons, Inc, 2017.

Shi, E. C. *Second Language Grammar and Secondary Predication*. Ph. D. dissertation, Arizona：University of Arizona, 2003

Zhang, N. The structures of depictive and resultative constructive constructions in Chinese. In ZAS Papers in Linguistics, 2001 (22)：191-221.

Zubizarreta, M.L. *On the relationship of the lexicon to syntax*. Ph.D. dissertation, Massachusetts：MIT, 1982.

陈兴：《英汉次谓语的语义对比研究》，《云梦学刊》2011年第4期。

丛迎旭：《汉英错位修饰现象语法隐喻研究》，博士学位论文，上海外国语大学，2013 年。

金立鑫：《什么是语言类型学》，上海外语教育出版社 2011 年版。

刘振平：《形容词作状语和补语的认知语义研究》，商务印书馆 2015 年版。

吕叔湘：《汉语句法的灵活性》，《中国语文》1986 年第 1 期。

吕叔湘：《现代汉语八百词》（增订本），商务印书馆 1999 年版。

祁文慧、张智义：《论指宾状语结构的句法、语义及语用属性》，《外语研究》2016 年第 3 期。

王文斌、杨静：《对汉英指元状语研究现状的梳理和认知》，《中国外语》2022 年第 4 期。

邢欣、郭安：《前指附加语的语义指向与句法合并》，《中国语言学报》2016 年第 00 期。

熊仲儒：《指宾状语句的句法分析》，《现代外语》2013 年第 1 期。

杨永忠：《指宾状语句的句法结构及推导》，《现代外语》2014 年第 1 期。

杨永忠：《指宾状语句的生成》，《广东外语外贸大学学报》2016 年第 5 期。

叶狂：《指宾状语句的句法性质及语义、语用制约条件》，《华文教学与研究》2016 年第 4 期。

张国宪：《性状的语义指向规则及句法异位的语用动机》，《中国语文》2005 年第 1 期。

郑贵友：《状位形容词在句法框架中的"系"》，《华中师范大学学报》（哲学社会科学版）1996 年第 2 期。

朱德熙：《现代汉语形容词研究》，载《朱德熙文集》（卷二），商务印书馆 1999 年版。

（陈锋 济南 齐鲁师范学院外国语学院 250200，chenfeng9901@163.com；张京鱼 西安 西安外国语大学英文学院 710128；冯义梅 济南 齐鲁师范学院外国语学院 250200）

论主语与话题之争

褚瑞莉　张京鱼

摘　要：杨大然、程工（2018）提出并回答了三个问题：1）文中例（1）和（2）为代表的句子不是致使/作格交替，其相应的及物动词也不是作格动词；2）论元交替的条件是，活动类动词如果带了渐进客事，就可以允许论元交替。这是因为渐进客事可以给一些活动类动词带来终止义（telic）；3）汉语终止义要求受事移位到主语的位置，同时使用体标记"了"，由于汉语存在着一个 Asp 功能范畴投射，而英文不存在这一投射，所以只有汉语允许相关动词的论元交替。然而潘海华（2019）质疑杨大然、程工（2018）的观点，并对此进行了一一反驳。针对两大阵营的不同观点我们提出动词作格化论元交替观：具备 NP1+VP+NP2⇒NP2+VP 这一程式之特点且语义蕴含结果义的动词是动词作格化论元交替的必要条件，而具有使役义是动词作格化的充分条件。

关键词：话题；主语；作格句；论元交替

On Subject and Topic
CHU Ruili, ZHANG Jingyu

Abstract: Yang & Cheng (2018) made three assertions: 1) The sentences represented by the examples (1) and (2) are not causative/ergative alternations, and their corresponding transitive verbs are not ergative verbs;

---

① 本文为陕西省社会科学基金年度项目（项目编号：2021K025）"汉语动词语义扩展机制研究"阶段性成果。

2) Argument alternations are allowed only with incremental theme that denote telicity; 3) Telicity in Chinese requires that Patient has to be shifted to the position of subject, and at the same time, the aspect marker "*le*" is used. Since there is an Asp functional category projection in Chinese, but not in English, only Chinese allows argument alternations of related verbs. However, Pan (2019) questioned the conclusions of Yang & Cheng and refuted the three assertions. Basedon the above mentioned two different views we put forward a new account of ergative verbs and their argument alternations: the necessary condition of ergative verbs is that the verb is in line with the formula of NP1+VP+NP2⇒NP2+VP and its semantics contains result. The sufficient condition of ergative verbs is that the verb has to be causative.

Key words: topic; subject; ergative sentence; argument alternation

一　引言

本文围绕下面几组例句展开：

（1）a. 黄蓉写了信。　　b. 信写了。
（2）a. 张三喝了水。　　b. 水喝了。
（3）a. 她灭了火。　　　b. 火灭了。
（4）a. 张三吹破了气球。　b. 气球吹破了。
（5）a. 张三骂了李四。　　b. *李四骂了。
（6）a. 老张推了车子。　　b. *车子推了。
（7）a. John broke the window.　b. The window broke.
（8）a. Bill wrote the letter.　b. *The letter wrote.

杨大然、程工（2018，以下简称"杨、程"）提出三个问题：

问题一：以例句（1）和（2）为代表的及物性交替是否属于作格交替？

问题二：能够形成论元交替的活动类动词具有怎样的区别性特征，即如何解释文中例句（1）—（2）和例句（5）—（6）的区别？

问题三：从跨语言角度，为什么汉语某些活动类动词允许论元交替，而对应的英语动词则不允许，即文中例句（1）和例句（8）的区别何在？

他们的回答：问题一，文中例（1）和例（2）为代表的句子不是致使/作格交替，其相应的及物动词也不是作格动词。同时，（1b）和（2b）句首的名词"信"和"水"不是话题，而是受事主语。问题二，论元交替的条件是，活动类动词如果带了渐进客事，就可以允许论元交替。这是因为渐进客事可以给一些活动类动词带来终止义（telic）。问题三，汉语终止义要求受事移位到主语的位置，同时使用体标记"了"，由于汉语存在着一个 Asp 功能范畴投射，而英文不存在这一投射，所以只有汉语允许相关动词的论元交替。

然而，潘海华（2019，以下简称"潘"）质疑杨、程的观点，并对此一一进行反驳。潘认为：以例（1）和（2）句为代表的交替实际上是一种假象，因为动词"写"和"喝"没有致使义。换句话说，潘认可杨、程的观点，认为例句（1）和例句（2）不是作格交替。但是，潘认为（1b）和（2b）句首的名词"信"和"水"不是受事主语，而是话题，潘进一步提出，汉语中根本没有受事主语句。

针对杨、程第二个问题的回答，潘指出，"其一，前移的宾语不一定给出终止性事件。其二，活动类动词如果带了渐进客事，不一定就能允许论元交替。"潘首先否认了英语中不存在 Asp 功能范畴投射。再者，针对例句（1）和例句（8），潘认为，英汉的差异在于，英语找到左边的第一个自由的名词时，就认定是主语，因为局部性大于显著性。如果该名词组不能满足动词对主语的语义要求，则该句子不合法。所以，*The letter wrote. 不合法，而 The letter was written. 合法。汉语是显著性大于局部性，所以，找主语时，不仅看是不是最近的，还要看是不是最显著的。这样，"信写了"合法，是因为"信"不能做动词的施事，所以，只能再往左找，找不到，就只能假设有一个空主语或话题。

面对三个问题，潘与杨、程给出了截然不同的结论，孰是孰非？本文从不同视角，提出自己的观点，兼与潘和杨、程商榷。

二 话题与主语之辩

石毓智（2001）指出，主语和话题的问题是汉语语法研究中的核心课题之一，受到重视程度之高，讨论的范围之大和时间之长，然而迄今为止分歧之严重，没有其他问题可与之相比。

（一）潘与杨、程之分歧

潘与杨、程的分歧之一是话题、主语论。杨大然、程工（2018）认为，（1b）和（2b）句首的名词"信"和"水"是受事主语，而潘海华、韩景泉（2005）认为句首名词是话题。潘海华（2019）重新肯定了自己 2005 年的观点，并且进一步指出："汉语没有受事主语句。因为所有的作格句唯一的论元是客体（theme），不是受事（patient），而动结式中的受事即使在动词之前，也只能理解为话题，不能理解为主语。这是因为主语确定条件要么会排除掉所有不能作动词施事的名词短语作主语，要么试之为施事，当作主语。"针对潘海华、韩景泉（2005）与杨、程（2018）之争，我们借助 Trask（1993）和石毓智（2001）的主语话题观分别一一论证其观点。

（二）Trask 的主语话题观

基南（Keenan，1976）通过对世界各种语言的调查，总结了主语所具有的特点以及性质。特拉斯克（Trask，1993：266）在对各种文献的汇总之下，丰富和发展了 Keenan 的主语特性，此处称为 Trask 的主语观[①]：

1）主语是无标记的话题；
2）<u>主语通常是无标记结构的施事</u>；
3）主语可以用疑问代词提问，也可以被焦点化。

用 Trask（1993）的主语观来检验（1b）"信写了"，和（2b）"水喝了"中的"信"和"水"是主语还是话题？上面下划线之观点（2）认为主语必须是施事，而此处"信"和"水"不是施事，所以只能是话题。故此，我们不同意杨、程之观点，认可潘之言论。

（三）石毓智的主语话题观

石毓智（2001：84）指出："主语是语法结构成分，由它构成的格式

[①] 本文只列举相关的论据，所以此处 Trask 的主语观，只是部分，不是全部。

可以用于句子和从句两种层面,而话题是一个话语概念,只能用于句子层面。"根据石毓智(2001)可以推断出,主语可以是话题,但话题一定不是主语。如例(9):

   (9) a. 张三吃了饭。
    b. 饭张三吃了。

将(9a)和(9b)作为 X,套入程式"这就是 X 的餐桌",得出例(10):

   (10) a 这就是张三吃了饭的餐桌。
    b * 这就是饭张三吃了的餐桌。

  (10a)显然符合汉语语法,而(10b)则不合法。依据石毓智(2001),能进入从句层面的是主语,不能进入从句层面的是话题,所以,(9a)中"张三"是主语,而(9b)中"饭"是话题。

  同理,用石毓智的主语话题观来检验(1b)"信写了"和(2b)"水喝了"中的"信"和"水"是主语还是话题?

  我们用程式"这就是 X 的桌子"检验例句(1),用程式"这就是 X 的杯子"检验例句(2),产出例(11)和例(12):

   (11) a 这就是黄蓉写了信的桌子。
    b * 这就是信写了的桌子。
   (12) a 这就是张三喝了水的杯子。
    b * 这就是水喝了的杯子。

  例(11a)和(12a)均符合汉语语法规范,所以(1a)和(2a)可以进入从句层面,由此证明(1a)和(2a)中"黄蓉"和"张三"均为主语,(11b)和(12b)是不合法的句子,故此导出,(1b)和(2b)不能进入从句层面,所以(1b)和(2b)中的"信"和"水"是话题,不是主语。这再次证明了杨大然、程工的观点的不正确性,反而支持了潘海华之的言论。

概言之，用石毓智和 Trask 的主语话题观验证（1b）"信写了"和（2b）"水喝了"中的"信"和"水"的主语话题之争，从不同视角均得出相同结论：即二者都是话题，不是主语。这就否定了杨、程之观点，而支持了潘的言论。

三 动词作格化和论元交替之辩

（一）潘与杨、程之分歧

潘和杨、程在作格话化的条件以及论元交替条件方面也产生了严重分歧。杨、程认为（1）和（2）中的句子不是致使/作格交替，其相应的不及物动词也不是作格动词，而（3）和（4）属于作格交替，故（3b）和（4b）性质相同，都属于汉语的作格句式。然而，潘认为，（4）根本不是作格交替，（4b）不是作格句，原因是气球不能做吹的施事。相应的问题就来了：作格化的条件到底是什么？能形成论元交替的动词到底具备什么特性？

杨、程（2018：661）认为："论元交替的条件是，活动类动词如果带了渐进客事（incremental theme），就可以允许论元交替。这是因为渐进客事可以给一些活动类动词带来终止义（telic），而终止事件义才是活动类动词句进入论元交替的关键语义特征，且该意义是由整个句式的事件类型决定的。"而潘提出两点，其一："前移的宾语一定给出终止性事件吗？"如例（13）—（14）：

（13）信写了，可是没写完。
（14）水喝了，可是没喝完。

显然，不一定。潘认为例句（13）和（14）中的"了"不是完成体（accomplishment situation）标记，而是实现体标记。这说明，杨、程所提出的终止性事件是活动类动词允许论元交替的关键性因素，是有问题的。

潘再次指出：不一定只有前移的宾语才会给事件带来终止性（terminate），原位的宾语也可以，如例（15）：

(15) 我已经写了信。
(16) 我写好/完了信。

例 (15) 和 (16) 中，"信"一定是有定的，不需要前移，就给事件带来了终止义。

其二，潘提出"活动类动词如果带了渐进客事，就一定允许论元交替吗？"例如 (17)：

(17) a. 老虎吃了山羊。　*b. 山羊吃了。

在 (17) 里，"山羊"前移后，肯定是渐进客事，相关的条件是满足的，为什么该句子不合法？

(二) 动词作格化之必要且充分条件

1. 作格动词之定义

帕尔马特（Perlmutter，1978）指出，不及物动词分为两类：非作格动词和非宾格动词[6]（作格动词）。非作格动词是原生的、纯粹的不及物动词，而作格动词是派生的不及物动词。作格动词（ergative verb）是指有关动词可以组成一对及物和不及物的谓语，其中，不及物谓语的主语是原来及物谓语中的宾语。具有这种特性的动词被称为作格动词。而使用作格动词组成的句子就是作格句，在这样的一对谓语中，及物的句子被称为二元作格句，不及物的就被称为作格句。根据定义，我们提炼出作格句程式 (18)：

(18) $NP_1+VP+NP_2 \Rightarrow NP_2+VP$

"开"和"感动"是作格动词，它们的作格句是例 (19) — (20)：

(19) a. 小莉开了门。　b. 门开了。
(20) a. 他感动了我。　b. 我感动了。

然而，程式 (18) 是成为作格句的必要条件，但不是充分条件。例如文中句（1）和（2）符合此程式，但它们不是作格句。

2. 动词作格化的条件之争论

潘海华、韩景泉（2005：11）指出：是否具有广义的使役义是动词发生作格化的基本条件，（1b）和（2b）中的"写"和"喝"没有使役义，所以（1）和（2）呈现的交替现象实际上是一种假象，故不是作格句。根据潘海华、韩景泉（2015）的观点，我们提炼出程式（21）：

(21) $V_{使役} \Leftrightarrow V_{作格}$

程式（21）表明：只要蕴含使役义的动词才是可以进行作格化论元交替的动词，⇔表明，具有作格化论元交替的动词一定是使役动词。例（22）中的 break 是典型的使役动词，break 表示结果，但这个结果是用什么方式（如用石头砸、用脚踹等）实现的，却不在它的语义范围之内，也就是说，使役动词不表示实现结果的动作。

(22) break：[−动作][+结果]

正是因为使役动词具有[+结果]的语义特征，才使它和作格动词的交替成为可能（7b），因为作格动词一般来说表示状态的改变，产生了结果自然预示着状态的改变。

杨、程认为论元交替的条件是活动类动词如果带了渐进客事（incremental theme），就可以允许论元交替。这是因为渐进客事可以给一些活动类词带来终止义。由杨、程的观点可以推出，能给事件带来终止义，也就是蕴含结果的动词，才能进行论元交替，才是作格动词，用程式（23）表示如下：

(23) $V_{作格}$：[+结果]

程式（23）表明作格动词一定蕴含着结果义。所以，杨、程认为文中例句（4）"张三吹破了气球。气球吹破了。"是作格句，因为"吹破"蕴含着"结果"。而潘则认为此句不是作格句，因为"气球不能做吹的施事"。例（4）中的动词"吹破"是动结式，那么，动结式是否可以作格化呢？

需要说明的是，在汉语中，动结式与使役动词一样，也具有［+结果］的语义特征，但汉语的动结式和动作动词、使役动词都有所不同，它既表示动作，也表示结果（王国栓 2015：24），即程式（24）：

(24) 动结式：［+动作］［+结果］

按理说，既然动结式具有［+结果］的语义特征，它就应该能够进行作格/使役交替，也就是说它应该有作格动词的用法。但其［+动作］的语义特征起了制约的作用：因为有［+动作］的语义特征，就预示着它有动作的对象（句法上经常表现为宾语），因此，动结式不能有作格动词（非宾格动词）的用法（王国栓 2015：24）。这再次证明（4）"a. 张三吹破了气球。b. 气球吹破了。"不是作格句。从而，否定了杨、程，而支持了潘。

据此，综合作格句定义以及潘与杨、程之观点，根据我们推导出的三个程式 $NP_1+ VP + NP_2 \Rightarrow NP_2+VP$，$V_{使役} \Leftrightarrow V_{作格}$，和 $V_{作格}$：［+结果］，我们提出：具备 $NP_1+VP+NP_2 \Rightarrow NP_2+VP$ 这一程式之特点且语义蕴含结果义的动词是动词作格化论元交替的必要条件，而具有使役义是动词作格化的充分条件。

四 英汉对应动词作格化的差异

从语言对比角度探讨，英汉某些对应动词论元交替的差异是什么？为什么（1b）"信写了"成立，而（8b）"The letter wrote."不符合规范？

（一）潘与杨、程之分歧

潘认为（1b）"信写了"和（8b）"The letter wrote."中的"写"和"write"都不具有非宾格化，也就是作格化的要求。然而"信写了"合法，而"The letter wrote."不合法，原因在于（1b）中，"信"是话题，而主语为空代词 pro 时，所得到的是一个为汉语语法所允准的结构。然而（8b）中"The letter"只能是主语，一旦动词作格化的条件不存在，句子便失去了合法性（潘海华、韩景泉，2005：11）。

杨、程认为："汉语终止义要求受事移位到主语的位置，同时使用体标记'了'，由于汉语存在着一个 Asp 功能范畴投射，而英文不存在这一投射，所以只有汉语允许相关动词的论元交替。"然而，潘质疑杨、程之言论，否定"英语真的不存在 Asp 功能投射"这一论断。

(二) 王国栓的结果义观

王国栓（2015：24）用语义特征分析法分析例句（25）和（26）的不同。

(25) a. John opened the door. b. The door opened.
(26) a. She is wiping the table. b. *The table wiped.

例（25）中的 open 是典型的使役动词，（26）中的 wipe 是典型的动作动词。open 表示结果，但这个结果是用什么方式实现的，却不在它的语义范围之内，也就是说，使役动词不表示实现结果的动作。而 wipe 则不同，它表示动作，但这个动作是否蕴含一定的结果（如 clean），却不在它的语义范围之内。wipe 的结果经常是 clean，但 clean 的结果义仅是一种语用义，如果想表示 wipe 的结果，需要用结果式：She wiped the table clean。也就是说，动作动词并不蕴含一定的结果。它们的区别可概括如（27）：

(27) open：[-动作] [+结果]
　　　wipe：[+动作] [-结果]

正是因为使役动词具有 [+结果] 的语义特征，才使它和作格动词的交替成为可能：The door opened。而动作动词不具有 [+结果] 的语义特征，也就不能进行使役/非宾格交替。

如何用王国栓的 [+结果] 语义特征来检验为何（1b）"信写了"成立，而（8b）"The letter wrote."不符合规范？"信写了"中的"了"不论是按杨、程的完成体，还是潘的实现体，此句"写了"都蕴含着结果义，而蕴含结果义是动词进行论元交替的必要条件。而（8b）中的 write 是个动作动词，动作动词是否蕴含结果义，不在它的语义范围之内，所以

write 不能进行论元交替。

王国栓的语义特征分析法不仅可以解释英汉对应动词论元交替的差异,还可以解释英语动词进行论元交替的条件,即动词必须蕴含结果义。例(25)中的 open 就是例证。故此,动词论元交替的条件依赖于动词的[+结果]语义特征。

五 结论

针对潘与杨、程对于例句(1)和(2)的话题和主语之争,本文用 Trask(1993)主语必须是施事的论点,以及石毓智(2001)主语可以用于句子和从句双层面,而话题只能用于句子单层面两个标准予以平息。对于动词作格化以及论元交替之分歧,我们综合作格动词之定义以及双方之观点,提出自己的动词作格论元交替观:具备 $NP_1+VP+NP_2 \Rightarrow NP_2+VP$ 这一程式之特点且语义特征蕴含结果义的动词是动词作格化论元交替的必要条件,而具有使役义是动词作格化的充分条件。针对英汉对应动词论元交替之差异分歧,我们用王国栓(2015)语义特征分析法予以论证,其动词论元交替的条件都依赖于动词语义特征的结果义。

主要参考文献

Keenan, Edward. Toward a universal definition of "subject". In Li, C.N. (ed.), *Subject and Topic*, New York: Academic Press, 1976: 304-333.

Li, C. & Thompson, S. Subject and topic: a new typology of languages. In Li, C. N. (ed.), *Subject and Topic*, New York: Academic Press, 1976: 457-489.

Perlmutter, D. M. Impersonal passives and the unaccusative hypothesis. *Annual Meeting of the Berkeley Linguistics Society*. 1978, 4: 157-190.

Trask, R. L. *A Dictionary of Grammatical Terms in Linguistics*. London: Routledge, 1993.

杜小红:《认知参照点视角下的话题与主语关系》,《现代外语》2018年第6期。

刘丹青:《汉语的非话题主语》,《中国语文》2016年第3期。

潘海华:《汉语论元交替的允准条件》,西安外国语大学学术报告材料,2019 年 6 月。

潘海华、韩景泉:《显性非宾格动词结构的句法研究》,《语言研究》2005 年第 3 期。

石毓智:《汉语的主语和话题之辨》,《语言研究》2001 年第 2 期。

王国栓:《非宾格化与汉语非宾格动词的范围》,《语言研究》2015 年第 2 期。

杨大然、程工:《汉语活动类动词的论元交替及其句法构造》,《中国语文》2018 年第 6 期。

(褚瑞莉 渭南 渭南师范学院 714099 619362073@qq.com;张京鱼 西安 西安明德理工学院语言文化传播学院 710124)

汉语语气词研究的互动语言学方法论思考

刘 锋 张京鱼

摘 要：互动语言学作为功能主义学派近年来着力推进的重要发展方向之一，所秉持的"互动"研究理念与语气词的"实时交互性"高度契合，二者结合必将有所作为。本文旨在探寻将互动语言学理论与方法同传统的汉语用法研究相结合之路径，力求为汉语语气词这一热点难点问题带来新的视角和见解；同时开拓研究视野，对传统语法框架下并未得到充分关注，但对理解语法本质有重要意义的课题提供方法论启示。再者，通过对汉语互动交谈中语气词的考察与分析，扩充和发展互动语言学的原则和方法，深化对于语法作为互动中浮现的惯例的认识。

关键词：汉语语气词；互动语言学；方法论

Reflections on the Methodological Implication of Interactional Linguistics on Chinese Particles

LIU Feng, ZHANG Jingyu

Abstract: Interactional linguistics is one of the important directions of the functionalism recently, the combination of its interaction concept and the real-

---

* 本文系国家社科基金项目"互动语言学框架下的汉语句末语气词研究"（项目编号：21BYY162）和2022年度湖南省教育厅重点科研项目"汉语自然会话中语气词的会话分析研究"（项目编号：22A0357）的阶段性成果。

time interactivity of particles will definitely make a difference. This paper aims to explore the way to combine interactional linguistics with traditional usage-based Chinese research, and strives to bring new insights to the Chinese particles. Meanwhile, it broadens the research horizon and provides methodological implications for topics that have not received sufficient attention under the traditional grammar framework, but are of great significance to understanding the essence of grammar. In addition, through the investigation of particles in interaction, the interactional linguistics are developed, and the understanding of grammar emerging in interaction is deepened.

Key words: Chinese particles; interactional linguistics; methodology

一 引言

自《马氏文通》问世以来，汉语语气词就因其功能多样、使用范围广、频率高而一直是学界研究的难点和热点。实现汉语语气词研究与中西方语言理论的有机融合，进而助力中国特色汉语语言学理论体系构筑，也是语言工作者在中国特色哲学社会科学建构中所要肩负之重任。互动语言学作为功能主义学派近年来着力推进的重要发展方向之一，所秉持的"互动"研究理念与语气词的"实时交互性"高度契合，二者结合必将有所作为。

本文从方法论层面上探寻将互动语言学理论与方法同传统的汉语用法研究相结合之路径，力求一方面挖掘汉语事实，为传统语法研究中的语气词这一热点难点问题带来新的视角和见解，启发进一步探索与突破；同时开拓研究视野，对传统语法框架下并未得到充分关注，但对理解语法本质有重要意义的课题（如叹词等）提供启示。另一方面，通过对汉语互动交谈中语气词的考察与分析，扩充和发展互动语言学的原则和方法，深化对于语法作为互动中浮现的惯例的认识。

二 相关研究综述

学界有关汉语语气词的研究成果丰硕，根据研究方法不同，大致可以分成五派：

(一) 传统语法的语感自省法（始于 19 世纪末期）

传统语法通过语感自省描述语气词的语气意义，并据此采用一些朴素的比较法，如：马建忠（1898）的概念辨析比较和语气词有无比较、王力（1943）的替换比较法等，而吕叔湘（1944）则突破性地使用了同类比较法、古今比较法、高频同现词法和句子功能分布法。可以说，作为现代汉语语法理论的起点，传统语法关于语气词表达语气的定性、特点的总结为描写语法、认知语法、功能语法甚至生成语法奠定了基础，成为不同语法理论的历史支点和逻辑起点，但也为句子功能与语气的纠缠不清埋下了种子（赵春利、石定栩 2011）。

(二) 描写语法的分布比较法（始于 20 世纪 50—60 年代）

赵元任（1926）率先运用比较法来探讨句末语气词；丁声树等（1961）使用替换比较和同类比较分别辨析句末"吧"与"吗"、"罢了"与"呢"；此后，有陆俭明的比较分析法（1984）、邵敬敏（1996）的语音比较法等。再看分布，赵元任（1968）提出"短语助词和句子助词"显示了较强的分布意识，胡明扬（1981）根据合成语气助词与其他语气助词在分句和句子上的分布差异来进行研究。王珏（2019）对 29 个汉语句末语气词及其迭用类型的分布展开描写分析，尝试建构语气词句式系统。可以说，分布比较法为揭示和验证句末语气词的功能差异奠定了基础。

(三) 功能语法的语用认知法（始于 20 世纪 80 年代）

早期研究注重挖掘句末语气词的人际功能，如 Li & Thompson（1981）将句末"吧"的功能概括为"寻求同意"，突显了说话者的认知性和目的性；Chu（1998）认为"吧"标示"发话人的迟疑"；徐晶凝（2003）则提出"吧"是说话者"对命题内容做出推量，并要求确认"。近期研究逐渐扩展到句末语气词的语篇功能。如屈承熹、李彬（2004）将"吧"看作"表示情态的语篇标记"；Xiang（2006）发现海南临高语句末语气词 ey, lāh, lo 具有语篇组织功能，同时传递说话人的情感立场。

(四) 生成语法的层阶定位法 (始于 20 世纪 80 年代)

生成语法的诸多学者 (Lee 1986；汤廷池 1989；石定栩 2009；邓思颖 2010 等) 都认为句末语气词是句子的功能核心，具有标句词性质。生成语法对句末语气词特点的认识可以归为四点：一是意义上的不确切性 (石定栩 2009)；二是句法上的根句位置 (汤廷池 1989)；三是层次上的最高层级 (邢欣 2005)；四是功能上的层阶差异 (Li 2006；石定栩 2009；邓思颖 2010)。

(五) 互动语言学的会话分析法 (始于 20 世纪 90 年代)

最早将汉语句末语气词研究置于互动语言学框架中的是 Luke (陆镜光 1990)，他在 *Utterance Particles in Cantonese Conversation* (《粤语会话中的话语小品词》) 一书中揭示了粤语句末语气词 la，lo，wo 本质上具有"指示性"，且"指示性"随会话序列位置和语境变化逐渐"浮现"，la，lo，wo 同时又能塑造语境。Luke 的研究体现了互动语言学研究的动态原则，即意义和语境都是不断变化的，且二者存在辩证关系。Wu (吴瑞娟 2004) 出版的博士论文 *Stance in Talk：A Conversation Analysis of Mandarin Final Particles* (《交谈中的立场：汉语普通话句末小品词的会话分析》) 是互动语言学与汉语句末语气词研究结合的奠基之作。基于 12 小时自然语料，Wu 考察了台湾"汉语"句末语气词 ou，a 如何通过与韵律和会话序列位置的互动来实现会话参与者的立场建构。Wu 的研究表明，立场是言语互动中所"浮现之物"，并影响整个互动过程。

综上可见，传统语法、描写语法及生成语法聚焦句末语气词分布、层次及语气义等语法研究方面。功能语法及互动语言学则更加重视从信息结构、语用功能、认知表征等新角度展开研究。已有成果为本研究奠定了良好基础，但也存在拓展空间：(1) 语料大多为单向信息交流的静态语篇或研究者杜撰，未能充分重视语气词在真实会话中的动态运用；(2) 多采用探讨实词概念性语法意义的研究方法来探讨作为虚词的语气词的功能性语法意义；(3) 微观的单个语气词研究比较详尽，宏观的整个类别探讨和理论总结相对简单；(4) 基于互动语言学的语气词研究较为薄弱，系统性和有深度的专题性成果较少。

三　互动语言学框架搭建

"互动语言学"是缘起于社会学，后吸收会话分析、语境化理论及人类语言学等人文社会学科理论精髓和研究方法而形成并发展的新兴理论，是对语言研究的一种"互动综观"（an interactive perspective）（刘锋、张京鱼，2017：30）。互动语言学研究遵循五个基本原则：（1）采用真实发生的自然语料；（2）进行语境敏感（context-sensitive）分析，考虑包括话轮、序列、行为、投射等多种与互动组织和语言结构相关的因素；（3）采取在线视角，将语言结构看作人际交互中所"浮现"（emergence）之物，通过交互双方"磋商"（negotiation）达成；（4）基于实证（empirically grounded），从话轮设计、话轮间关系等现实情况寻求语言形式及其功能动因；（5）通过参与者取向（participant-orientation）来验证论断，即将会话参与者本身的处理方式作为论断依据，而非研究者自己主观判断（刘锋、张京鱼，2020c：100）。

互动语言学研究的五个基本原则为汉语语气词研究带来重要启示，具体可从以下四个方面为其搭建理论框架：（1）采用真实会话材料，坚持基于使用的实证研究；（2）互动分析和结构分析相结合，贯彻"位置敏感语法"之理念；（3）将语气词的语言结构和功能置于互动交际的框架中审视，联系言语交际行为和交际互动因素探讨表达形式及其浮现条件；（4）结合语音-韵律以及身体-视觉表现的分析，考察互动中语气词使用的真实面貌。

（一）采用真实会话材料，坚持基于使用的实证研究

语言学研究的传统偏重于书面语（即 written-language bias "书面语偏向"，参看 Linell，2005），研究主要使用内省或书面语料，得出的结论往往是流于观感，难免片面失当。事实上，汉语语言学研究具有注重口语、注重用法的传统。赵元任（1968）的《汉语口语语法》就以北京口语为材料，专门研究了汉语口语的句法；吕叔湘在《汉语语法分析问题》（1979：102-103）中也明确表达了"语言的主要用处是对话"的观点；语气词作为互动交际的语言资源，实时地处于一个浮现的过程中。而国际语言学界，话语功能语法、语料库语言学以及会话分析所代表的实证性研

究方法启示我们,实际语言使用(尤其是口头交际)中呈现的语言形式组配、总体分布、意义功能等,是人们仅凭语感印象或书面材料难以获得的。根据互动语言学的观念,语言中的"范畴"归纳都是基于实证的(empirically grounded),因为语言的规律性是在使用中浮现出来的。对于语气词的句法结构和语用功能,以及它们在使用中形义演变的研究,要想取得突破,首先要深入实际使用的真实言谈,发掘足够丰富、准确而全面的语言事实。以刘锋、张京鱼(2020a,2020b)对湖南吉首方言句中语气词"呔"和句末语气词"哦"的研究为例,两位学者基于互动语言学理论框架的研究改写了传统语法对语气词作为表达说话人不同语气的认识,发现"语气词"对回应行为高度敏感——说话人产出语气词的过程中,会根据受话人的回应进行即时的调整,以适应新的环境,即语气词是交际参与者间协作管理、相互评价、保证会话交互顺利推进的一种语言资源。

(二)互动分析和结构分析相结合,贯彻"位置敏感语法"之理念

序列结构(sequential structure)是互动语言学研究的核心概念之一。序列(sequence)是指一连串连贯、有序、有意义的话轮。一般而言,互动双方在一个序列里完成一个社会行为。最基本的序列就是毗邻对(adjacent pair)(Schegloff,1996)。毗邻对具有如下特征:(1)由两个话轮构成;(2)由不同说话者产出;(3)相邻而置;(4)有相对的顺序,前部先于后部;(5)话对两部分类型关联,前部对应着特定的后部类型。Schegloff(1996)提出的位置敏感语法(positional-sensitive grammar)是互动分析和结构分析结合的重要成果。位置敏感的语法观认为,语法产生于特定的序列类型,并由特定的序列类型和序列位置塑造,其中序列类型是基于特定行为的。

刘锋、张京鱼(2020a)指出,对互动言谈中语气词的探讨需要关注其所处的序列环境(sequence environment)。如湖南吉首方言句中语气词"呔"通常出现在焦点信息传递的说话人自发话轮位置,标示说话人对所述事物的抱怨和责备情绪,如例(1):

(1):1M:一件呔,哟哎,A2说,还没反应过来,没有了。A1

啦，她屋那些亲戚一来，就喊他们吃啊（一箱（饮料）啊，哎哟，A2说，还没（等大家）反应过来就（被喝）完了。A1啊，她家那些亲戚一来就招呼他们喝。）

2F：A1喊，[>快吃快吃<。

3M：[嗯。这些吃多了不好。他们说都含有福尔马林，还有那些色素。

4F：嗯，有点，多少有点。

5M：吃那些吃多了不好啊。

例（1）中，"呔"话轮1传递出焦点信息——饮料被A1家人喝光，并将其所携带的"抱怨和责备"意味贯穿整个会话。话轮1中，M用"那些"来指代A1家人，明显带有不满情绪。方梅（2002）指出，指示语"那"体现了说话人所述事物在其内心世界中的距离较远，用来表示说话人的不悦。"呔"话轮同时还引发F对A1"自私行为"的评价（话轮2）；F通过快速转述A1话语"快吃快吃"形象地描摹出其让家人喝饮料的急切样态，暗含对此种行为的抱怨。话轮3—5中，M和F进一步责备A1及家人的行为还有害健康。可见，说话者的负面情绪一方面随着会话的推进，通过语气词"呔"、说话人词汇选择及语言表达方式间的交互而展现；另一方面，"呔"话轮又为后续会话设定了"负面交际语境"①。

例（2）中"呔"位于应答话轮位置，主要用于说话人在面对责备时，构建自责式应答话轮：

（2）1T：她[（指H的老顾客）]喊你几声，我看你都没理她。

2H：我呔这条眼睛不认人[（大笑）]。其实曼，都是熟人（我这眼神太差了。其实呀，都是熟人）。

3T：哦，等下给人家解释一下，要不然讲你不理人。[（T和H同时笑）]

例（2）中，H面对T"不理会老顾客"的质疑，采用"我呔+犯错

---

① "负面交际语境"（negatively interactional environment）是指说话者表达抱怨、反对、拒绝、警告和讥讽等损害听话人负面面子情感立场的交际环境（Wu, 2004: 113）。

原因"的格式进行自嘲式自责。值得注意的是，该例中会话参与人的"笑"部分由说话人自嘲式的自责引发，发笑既是针对自责者所犯的荒唐错误，也旨在缓和责备行为引起的尴尬气氛（Levinson，1983：70）。

据此本文认为，互动语言学框架下的汉语语气词研究有必要沿着动态序列分析及位置敏感的理念继续推进，以序列结构为线索，将语气词的形式与分布、互动功能结合起来，细化对汉语语气词语言事实的描述与解释。

（三）在互动交际的框架中审视，探讨表达形式及其浮现条件

将语气词的语言结构和功能置于互动交际的框架中审视，联系言语交际行为和交际互动因素探讨表达形式及其浮现条件。互动语言学将言语交际中的行为称为"社会行为"（social action），这是互动语言学研究的重要切入点。互动语言学者不仅关心说话者"说"了什么，同样也关心说话者"做"了什么。强调话语交际的"社会性"，意味着这些行为是互动参与者需要通过互动协作的方式（或至少观照到其他言谈参与者）来完成的。从语言学的角度来看，会话互动中所关注的社会行为，就是话轮最主要的职责。这种职责体现在，回应者需要对其进行处理，并据此建构回应话轮，使其可以成为一个合格的下一话轮（Levinson，1983）。学者们进一步发现，互动中社会行为的实施，存在高频出现的语法格式，即社会行为格式（social action format）（Couper-kuhlen，2018）。因此，将语气词的语言形式联系它所实施的交际行为，以及更宏观的活动框架，可以揭示语气词这一语言手段在行为构建和识别中发挥的作用，同时将言者意图和行为两个层次剥离开，从而避免不同层次要素的混淆，增强解释的一致性和系统性。

此外，互动行为和交际因素持续地塑造着语言形式，浮现出规约化的表达形式。学界对诱发规约化环境因素的探讨从未停止，提到的因素既包括句法位置、语义关系、使用语境、构式框架，也包括前述因素的多重效用，而会话序列近年来也开始被作为规约化语境的重要因素。例如刘锋、张京鱼（2020a，2020b）发现，湖南吉首方言句中语气词"呔"的"负面情感立场标示"核心功能在与语境、会话序列位置、会话参与者等因素交互中浮现。"呔"与其发生的语境间又存在反身关系，它为会话奠定负面基调。受到高频效应和语言使用者心理认知等因素影响，加之与韵

律、句法、交际目标等诸多因素的互动,"呔"还衍生出反讽、惊奇和同情等情感立场标示功能;湖南吉首方言句末语气词"哦"本质上则是话轮组织标记,其话语功能、说话人主观确信程度、韵律特征三个层面以互为实现的方式形成一个紧密联系的整体,任何一方面的变化往往具有连锁效应。

(四) 结合语音-韵律及身体-视觉表现的分析,考察互动中语气词使用的真实面貌

互动语言学本质上具有跨学科的特性,这与该分支的诞生与发展过程相关(Couper-Kuhlen & Selting, 2018),更为重要的是,这更加贴近其研究对象——互动交谈的本质。即语言的词汇句法形式,与韵律特征,乃至交际场景中的身体-视觉表现,都是互动的资源(resource)。之前的研究由于视角和研究手段所限,对于口语对话中的语言形式和会话现象的研究,往往存在不同方面的割裂。以语气词的研究为例,进行语义语用分析的,往往忽视语气词的韵律特征;而分析语气词语音韵律特征的,对它在话轮和序列语境中的意义功能分析又显得粗糙。事实上,序列中的语义解读、语音-韵律特征、其他交际因素乃至眼神手势等,都应当结合在一起,在具体问题的研讨中相互印证。如刘锋、张京鱼(待刊)就进一步探讨了汉语自然口语中,交际参与者说出或听到汉语句末语气词"吧"时所伴随的特定韵律特征和身体活动。值得注意的是,基于互动语言学框架的多模态研究也将是互动语言学极具前景的发展方向之一。

四 结语

本研究尝试从方法论层面上,为汉语语气词研究提供互动语言学框架。也即是说,互动语言学框架下的汉语语气词研究需要的是对语气词语言结构和语用功能的全新理解。传统理论体系中的语法单位,基于自然口语语料,都需要重新审视。更重要的是,自然会话中语气词的研究目标不是基于某种理论,而是基于自然口语材料理解会话互动和语法,这种研究取向与传统语言学研究也有所不同。另外,把互动语言学理论引入汉语研究也是非常有意义的。汉语是意合语言,轻形式,重意义和功能,形式相对松散,更适合互动语言学这种认知功能的研究路径。而且,互动语言学

理论也是作为一种普遍的理论被提出来的，已经被应用于多种语言研究之中。汉语的语料和研究将进一步验证该理论的普遍性。由此，我们断言，把互动语言学理论引入汉语语气词乃至汉语研究有着广阔的应用前景。

主要参考文献

Chu, C. C. *A Discourse Grammar of A Mandarin Chinese.* New York and Berlin：Peter Lang, 1998.

Couper-Kuhlen, E. & M. Selting. *Interactional Linguistics：Studying Language in Social Interaction.* Cambridge：Cambridge University Press, 2018.

Lee, Thomas Hun-tak. Studies on Quantification in Chinese. University of California, Los Angeles, 1986.

Levinson, C. *Pragmatics.* Cambridge：Cambridge University Press, 1983.

Li, Bo-ya. Chinese Final Particles and the Syntax of the Periphery. Leiden University, 2006.

Li, C. & Thompson, S. A. *Mandarin Chinese：A Functional Reference Grammar.* Berkeley and Los Angeles：University of California Press, 1981.

Linell, P. *Approaching Dialogue：Talk, Interaction and Contexts in Dialogical Perspectives.* Amsterdam：John Benjamins, 2005.

Luke, K. K. *Utterance Particles in Cantonese Conversation.* Amsterdan：John Benjamin, 1990.

Schegloff, E. A. Confirming allusions：Toward an empirical account of action. *American Journal of sociology*, 1996（1）：161-216.

Wu, R. J. Regina. *Stance in Talk：A Conversation Analysis of Mandarin Final Particles.* Amsterdam：John Benjamins, 2004.

Xiang, Xuehua. A Discourse-Pragmatic Study of Interactional Particles in Shishan（Hainan Island, P. R. China）. Unpublished Ph. D Dissertation, Pennsylvania State University, 2006.

邓思颖：《汉语句类和语气的句法分析》，《汉语学报》2010年第1期。

丁声树等：《现代汉语语法讲话》，商务印书馆1961年版。

方梅：《指示词"这"和"那"在北京话中的语法化》，《中国语文》2002年第4期。

胡明扬：《北京话的语气助词和叹词》，《中国语文》1981 年第 5—6 期。

刘锋、张京鱼：《互动语言学对话语小品词研究的启示》，《外语教学》2017 年第 1 期。

刘锋、张京鱼：《湖南吉首方言句中小品词"哒"的话语功能研究》，《语言学论丛》2020a（第 61 辑），第 339—351 页。

刘锋、张京鱼：《湖南吉首方言句末语气词"哦"的互动语言学研究》，《语言与文化论丛》2020b（第 1 辑），第 135—144 页。

刘锋、张京鱼：《汉语语法研究的互动语言学方法论启示》，《山东外语教学》2020c 年第 4 期。

刘锋、张京鱼：《汉语自然会话中句末语气词"吧"的多模态分析》，《解放军外国语学院学报》（待刊）。

陆俭明：《关于现代汉语里的疑问语气词》，《中国语文》1984 年第 5 期。

吕叔湘：《中国文法要略》，商务印书馆1944/1982 年版。

吕叔湘：《汉语语法分析问题》，商务印书馆 1979 年版。

马建忠：《马氏文通读本》，上海教育出版社 1898/2000 年版。

屈承熹、李彬：《论现代汉语句末情态虚词及其英译——以"吧"的语篇功能为例》，《外语学刊》2004 年第 6 期。

邵敬敏：《"吧"字疑问句及其相关句式比较》，《第四届国际汉语教学讨论会论文选》，北京语言学院出版社1996 年版。

石定栩：《汉语的语气和句末助词》，《语言学论丛》2009 年（第 39 辑）：15—27。

汤廷池：《汉语词法句法论集》，台北学生书局1989 年版。

王力：《中国现代语法》，商务印书馆1943/1985 年版。

王珏：《语气词句式及其系统初探》，《汉语学报》2019 年第 4 期。

徐晶凝：《语气助词"吧"的情态解释》，《北京大学学报（哲学社会科学版）》2003 年第 4 期。

邢欣：《从 X-阶标理论对小句的分析看小句中枢说》，《汉语学报》2005 年第 4 期。

赵春利、石定栩：《语气、情态与句子功能类型》，《外语教学与研究》2011 年第 4 期。

赵元任：《北京、苏州、常州语助词的研究》，《清华学报》1926年第2期。

赵元任：《汉语口语语法》，吕叔湘译，商务印书馆1968/1979年版。

（刘锋：吉首大学外国语学院 湖南 吉首 416000，liufeng_5150@126.com；张京鱼：西安外国语大学外国语言学及应用语言学研究中心，陕西 西安 710128）

构式语法框架下清涧方言"圪AA的"状态形容词研究

刘少杰　张京鱼

摘要：陕北晋语清涧方言中"圪AA的"状态形容词有180多个且在日常生活中使用频繁，按照构式语法属于四字格构式。形态上，该构式中A可以是形容词、动词和拟声词。"圪AA的"表达式一部分是通过其对应的"A"式、"圪A"式、"AA的"式经重叠、加缀等形态变化生成，一部分是通过给"圪AA的"构式填充A后再将其重叠的结果。句法上，该构式可以在句中作谓语、定语、补语和状语，不受单音节否定词修饰，但可以用在"不/没说"含有对比的否定句中。该构式的基本义为描绘性，其语义和语用内涵包括"极致性"语义量值、"消极/负面性"立场态度偏向和"口语性"语体色彩。

关键词：构式语法；清涧方言；圪AA的；状态形容词；描绘性；对比否定

A Construction Grammar Analysis of "*ge XX de*" Descriptive Adjectives in Qingjian Dialect

LIU Shaojie, ZHANG Jingyu

Abstract: The "*ge AA de*"（圪AA的）adjectival expressions in Qingjian Dialect spoken in Northern Shaanxi are examined as a four-character construction. Most "*ge AA de*" expressions are generated from "*A*", "*ge A*" and "*AA* *de*" by employing morphological changes as reduplication and (or) adding affixes; the rest of the "*ge AA de*" expressions are generated by inserting the reduplicated form of "*A*" to the word-building frame "*ge AA de*". Morphologically, the A-slot in the construction can be occupied by adjectives, verbs and onomatopoeic words. Syntactically, this construction can be used as predicates, attributives, complements and adverbials. It cannot be modified by mono-syllabic negators such as *bu*（不）or *mei*（没）. However, when introduced by *bu/mei shuo*（"不/没说"）, the construction can appear in sentences with contrastive negation. The meaning of this construction lies in its descriptiveness and its semantics and pragmatics also include maximality in semantic scale, negative preference in stance, and colloquialism.

Key words: Construction Grammar; Qingjian dialect; *ge AA de*; descriptive adjectives; descriptiveness; contrastive negation

一 引言

清涧方言属于陕北晋语的吕梁片（李荣，1987；刘育林，1990），其词汇、语法一方面体现了晋语的共同特征，另一方面有自己的独特之处。"圪AA的"表达式是清涧方言里一类使用频繁、结构特殊、口语色彩鲜明的重叠式状态形容词，仅清涧方言中就有180多条。

"圪"是晋语中普遍存在的一个成分，也是晋语区别于其他方言的一个重要形态标记。在不同方言点，其读音有所差别，其用法、活跃程度也不尽相同，书面上有记作"圪""纥""疙""胳""屹"等的。正如邢向东（2000）所说，"由于这些词都是口语词，加上方音差异，因此，局部形式出现歧异是很正常的，尤其是其中的'圪'，更是因为没有实在意义而有多种写法。"研究晋语的学者一般把它记作"圪"，以"圪"打头的词被称为圪头词①。圪头词在晋语中数量众多，主要包括圪A、圪AA、

---

① 关于圪头词的源流，目前学界尚未达成共识，有邢向东（1987）的上古复辅音析音化单纯圪头词类推说，乔全生（1996）的山西历史上某个少数民族语言的底层词说，李蓝（2002）的分音词演变说。本研究不再关注"圪"字的历时演变，而主要从共时角度专注圪头词的一类"圪AA（的）"式。

圪A圪A、圪圪AA、圪A圪B、圪ABB、圪ABC七类，其中尤以圪A和圪AA式数量最多。迄今为止，学界已对晋语圪头词中"圪"的性质和语法意义进行了深入的探讨，对圪头词，尤其是"圪A"式圪头词的结构、类型、语义特点、语法功能、历史流变等进行了全面的考察，发现"圪"是一个只表音、不表义、不标类、能构词、能构形、有一定附加意义（表小）的词缀（邢向东，1987；温端政，1997；侯精一，1999；乔全生，2000；王临惠，2001，2002；）。然而，已有研究对"圪AA"式圪头词关注较少，其中专注"圪AA的"式形容词的研究更是极度匮乏，将"圪AA的"式形容词认定为构式并从构式语法理论角度对其展开的研究尚属空白。邢向东（2019）在构式语法理论框架下对晋语中的方言四字格进行了考察，文中提及带"圪"的四字格，如"圪糁瓦害"和"圪皱麻也"等，但并未论及"圪AA的"式形容词构式。大多数研究仅用极其有限的篇幅对一些具体的"圪AA的"式形容词表达式进行了简单列举，对其意义进行了粗略描写。此类研究中的语料往往也并非来源于真实的自然语料，很多描写与我们对自然口语语料中这些表达式之意义与使用的分析结果有出入。

　　以往文献普遍认为，状态形容词是从形容词派生出来的合成词，这种派生词的构造是以单音节或双音节形容词为词根，通过重叠或者附加词缀的办法造成词干。比如单音节形容词"傻"可以通过重叠并添加结构助词"的"变为状态形容词"傻傻的"，也可以通过附加词缀变为"傻乎乎""傻不拉几""傻里傻气"等状态形容词。然而，"圪AA的"式形容词构式在形态上具有显而易见的特殊性：首先，该类状态形容词并非全由形容词派生而来，除了方言中的形容词词根，动词词根和拟声词词根也可以进入"圪AA的"构式，构成状态形容词，如"圪摇摇的"和"圪哇哇的"，且A为动词的"圪AA的"表达式在清涧方言所有同类表达式中所占比重最大。晋语中"圪AA的"状态形容词词根的多元性，即形容词词根、动词词根和拟声词词根同时存在这一现象需要解释。另外，一些"圪AA的"表达式，如"圪悠悠的"和"圪微微的"，其对应的"A"式（悠、微）与"圪A"式（圪悠、圪微）在方言中并不可单说，这些表达式如何生成的问题同样需要解释。

　　在对清涧方言中相当数量的含有"圪AA的"表达式的自然会话进行细致分析后，我们发现"圪AA的"式除具有一般状态形容词所具有的

"描绘义"这一共性外，还具有"极致义"和"负面/消极评价义"这一特殊个性。过去大量将"圪AA 的"形容词视为一个个单独的形容词的研究无法解释这类形容词具有的"极致义"与"评价义"。如"圪文文的形容文里文气的样子（带有负面评价义）"这一状态形容词中，"文"本有"文气""斯文""有文化"等义，在进入"圪AA 的"构式后，则表示"文里文气"的意思。可见，是整个"圪AA 的"构式框架对"文"的语义进行了限制，我们并不能简单从"文"的意思直观推断出"圪文文的"结构的意思。因此，将这类形容词置于构式语法框架下，从自然会话中归纳它们的构式义，既是合理的，也是必要的。本文首先从构式语法理论出发，将清涧方言里"圪AA 的"形容词认定为"四字格"构式，并探究其生成路径。然后，对该构式形态、句法、语义和语用等层面分别展开细致的描写与分析，以期展现该状态形容词构式的全貌。

二 "圪AA 的" 形容词是一个构式

对构式的界定，Langacker（1987：57）的认知语法认为构式是"有结构的习惯性语言表达单位库"。Goldberg（1995：4）对构式的定义更形式化些：C 是构式，当且仅当 C 是一个形式（Fi）与意义（Si）的对应体，而无论是形式或意义的某些特征都不能完全从 C 的组成部分或先前已有的其他构式推知。构式是语言的基本单位，语法分析的所有层面都涉及构式：即习得的形式与语义功能或语篇功能的配对体，包括语素、词、习语、部分词汇填充的短语和完全词汇填充的短语。作为语言单位，构式本身有大小之分，有简繁之别。

Goldberg 强调了构式形式或意义的不可推导性，即根据一个构式构成成分的形式与意义，无法精确推导出构式整体的形式或意义。不同的语法学家对构式的定义虽然有一定差异，但下列基本思想却是共识：

(1) 构式是形式与意义的结合体；
(2) 构式的整体意义大于其各个组成部分的意义之和；
(3) 构式内部各个组成部分的意义和功能可能不同于这些部分在进入构式前所具有的意义和功能。

结合上述构式语法理论的基本思想，我们来核查清涧方言中"圪AA的"式形容词结构是否具备上述构式的特点。首先，"圪AA的"式形容词结构是形式与意义的结合体，其构式义可以概括为"形容'圪AA的'的样子"，可以用来描述人、物、环境等的体貌、动作、状态、声音等。其次，"圪AA的"构式具有十分丰富的语义内涵，带有强烈的"描绘义、极致义、消极义"等，这些意义并非来自构式内的任何一个部分或是构式内各组成部分的意义总和，而是整个构式的意义。最后，进入构式的各个部分会受到来自构式整体的压制（coercion）（Goldberg, 1995）：凡是能够进入该构式的成分，不论先前是何种词类，形容词、动词或拟声词，表达何种意义，都会获得描绘性的表达功能。由此可见，"圪AA的"是一个地地道道的构式。

邢向东（2019）分析了晋语中的几种四字格构式，包括"A眉B眼"（如"贼眉鼠眼"）式、"NANB/ANBN"（如"一生二熟"、"瞎七马八"等）式、"AXYB"（如"干净：干颜爽净"）式，以及圪头词四字格（如"圪堆马爬"）等，并将这些构式形象地称为方言中的"词套子"。实际上，"圪AA的"式状态形容词也是晋语中的一个词套子，而且在清涧方言里使用普遍，其能产性不亚于晋语里典型四字格构式"A眉B眼"，后者是晋语四字格中最能产、表现力最强的一种构式（邢向东，2019：143）。邢向东（2019）所列晋语四字格子构式里没有"圪AA的"式是因为传统上"圪AA的"是被当作"圪AA"三字格格式看待的。以构式语法的视角，"圪AA"式在实际语言使用中是极少出现的，而绝大多数情况下是以"圪AA的"式出现的，少数省略"的"的"圪AA"式产出，都可以加上"的"，句子的语义都不会有丝毫变化。也就是说，"圪AA的"是个完整的形容词构式，而"的"是该构式的标记之一，标记形容词词性；而所谓的"圪AA"只是"圪AA的"词性标记零形式的表现，即"圪AAØ"。吴云霞（2009：74-75）中列了万荣方言里6个"圪AA"式的例子，如：他眼窝老是圪眨眨，瞅着都不是好东西。事实上，该句中"圪眨眨"就是"圪眨眨的"的零标记形式，将其变为"圪眨眨的"后句子意思不会发生任何变化。这就如形容词重叠式"AA的"，传统上称作"AA"式，其实包含"AA"和"AA的"两种形式，如"蓝蓝"和"蓝蓝的"。前者其实存在于方言里，是普通话"A的"，如"蓝的"的重叠形态化表现。这个形容词词性标记"的"以及重叠或者拷贝，都须轻读，常常省略，试"蓝天"（蓝蓝/蓝的天）和"蓝蓝的天"。"AA的"式形容词使用频率远高于"AA/A的"式的。由此可见，我们对重叠式的构式观使我们看清了传统上"AA"形容词重叠式其实涵盖"AA"和"AA的"两个构式的事实，而其重叠/拷贝是形容词词性的标记①。

三 "圪AA的"形容词的生成过程

现有文献普遍认为"圪AA的"形容词表达式是由"圪A"式圪头词重叠后一音节构成（吴云霞，2009：72；范慧琴，2007：36），但我们对清涧方言中"圪AA的"表达式的形态构成做系统分析后发现，相当数量的此类表达式并非由"圪A"式圪头词重叠词根构成，因为这些表达式对应的"圪A"式圪头词并不合法。比如，"圪悠悠的形容动作过于轻柔的样子"和"圪微微的形容精神状态很差，十分微弱的样子"两个形容词就并非由"圪悠"和"圪微"通过简单重复后一音节"悠"和"微"构成，因清涧方言中，"圪悠"和"圪微"不可单说，"悠"和"微"也不可单说。那么，诸如"圪悠悠的"和"圪微微的"此类表达式是如何生成的？再比如，"圪愁愁的形容十分愁苦的样子"，其中"愁"在方言中可单用，如"不要愁了，肯定有办法"，但"圪愁"在方言中不可单用，只能说"圪愁愁的"，这类表达式又是如何生成的？

鉴于部分"圪AA的"表达式对应的"圪A"式并不合法，我们做出如下两个推断。第一，"圪A"并非"圪AA的"式唯一的构式源。除"圪A"外，"A"式和"AA（的）"式也应该是"圪AA的"构式的构式源。"A"、"圪A"、"AA（的）"通过重叠、加缀等形态变化生成"圪AA的"表达式，如图1所示：

第二，当"A""圪A"和"AA（的）"在方言中都不合法时，"圪AA的"表达式是给"圪AA的"构式框架填充A并将其重叠的结果。例如，圪委委的形容特别委屈的样子，清涧方言中"委""圪委""委委的"均不合法，因此"圪委委的"表达式是给"圪AA的"构式框架填充"委"

---

① "AA"名词重叠式中的重叠或者拷贝是名词词性标记，要轻读，相当于类词缀"子"，如"盘盘"＝"盘子"。"AA"动词重叠式一样重叠或拷贝须轻读，是动词词性的标记，如"谈谈"＝"谈一谈"，还是AA动词构式"提议"的语用标记。

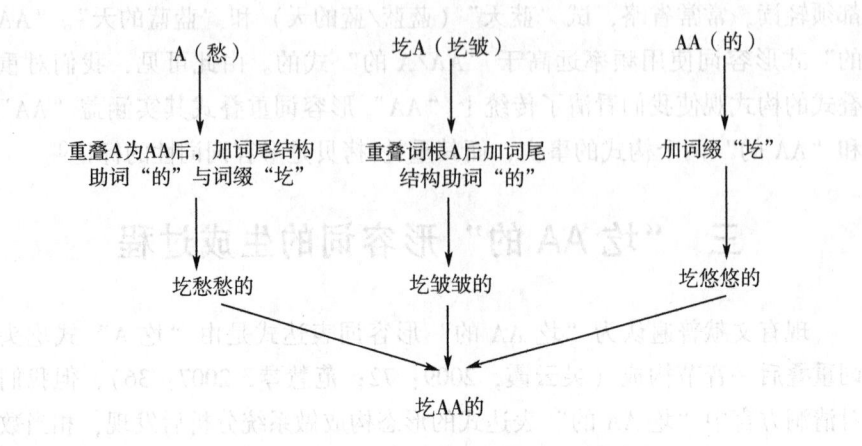

```
    A（愁）           圪A（圪皱）         AA（的）
      ↓                  ↓                  ↓
  重叠A为AA后，       重叠词根A后加词尾      加词缀"圪"
  加词尾结构          结构助词"的"
  助词"的"与词缀"圪"
      ↓                  ↓                  ↓
   圪愁愁的            圪皱皱的            圪悠悠的
         ↘              ↓               ↙
                     圪AA的
```

图1　"圪AA的"传统表达式生成路径

并将其重叠的结果①。换句话说，"圪AA的"构式因其构式的能产性，为方言中大量新生表达式的产出提供现成的框架（"词套子"）。下面以"圪委委的"为例，说明"圪AA的"新生表达式的生成路径，如图2所示：

```
"圪AA的"构式框架（"词套子"）
重叠式AA（委委）
─────────────────────
圪AA的（圪委委的）
```

图2　"圪AA的"新生表达式的生成路径

虽然上述两种生成方式产出的结果是相同的，但二者的生成过程有明显区别，分属构词的两个不同阶段。先有方言中的"A"、"圪A"、"AA（的）"通过重叠、加缀等形态变化形成"圪AA的"式表达式，随着此类表达式不断被方言区人们频繁使用，其结构在方言中逐步确立，最终形成稳固的、具有较强能产性构式，而后在构式影响下，产出了更多的新生表达式，如图3所示（见下页）。

如图3所示，以"圪愁愁的""圪皱皱的"和"圪悠悠的"为代表的"圪AA的"传统表达式形成于构式的初始阶段，而以"圪委委的"为代

---

① 至于"委屈"如何缩短为"委"进入构式，我们下文将会做详细讨论。

```
A、圪A、AA（的）
      ↓
重叠、加缀等形态变化           初始阶段（圪愁愁的、圪皱皱的、圪悠悠的）
      ↓
"圪AA的"传统表达式

"圪AA的"构式
      ↓
填充重叠式AA                  派生阶段（圪委委的）
      ↓
"圪AA的"新生表达式
```

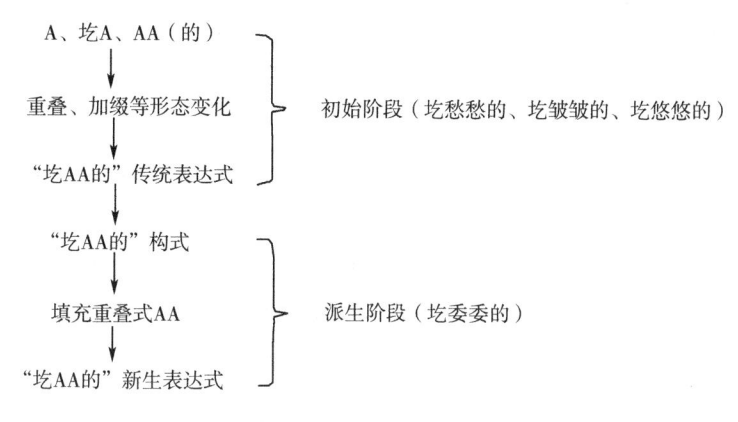

图 3 "圪 AA 的"构式两段式生成图解

表的新生"圪 AA 的"表达式则形成于构式的派生阶段。

四 "圪 AA 的"构式的形态特征

由于清涧县不同乡镇、地区间口音存在一定差异，"圪 AA 的"构式词尾结构助词表现为多种形式，比较常见的有"的"、"家"、"介"等；这些结构助词在表义上并无区别，均表示"……的样子"。在文中，我们一律将该构式写作"圪 AA 的"，而在具体方言例句中，则遵循说话人的原始发音，使用"圪 AA 的"、"圪 AA 家"或者"圪 AA 介"。这些词尾结构助词并非构式内的可选成分，而是强制性的。

在"圪 AA 的"状态形容词构式里，语素 A 可以是方言中的形容词、动词或拟声词，该形态特殊性可以用构式语法中的"压制"这一概念来解释。理想情况下，"圪 AA 的"形容词构式内词项 AA 为形容词语素，但受语言省力原则驱使，有时与构式不完全吻合的词项（动词语素、拟声词语素）也会进入构式。但构式对词项具有支配作用，决定词项准入的条件与方式，有时还会改变与其他词项的组配能力，或调节词项的意义（Michaelis，2009）。当词项在意义、语类、时体和论元结构等方面与构式不吻合时，构式就对词项进行压制，使其与构式相兼容（Goldberg，1995；Michaelis，2004）。换句话说，动词词素和拟声词词素进入"圪 AA 的"构式后，会受到来自构式整体的压制，获得同形容词语素相同的、描绘性的表达功能。接下来，我们从 A 为形容词语素、A 为动词语素、A 为拟声词语素三个方面来说明"圪AA 的"构式的形态特征。

(一) A 为形容词语素

A 为形容词（Adj.）的"圪AA 的"构式在清涧方言中数量众多，使用频繁。此类表达式的词汇意义大致可以由 A 的意义推断出来，但其所表示的事物的性质或状态比"A"式和"圪A"式程度更深。如"张三的衣服皱了/圪皱了/圪皱皱的"，"圪皱皱的"所表示的"衣服皱"的程度明显高于"皱"和"圪皱"。下面列举一些清涧方言中 A 为形容词的"圪AA 的"具体表达式：

圪彬彬的 形容端坐、无所事事的样子 | 论懒谁比不过那他，一天圪彬彬的停待着哩。
圪凶凶的 形容很凶的样子 | 这人脾气不行，常圪凶凶的。
圪冗冗的 形容话很多 | 人老咧就变得圪冗冗的。
圪悠悠的 形容动作过于轻柔的样子 | 就你圪悠悠的这样儿能把衣裳洗净哩？
圪微微的 形容精神状态很差，微弱的样子 | 你看那他圪微微的，身体一满彻底不行口览。

"圪AA 的"构式中的形容词词素 A 还有一定的语义限制。首先，A 不能为"大、红、多、快、好"等简单的性质形容词，即不可以说"圪大大的""圪红红的""圪好好的"等。其次，A 不能为"真、假、对、错"等不受程度副词修饰的绝对性质形容词，即，不可以说"圪真真的""圪对对的"等①。

(二) A 为动词语素

A 为动词（V）的"圪AA 的"式状态形容词构式在清涧方言中数量

---

① 当说话者想表达"很大""很红""很好""很真""很对"等时，会选择方言中的"A 圪BB"式形容词结构，用"大圪也也""红圪当当"或"红圪艳艳"或"红圪丹丹""好圪丹丹""真圪丹丹""对圪赞赞"等来表达。

最多，使用频繁。当 A 为动词时，与其相对应的"圪 A"式圪头词绝大多数是动词，但少部分属形容词。"圪 A"是动词时，与 A 相比，"圪 A"式所表达的动作发生的时量短、幅度小、频率高，且附加了"形象、生动"的动态描述过程，如"圪眯""圪挤""圪冒""圪漫""圪叨""圪摇""圪晃""圪睁""圪探"等。此类动词重叠后一音节 A 并加上词尾结构助词"的"变为"圪 AA 的"式后词性改变，变为状态形容词，用来描述动作发生的状态，具有形象性和生动性。A 为动词但"圪 A"为形容词的情况较少，如"圪扎"、"圪双（缩）"等。

A 为动词的"圪 AA 的"式的词汇意义大致可以从动词词素 A 的词汇意义推断出来，但与单音节动词"A"表示动作短时、单次出现或进行的特点相比，"圪 AA 的"表达式表示动作连续、反复、高频出现或进行。另外，A 为动词的"圪 AA 的"构式大多可以说成"圪 A 圪 A"，但前者所表示的动作行为频率较后者更高，如"圪摇摇的"所表示的动作的频率高于"圪摇圪摇"。下面列举一些清涧方言中 A 为动词的"圪 AA 的"具体表达式：

圪探探的 形容喜欢四处打探是非或爱管闲事 | 这事儿跟你没关系，别圪探探的。

圪挤挤的 形容空间小、特别拥挤，也可用来形容眼睛小 | 我家里宽窨大炕想咋睡就咋睡，不想跟你们一搭里一块儿圪挤挤的。| 看那他那对眼，圪挤挤的。

圪叨叨的 形容话多 | 这俩到一块常圪叨叨的说个没完。

圪摇摇的 形容物体快速摇晃的样子 | 站到阳台看见对面高楼圪摇摇的。

圪消消的 形容某人过于敏感，很容易生气或受伤 | 皮实一点，别圪消消的，别人稍微说你几句就受不了口览。

"圪 AA 的"构式中的动词词素 A 也有一定的语义限制。表示心理状态的动词和部分肢体运动动词能够进入"圪 AA 的"构式，而能愿动词、趋向动词、使令动词和表存在及状态变化动词则不可以。心理动词如"爱""恨""厌恶"对应的"圪 AA 的"表达式是"圪爱爱的 对某物过分喜爱的样子""圪恨恨的 对某人、事物十分憎恨的样子""圪恶恶的 形容对某事物、某人特别厌恶或憎恶的样子"等。部分肢体运动动词如"跳""蹦""趴"

对应的"圪AA的"表达式是"圪跳跳的形容跳来跳去的样子""圪蹦蹦的形容蹦来蹦去的样子""圪趴趴的形容（因年老）趴着（弯曲上身）走路的样子"，而最一般的肢体运动动词如"走""跑""笑""哭""吃""喝"等则没有对应的"圪AA的"表达法，因为这些动词所表示的动作太过普通和宽泛，和"圪AA的"构式所具有的超强描绘性互不相容。当我们听到"跳""蹦"或"趴"时，我们脑中即刻会出现这些动作的形象画面，而当我们听到"走""跑""笑""哭""吃""喝"等时，我们只是知道这些动作的基本含义，至于这些动作进行得"快"还是"慢"，比如是快走还是慢走，小跑还是奔跑，都不得而知。换句话说，这些一般的动作过于"空洞"，不够具体和形象，因此不能进入描绘性极强的"圪AA的"构式①。

除了上述动词A的语义限制外，关于该构式还有重要的一点值得说明：除方言中能单独使用的单音节动词以外，A也可以是方言中的双音节动词经"压缩"（condensation）过程而凝练出的、不可单说的单音节动词。由于该构式本身四字格的限制及构式内第二、三两个音节重叠的要求，双音节动词如"厌恶"要进入该构式，必须经过一个"压缩"的过程，产出最能代表该双音节动词词义的一个音节进入构式。该压缩过程主要遵循语义突显（semantic salience）原则，即双音节动词的两个音节中更能代表该双音节整体含义的音节为语义上更为突显的音节，该音节获得进入构式的资格。例如，"圪恶恶的形容对某事物、某人特别厌恶或憎恶的样子"，清涧方言中"恶""圪恶""恶恶的"均不合法，而"厌恶"是清涧方言中的一个双音节动词，用法如"老王常厌恶张，厌恶李，觉着谁不如那。老王经常讨厌张，讨厌李，感觉谁也比不上他。"因此，"圪恶恶的"与图2中"圪委委的"一样，都属新生表达式，是给"圪AA的"构式框架填充重叠式AA的结果，形成于构式的派生阶段。为了满足构式四字格和重叠的要求，动词"厌恶"经"压缩"过程凝练为"恶"后再经重叠

---

① 这并不等于说我们不能对这些表示一般动作的动词进行形象、生动的描绘。在清涧方言中，当人们需要对这些动作进行形象、生动描绘时，会选用"V+得+圪AA的"句式（V=走、跑、笑、哭、吃、喝等）。如：走得圪摇摇的（形容走得不稳，摇摇晃晃的走）、跑得忽噜噜的（拟声，形容跑步时发出很大声音）、笑得卜哈哈的（形容哈哈大笑的样子）、哭得卜啦啦的（形容哭的很伤心，眼泪哗啦啦往下流的样子）吃/喝得刺溜溜的（拟声，形容吃东西时不断发出"刺溜"声）。

进入"圪AA的"构式。类似的表达式还有"圪愤愤的非常气愤的样子""圪怜怜的十分可怜的样子"等,分别是通过将双音节词"气愤""可怜"压缩为语义上更为突显的"愤""怜"后再将其重叠进入"圪AA的"构式。

(三) A 为拟声词语素

A 为拟声词(Onomatopoeia)的"圪AA的"构式在清涧方言中的数量较前两类少,用来形容某种声音,"圪AA的"的词汇意义可以从拟声词语素 A 的词汇意义推断出来,表示响声"持续、反复"出现,具有"形象、生动"等动态性,如"圪哇哇的形容(因晕车)呕吐的声音""圪嘣嘣的形容吃很脆的东西时发出的嘣嘣声""圪喳喳的形容发出叽叽喳喳的声音"。A 为拟声词的"圪AA的"式形容词都可以说成"圪A圪A",如"圪哇圪哇""圪嘣圪嘣""圪喳圪喳",但是,"圪AA的"所表示的声音的频率较"圪A圪A"更高。具体来讲,"圪AA的"表示一声未完一声又起,而"圪A圪A"表示一声接着一声,声音之间有明显间隔。试比较(1a)和(1b):

(1) a. 老王起火生气口览,吼的圪哉哉的。吼声一声未完一声又起。
b. 老王起火生气口览,吼的圪哉圪哉。吼声一声接着一声,相互之间有明显间隔。

五 "圪AA的"构式的形态特征

从句法特征来看,"圪AA的"构式具有述谓性,其功能与状态形容词相同,可以在句中作谓语、定语、补语和状语,其中作补语和状语的情况最多。

(一) 构式作谓语

"圪AA的"构式在句中作谓语时的句式可表示为"S+(别)圪AA的",如例(2)—(3):

(2) 这家人今天圪悄悄的静悄悄的。
(3) 别圪冗冗的唠唠叨叨，我快烦死口览。

例（2）是作谓语的"圪AA的"构式的肯定形式，而例（3）是其否定形式，表示"禁阻"的否定功能（陈平，1991）。

（二）构式作定语

"圪AA的"构式在句中作定语时的句式可表示为"圪AA的+N"，如例（4）—（5）：

(4) 看那圪文文的文绉绉的样子。
(5) 那婆姨就是圪飘飘的轻飘飘的/轻浮那种人。

（三）构式作补语

"圪AA的"构式在句中作补语时的句式可表示为"S+V/A+得+圪AA的"，如例（6）—（7）：

(6) 锅滚得圪冒冒的冒泡哩。
(7) 张三吃得圪顶顶的顶得很。

（四）构式作状语

"圪AA的"构式在句中作状语时的句式可表示为"S+圪AA的+V（+N）"，如例（8）—（9）：

(8) 小娃圪溜溜的跑过来。一溜烟的跑过来。
(9) 老李圪尖尖的吃了两碗面。面盛得很满像堆成山尖尖的样子/像山尖尖的样子冒起来了。

值得说明的是，上述例（8）和例（9）两个例句中，"圪溜溜的"与"圪尖尖的"有所区别。"圪溜溜的"既在句法上充当状语，又在语义上指向句中动词"跑"。然而"圪尖尖的"只在句法上作状语，语义上并非用来说明"吃"的方式，因此并不指向句中的动词"吃"，而是用来说明宾语"两碗面"的状态，因此指向句子宾语"两碗面"。学界通常将后一种状语称为"指宾状语"或"摹物状语"（卢建 2003；何洪锋 2010；熊仲儒 2013）。Payne（2011）将此类状语称为附加语。附加语是外延更广，功能和意义更宽的句法单位，是与小句中的论元相对的可选成分，在功能上对小句中必选论元成分起附加说明和描述的作用。再如主语指向的"圪AA 的"构式用法（10）：

（10）a. 李四圪愤愤的_{气呼呼的}回了家。
b. 李四圪闷闷的_{闷闷不乐（的）}回了家。

例（10）里的描写构式突显两个谓语，主谓语"回了家"和次谓语"圪愤愤的""圪闷闷的"所表示的事件发生的共时性（temporality）。① （10a）里"圪愤愤的"对应于普通话的"气呼呼的"，即，"ABB 的"四字格；（10b）里"圪闷闷的"对应于普通话的"闷闷不乐"四字格，其描绘性的效果相同。

六 "圪AA 的"构式的语义与语用

前文已经提到，"圪AA 的"是一个状态形容词构式，可以用来描述人、物、环境等的体貌、状态、动作、声音等，其基本构式义可以概括为"形容'圪AA 的'的样子"，简言之，就是描绘性。作为状态形容词，"圪AA 的"构式一个最为明显的语义特性是描绘过程的"生动性、形象性"。上文例（9）"老李圪尖尖的吃了两碗面"中，"圪尖尖的"意为"面盛得很满像堆成山尖尖的样子/像山尖尖的样子冒起来了"，指向句子宾语"两碗面"，把"两碗面""满"的状态生动、形象、淋漓尽致地描绘了出来。除基本构式义外，该构式还具有四个方面的语义和语用特点：语义"量值"上的"极致性"、独特的对比否定形式、"消极/负面性"

---

① 描写构式分宾语指向和主语指向两种，例（9）是宾语指向的，而例（10）为主语指向的。该构式的形容词次谓语和动词主谓语所描述的两个事件同时间发生。

立场态度偏向以及语体色彩上的"口语性"。

(一) 构式语义"量值"上的"极致性"

本文讨论的"圪 AA 的"构式属于重叠式状态形容词，因此，既有状态形容词的一般特点，又有重叠式形容词的特殊性。朱德熙的《现在汉语形容词研究》（1956）是有关状态形容词量研究的开山之作，他指出形容词的复杂形式（状态形容词）中"包含量的观念非常明显"。石毓智在《现在汉语的肯定性形容词》（1991）一文中首先提出了汉语形容词在量性特征上存在"量幅"和"量点"的对立，即性质形容词表示的是"量幅"，状态形容词表示的是"量点"。张国宪（2000，2007）总结了形容词的量性特征，并指出就表述功能而言，性质形容词用来描绘事物的属性，而状态形容词用来描绘事物属性所具有的程度的高低。因此，状态形容词的语义内涵可以描述为"性质+程度量值"。关于重叠式的量性特征问题，目前尚无统一结论，总体上可分为两派观点。一派认为重叠并不完全是指大量的，有时也可以指小量（陆镜光，2000；元传军，2002），一派认为重叠表现的是大量（王力，1985；李宇明，1999；Lakoff & Johnson，1980）。Lakoff & Johnson（1980：128）指出语言组织里存在这样一个过程："形式越多，内容越多"（more of form is more of content）。应用到重叠形式上，就得出了数量的增加（名词）、动作的重复或延续（动词）、程度的加强（形容词）等意义。这样的说法就把形式的叠加视为一种显示名量、动量以及程度的增加或增强的手段（姚占龙，2010：35-36）。Lakoff & Johnson 关于重叠形式与意义的观点与本文讨论的"圪 AA 的"式状态形容词构式所表现出的特点基本一致，即，形式的增加等于内容的增加。"圪 AA 的"构式的构式义中明显含有"特别""非常""十分"等能够体现"极致性"的语义成分。方言中与该构式义具有相同或相近词汇意义的词项中，该构式表示的"程度量"最高。因此，该构式的语义内涵可以表述为"性质+高程度量值"。

"圪 AA 的"构式高量值语义内涵决定它不可受程度副词修饰，用句法框架可表述为（12）。因此，不能说（13），只能说（14）：

(12) *｛往死里/海里/有个儿/稍微有个儿｝+ 圪 AA 的

(13) *今儿天气不好，出去往死里/海里/有个儿/稍微有个儿（冷的）圪森森的。

(14) a. 今儿天气不好，出去往死里/海里/有个儿/稍微有个儿冷（哩）。

b. 今儿天气不好，出去（冷的）的圪森森的。

同样，"圪AA的"的构式高量值语义内涵决定了该构式不可用在含有"比""越来越"的比较句式中。我们继续看"圪森森的"：在方言中，可以说"今天比昨天冷"，但不能说"今天比昨天圪森森的"；"圪AA的"形容词构式也不能用在"越来越……"句式中，可以说"天气越来越冷了"，但不能说"天气越来越（冷的）圪森森的了"。

（二）构式之对比否定形式

在言语活动中，如果说话人已经选择了一个已被程度量固化的状态形容词，也就意味着说话人对这个状态形容词本身所携带的程度量级的肯定，如果再轻易否定，就是违反 Grice 的"数量准则"（Quantity Maxim）（张国宪，2007：5）。因此，"圪AA的"构式不能直接受方言中单音节否定词"不""没"等修饰，即，不能说"不圪AA的"和"没圪AA的"，用句法框架可表述为（15）；因此，不能说例（16）—（17）：

(15) *｛不/没｝+ 圪AA的
(16) *今儿天气还可以，出去不圪森森的。
(17) *他昨天态度还可以，没圪凶凶的。

然而，该构式可以被方言中"不说""没说"等双音节否定词所修饰，如例（18）—（19）：

(18) 今儿天气还可以，出去不说圪森森的瑟瑟发抖。
(19) 他昨天态度还可以，没说圪凶凶的。

"不/没说"中"说"是"那么"的意思①。"不/没说"是表否定的"远指程度"对比表达，相对于话题时间，如（18）隐含与昨天、前天或者前些天天气的对比，例（19）里隐含"他昨天之前的态度总是圪凶凶的"的。

否定词"不说""没说"与"圪 AA 的"之间还可以加入其他成分，如例（20）—（21）：

(20) 今儿天气还可以，出去不说（冷的/像昨天的）圪森森的。
(21) 楼层低了还是好，不说（高的/像 20 楼）圪摇摇的。

例（20）和（21）否定词和"圪 AA 的"构式之间所添加的东西，前者属于该形容词的无标记项，而后者是对比项。因此，我们将"圪 AA 的"构式前的"不/没说"称作"对比否定"。这种对比否定，普通话和其他方言也有，只是形式是"不/没那么""也不""不会""不知道/晓得"等。有时候，该否定形式的对比项是事情的"常态"（norm），如例（22）—（23）：

(22) 那他一满彻底不会待客，家里来个人不说（把人家）圪勤勤的 形容待人十分殷勤的样子。
(23) a. 你看你，眼里就没活，地都脏成这样子了，（也）不说扫一下。

b. 你看你，眼里就没活，地都脏成这样子了，（*也）不扫一下。

语篇小品词，即副词"也"在例（23a）里，是选择性的，而在（23b）是强制性的，其语篇衔接功能就是突出"对比"（contrast）。因为"圪 AA 的"构式量值的极致性，像汉语里"ABB 的"重叠状态形容词一样，不能直接加"不/没"进行否定，但可以用在对比否定句中，如（24）：

(24) 张三今天变了个人，不说憨啼啼的 不那么傻乎乎的。

---

① "不/没说"中"说"是"那么"的意思，这可能是言说类动词虚化的结果。

(三) 构式"消极/负面性"立场态度偏向

朱德熙 (1956:3) 指出,状态形容词"都跟一种量的观念或是说话人对于这种属性的主观估价作用发生联系"。"圪AA 的"构式在帮助说话人对事物和动作进行形象、生动描绘的同时,还表示说话人对某种性质或状态的一种估价意义。清涧方言中"圪AA 的"构式大多是说话人"消极""负面"等立场和态度的标示,伴有说话人"不悦、贬低、责备、埋怨、嫌弃、抱怨"等负面情绪①。这种标示说话人负面立场和态度的功能并非构式自身所具有的语用意义,且它与构式意义的主要承载成分 A 的褒贬无关,而是在具体的语境(包括语言语境与情景语境)中浮现出来的。换句话说,构式中的 A 可能是一个褒义词或中性词,情感上并不表达消极意义,但作为整体的"圪AA 的"构式经常出现在"消极""不如意"的场合之中,用来表达说话者的负面情绪,以致让整个构式带上"消极""负面"的色彩。

下列自然会话(25)中"圪爱爱的"就能很好地解释"圪AA 的"构式在标示说话人立场和态度上的这一特殊性:

(25)(A:丈夫;B:妻子)

A:一会咱理发馆罢里就赶紧去那边昂。一会咱理完发直接去那边吧。

B:噢。

A:争取再搞搞价,它要4000哪怕我搞到3500都能行。

B:就怕人家不给你少了么。就害怕人家不会再便宜了。

A:你过去别多说话,别<u>圪爱爱的</u>,让人说咱想报的厉害了。它是营利机构你解开吧,只要你想报甚时候都能哩。你过去别多说话,别<u>圪爱爱的</u>,让人家觉得咱特别想报名。它是营利机构,只要你想报,什么时候都可以。

B:哦,晓得口览。好的,知道了。

---

① 少量"圪AA 的"表达式可能并非是说话人负面情绪或立场的标示,而表达一种中性的情绪,如,"圪蠹蠹的"(形容人、庄稼或者植物长得快),但绝大多数"圪AA 的"表达式都伴有说话人的"负面"立场,具有明显的"负面"偏向。

上例中 A、B 两个交谈者围绕"去某辅导机构报名"展开会话。在会话中，A 表明了其想继续搞价的想法，而 B 觉得价位可能搞不下来了。此时，A 认为如果 B 不在商家面前表现出特别想要报名的样子，那么商家也许会便宜一点，因此 A 使用祈使句式，表现为"过去别多说话，别圪爱爱的"，且说话时语气较为严厉，语音有明显的强化现象，表达了 A 强烈的情感态度——负面情绪。具体来讲，A 认为如果 B "圪爱爱的"，会让商家感到她（B）对于该辅导班特别满意，迫不及待地想要交钱报名，由此会妨碍他（A）继续与商家搞价。因此，"圪爱爱的"构式此处反映了说话者负面的情感立场，表明说话者认为"表现出对某物的过于满意"是一件不好的事情。可见，具有中性情感意义的"爱"在进入"圪 AA 的"构式后用来表达说话人消极的立场和态度。

（四）构式"口语性"语体色彩

"圪 AA 的"构式主要用在口语体中，书面语中使用极少，其语体色彩上的附加意义主要表现为"口语性"和"非正式性"。利用系统功能语言学中语域（register）这一概念（Halliday, 2004）审视我们收集的语料中该构式出现的场合与涉及的人物关系，我们发现该构式出现的语场（field）一般为"闲谈、聊天"等，不涉及"公务、工作、教育"等话题。语旨（tenor）方面，该构式所涉及的会话双方之间一般没有明确的上下级关系，主要表现为亲人关系或熟人关系。语式（mode）方面，该构式几乎全部用在口语中。如上文例（25），该会话中两位说话者为"夫妻关系"，交谈内容为"报班""搞价"等日常话题，口语色彩十分明显。

七　结语

本研究基于构式语法理论，首次提出清涧方言中的"圪 AA 的"结构是一个构式，其构式义可以概括为"形容'圪 AA 的'的样子"，即描绘性。对"圪 AA 的"形容词表达式的构式观可以解释方言中大量"圪 AA 的"新生表达式的生成机理。该构式可以在句中作谓语、定语、补语和状语。作状语时，该构式可以充当宾语指向和主语指向"状语"，形成"描写构式"，两个构式的"描绘性""强强联合"，进一步增强了句子的描绘功能。"圪AA的"构式"高量值"的语义内涵直接决定了其不受程度副词修饰和不可用于比较句式的句法限制。该构式的否定形式较为特殊，虽然不可被单音节否定词修饰，但可以用在含有"不/没说"隐含对比的否定句中。本研究丰富了陕北晋语和整个晋语区的词汇与语法研究，为晋语及其他方言中的同类构式研究提供了一个新的研究视角。

主要参考文献

Goldberg, A. E. *A Construction Grammar Approach to Argument Structure*. Chicago：The University of Chicago Press，1995.

Halliday, M. A. K., and C. M. I. M. Matthiessen. *An Introduction to Functional Grammar*. 外语教学与研究出版社，2004.

Langacker, R. W. *Foundations of Cognitive Grammar：Theoretical Prerequisites*, Vol. 1. Stanford：Stanford University Press，1987.

Lakoff, G. & Johnson, M. *Metaphors We Live By*. Chicago：University of Chicago Press，1980.

Michaelis, L. Type shifting in construction grammar：An integrated approach to aspectual coercion. *Cognitive Linguistics*，2004，15：1-67.

Michaelis, L. Sign-based construction grammar. //B. Heine & H. Narrog. *The Oxford Handbook of Linguistic Analysis*. Oxford：Oxford University Press，2009.

Payne, T. E. *Understanding English Grammar：A Linguistic Introduction*. New York：Cambridge University Press，2011.

陈平：《英汉否定结构对比研究》，载陈平主编《现代语言学研究——理论·方法与事实》，重庆出版社1991年版。

范慧琴：《定襄方言语法研究》，语文出版社2009年版。

何洪峰：《状态性指宾状语句的语义性质》，《语言研究》2010年第4期。

侯精一：《现代晋语的研究》，商务印书馆1999年版。

李蓝：《方言比较、区域方言史与方言分区——以晋语分音词和福州切脚词为例》，《方言》2002年第1期。

李荣：《中国语言地图集》，朗文出版有限公司1987年版。

李宇明：《程度与否定》，《世界汉语教学》1999年第1期。

刘育林：《陕西省志——方言志（陕北部分）》，陕西人民出版社1990年版。

卢建：《可换位摹物状语的句位实现及功能分析》，《语言研究》2003年第1期。

陆镜光：《重叠·指大·指小——汉语重叠式既能指大又能指小现象试析》，华中师范大学语言与语言教育研究中心，《华中语学论库（第二辑）——汉语重叠问题》，华中师范大学语言与语言教育研究中心，2000年，第129—141页。

乔全生：《晋语附加式构词的形态特征》，《山西大学学报》1996年第3期。

乔全生：《晋方言语法研究》，商务印书馆2000年版。

石毓智：《现代汉语的肯定性形容词》，《中国语文》1991年第3期。

王力：《中国现代语法》，商务印书馆1985年版。

王临惠：《山西方言"圪"头词的结构类型》，《中国语文》2001年第1期。

王临惠：《山西方言的"圪"字研究》，《语文研究》2002年第3期。

温端政：《试论晋语的特点与归属》，《语文研究》1997年第2期。

吴云霞：《万荣方言语法研究》，语文出版社2009年版。

邢向东：《晋语圪头词流变论》，《内蒙古师大学报》1987年第2期。

邢向东：《试解"疙瘩"》，《汉字文化》2000年第1期。

邢向东：《以构式为视角论晋语方言四字格》，《方言》2019年第2期。

熊仲儒：《指宾状语句的句法分析》，《现代外语》2013年第1期。

姚占龙：《现代汉语状态形容词量级差别考察》，《语言研究》2010年第4期。

元传军：《现代汉语形容词重叠式研究》，硕士学位论文，南京师范大学，2002年。

张国宪：《现代汉语形容词的典型特征》，《中国语文》2000年第5期。

张国宪:《状态形容词的界定和语法特征描述》,《语言科学》2007年第1期。

朱德熙:《现代汉语形容词研究》,《语言研究》1956年第1期。

(刘少杰：陕西学前师范学院外国语学院，陕西 西安710100，lsj0912@126.com；张京鱼：西安外国语大学英文学院，陕西 西安710128)

"日心说"时间认知模式下汉语"前""后"矛盾时间指向理据辨析[①]

陈晓光　张京鱼

摘要：本文在"日心说"时间认知模式下（张京鱼、陈晓光，2019），以太阳运动为前后时间定位的空间认知理据，尝试解决一直争议不断的前后时间矛盾指向问题。"日心说"时间认知模式认为时间就是太阳，太阳是时间的实体化表现，时间运动就是太阳在动。太阳运动事件分为动静两种意象图式：动态图式中，太阳前方未走空间隐喻为未来，其后已走空间隐喻为过去；静态图式中，太阳运动轨迹组成不同空间点排列，太阳先经过的空间点为"前"为"早"，后经过的为"后"为"晚"。这两种空间意象图式为时间前后矛盾指向提供了合理的认知体验基础解释。

关键词："日心说"时间认知模式；空间定位原则；时间参照框架；前后时间定位

On the Motivations of *Qian* and *Hou* in the Sun-Oriented Temporal Model

CHEN Xiaoguang, ZHANG Jingyu

Abstract: In this paper, ounder the Sun-Oriented Temporal Model (Zhang &

---

① 本文系陕西省社会科学基金项目"日心说"时间模式与汉语时间表达研究（立项号：2020K023）的阶段性成果。

Chen, 2019), the sun motion is taken as the spatial cognitive motivation of time *before* and *after* positioning. This paper tries to solve the controversy of the direction between the *front* and *back* time. "Heliocentric theory" time cognitive model holds that time is the sun, the sun is the substantiation of time, time movement is the sun moving. The sun motion can be divided into dynamic and static schemata: in the dynamic schema, the space in front of the sun is metaphorically the future, and the space that has gone is the past; in the static schema, the different points that the sun passes through front are early and those after are late.

Key words: the Sun-Oriented Temporal Model; Spatial orientation principles; Time frame of reference; Time positioning

一　引言

汉英"前""后"空间方位词既可指过去，又可指未来，如例(1)—(4)[①]：

(1) 前天/后天
(2) 前途/向后看
(3) In the preceding weeks /In the weeks ahead of us
(4) That's all behind us now/In the following weeks

一直以来，对这一矛盾指向的探究是时空隐喻研究的重中之重（Alverson, 1994; Yu, 1998, 2012; Moore, 2006, 2011, 2014, 2016; Núñez & Sweetser, 2006; Radden, 2011; Evans, 2013a, 2013b; 戴浩一, 1991; 刘宁生, 1993; 周蓉、黄希庭, 1999; 张建理, 2003; 董为光, 2004; 蔡淑美, 2012; 王灿龙, 2016; 陈仁凯、王晶, 2016; 刘正光等, 2018; 罗思明等, 2019; 张京鱼、陈晓光, 2019）。学界普遍认为前后矛盾指向是不同时间认知模式选择的结果，但就所适用的模式大致存在以下

---

① 例（1）—（4）中，前者表过去，后者表未来。

三种观点：

　　第一种观点认为，"前"表未来，"后"表过去（后称类型一）属"自我在动"模式（Moving Ego，简称ME），时间被抽象为由事件组成的高速公路，观察者（Ego）在其上行走，前后方位来自观察者，如例（1）和例（3）；"前"表过去，"后"表将来（后称类型二）属"时间在动"模式（Moving Time，后简称MT），时间被想象成向我们运动的高速公路，从前到后穿过我们，前后方位来自时间自身，如例（2）和例（4）（Fillmore，1971/1997；Clark，1973；Lakoff & Johnson，1980，1999）。ME和MT的弊端在于无法解释不以观察者为参照的前后时空隐喻表达，如例（5）—（6）（Moore，2006）。

　　　　（5）元旦之后是春节。
　　　　（6）春节之前是元旦。

　　第二种观点其实是在第一种之上的细化。Moore（2006）和Núñez & Sweetser（2006）以参照点（Reference point）作为划分标准，将时间认知模式重新划分为"时间参照点模式"（Time Reference Point，简称Time-RP）和"自我参照点模式"（Ego Reference Point，简称Ego-RP）。Time-RP模式指以序列中的其他时间作为参照，其前后顺序不受视角影响，强调时间"早"/"晚"序列性。Ego-RP模式则涵盖了原有的ME和MT模式，均以观察者"现在"为参照，表"过去""现在"和"未来"。在解释时间序列性时，Moore（2006，2011）以例（7）中的follow为依据，推断英语时间前后顺序性的认知体验基础是不同物体运动的排序（Ordered Motion）。但这一解释并不适用汉语静态前后时间顺序性表达，如例（1）和例（4）。

　　　　（7）New Year's Eve follows Christmas.

　　第三种观点认为这两种前后方位均来自观察者自身，观察者面对未来，则属类型一，观察者面对过去，则属类型二（Alverson，1994；Ahrens & Huang，2002；张建理，2003）。这种观点的弊端同样也在于无法解释无观察者参与的时间顺序性表达，如例（5）—（6）。

认知语言学认为时间是空间的概念映射（Mapping）（Lakoff & Johnson, 1980, 1999），因此解决前后时间矛盾指向的关键是弄清其空间指向的认知理据（Motivation）。"日心说"时间认知模式认为时间就是太阳，太阳是时间的实体化表现，时间运动就是太阳在动（张京鱼、陈晓光，2019）。因此，解决前后时间矛盾指向的关键就在于对太阳运动事件的识解。太阳运动图式可分动静两种：动态图式中，太阳前方未走空间隐喻为未来，其后已走空间隐喻为过去；静态图式中，太阳运动轨迹组成不同空间点排列，太阳先经过的空间点为"前"为"早"，后经过的为"后"为"晚"。

二 "日心说"时间认知模式

时间是人类对事物变化（如"滔滔江水""太阳起落"）感知和概念化的产物，在此基础上我们形成了"逝者如斯夫，不舍昼夜"（《论语·子罕》）的"绝对时间"（absolute time）概念。绝对时间指"不受外界影响的物质周期变化规律"，实质就是日夜交替、循环往复运动，有其自身运动频率。按照张京鱼、陈晓光（2019）的"日心说"时间认知模式，时间就是太阳，太阳是时间的实体化表现。在汉民族文化里，自然上的时间运动就是太阳在动。时间的流逝就是太阳在地平线上下的运动。太阳的运动具有方向性和客观性，这与"绝对时间"观念的方向性和客观性契合。太阳运动是时间流逝，太阳当下的位置隐喻"现在"，太阳已经经过的空间隐喻"过去"，太阳将要经过的空间隐喻"未来"。综合来看，太阳运动是绝对时间运动最合理的认知体验基础，"日心说"时间认知模式就是绝对时间认知模式。

"日心说"时间认知模式类似于 Watanabe（1983）的玛雅宇宙观认知模式，该宇宙观基于在危地马拉西部高原上说的一个现代玛雅语—玛姆语（Mam）的时空概念。方向术语、动词词形变化，以及时间段的分界揭示了一个时空观念。在此时空概念形成中，方向性、运动和时间都与太阳的运动紧密地联系在一起。Lakoff & Turner（1989）也曾指出太阳是最突显移动物体的例子，其"现在的位置"决定了"现在的时间"。Fauconnier（1997）与 Fauconnier & Tuner（2008）也有类似的论断。Boroditsky & Gaby（2010）指出澳洲土著朋布罗人（Pormpuraaw）以太阳的不同位置来确定一天中不同的时间段，他们通过太阳运动的轨迹抽象出从东至西的方位来表达时间。Moore（2011）指出南美艾玛拉人的"顺序是路径中的相对位置"（SEQUENCE IS RELATIVE POSITION ON A PATH）时间隐喻和英语中的"现在在动"隐喻的体验基础都是太阳在天空中的运动。Bartolotta（2018）更是指出印欧早期古梵语和古希腊语也均是借助太阳表征时间，这些研究表明太阳在时间表征中很可能具有跨语言文化普遍性（张京鱼、陈晓光，2019）。

语言层面，"日心说"时间认知模式的表现为以（绝对）时间为动体的时空隐喻表达，如例（8）—（9），这些时空隐喻表达均以时间自身作为动体，运动方向从过去到未来。

(8) The hour is approaching midnight.（时间马上就到午夜了）
(9) 时间进入了1948年，北京的早春寒冷而凋零。

在"日心说"时间认知模式框架下，太阳运动是时间前后方位定位的认知体验来源。下面我们首先对不同前后空间定位方法做介绍，然后在此基础上，对太阳运动的前后定位进行划分，继而为前后不同时间定位提供理据。

（一）"前""后"空间定位两种原则：定向原则与定型原则

认知语言学认为人类自身缺乏直接感知时间的器官，时间比空间更抽象、更难以察觉的，因此抽象域的时间需要借助具体域的空间，特别是空间中的运动进行认知上的表征和建构（Fillmore，1971/1997；Clark，1973；Lakoff & Johnson，1980，1999；Hapelmath，1997；蓝纯，1999；Sinha et al，2011；Evans，2013a，2013b；Yu，1998，2012）。心理学、手势等方面的实验也证实了时间与空间及空间运动确实存在认知层面的关联（Gentner，2001；McGlone & Harding，1998；Boroditsky，2001）。因此，解决前后时间矛盾指向的关键在于厘清空间前后定位的理据。

刘哲（1992）列举出两种空间定位原则：一为"定型原则"，指依据客观事物的外部形状确定另一客观事物的空间位置，这种提法的核心要义类似Levinson（1996，2003）的空间内在（intrinsic）参照框架。如上图1中"房子前面有一棵小树"，这里的"房子"本身具有内在方向性，我们

图 1　定型原则（房子前面有一棵小树）

一般将房子大门的位置视为"前",其反面认定为"后"。因此房子前面有棵小树指的实际上是房子门口存在一棵树。

图 2　定向原则（树在房子前面）

另外一种情况为"定向原则",指根据人和事物之间或事物与事物之间的相对位置来确定某一物体的空间位置,这种空间方向定位类似 Levinson（1996,2003）的空间相对（relative）参照框架。这一系统实际为三元空间关系,涉及观察者的审视角度、图形和背景间的空间关系（晋小涵,齐振海,2007）。如上图 2,"树在房子前面",房子（背景）自身结构被忽略,树（图形）本身无内在方向,整句以视点为参照。人将自身面向及运动方向规定为"前",因此靠近视点的"树"界定为在"房子"之前,而"房子"在"树"之后。视点就是。

其实,类似的空间定位原则有很多,其核心就是以参照物自身特征作为方向参照或以观察者（视角）设定的方向为参照。比如 Clark（1973）指出,英语中存在两种"前""后"方位,一种为参照物自身的"前后"方位（等同定型原则）,另一种则为"自我中心"（egocentric）的"前后"（等同定向原则）。但是其实这两种前后有关联,参照物自身的方位界定也来自对人自身方位的模拟。Fillmore（1971/1997）也将空间定位分为两种,一为指示性用法（deictic）,指空间词表示的位置相对于说话人自身的方位特征（类似Clark的"自我中心"方位参照），第二种为非指示性用法（non-deicitic），指空间词表示的位置相关于参照物的内在方位特征（类似Clark的参照物自身）。Miller & Johnson-Laird（1976）则把类似的二分空间参照命名为"内在系统"（intrinsic system）和"指示系统"（deictic system）。总的来看，这些空间定位分类原则虽命名上有差异，但其内涵基本一致。

在众多空间参照理论中，郭锐（2004）算是集大成者，他在前人研究的基础上提出了"固有方位特征"（intrinsic orientational feature）和"临时方位特征"（temporary orientational feature）两个重要概念，无论是指示还是非指用法，说话人都是利用参照物的方位特征，但是有的参照物的方位是固有的，而有的是说话人把其他方位临时投射在参照物上形成的。在具体空间定位中，固有方位特征对应"原向参照策略"（intrinsic-coordinates strategy），类似刘哲的"定型原则"，临时方位特征则对应"借向参照策略"（temporary-coordinates strategy），类似刘哲的"定向原则"。其中在临时方位特征界定时，也存在不同的策略，一种为主体投射策略（subject-mapping strategy），指说话人利用临时方位特征表达方位，这些临时方位特征是说话人把观察者（通常为说话人自己）的"前""后""左""右"方位特征投射在参照物上形成的。投射又分为两种，第一种为面向投射，即参照物的临时方位特征和观察者的方位特征是面向的关系，前后相反。左右也相反。第二种为镜像投射，即观察者坐标的前后方向翻转成反向，并且旋转180度投射在参照物上，相当于Levinson（1996，2003）的反射投射，这种投射中，前后相反，但是左右相同。同时，郭锐（2004）也注意到移动对空间方位的影响，指出当参照物移动时，说话人把参照物移动路线的方位特征平移投射在参照物上，使参照物获得临时方位特征。

值得注意的是，镜像投射的方式因语言文化不同而异。如图3（见下页）所示，Hill（1982）发现，说英语的人倾向于说"杯子在皮球后面"，而说豪萨语（Hausa）的人倾向于说"杯子在皮球前面"。Hill认为这是因为两种语言所采取的空间方位策略是不同的，说英语的人倾向采取面向策略（Facing straregy），说话人把参照物看作与自己是面对面的关系，两者前后、左右方位相反，而豪萨语采取的是顺向策略（aligned strategy），即将参照物看作与自己面向统一方向。Herskovits（1986）把观察者和参照物所处的情景分为同向情景（coincidence situation）和面对情景（encounter situation）两种典型情景。同向情景指观察者和参照物方位特征一致，面对情景指观察者与参照物是面对面的关系，方向特征相反。同向情景相当于 Hill 所说的采取顺向策略时所处的情景。面对的情景与Hill 所说的面向策略一致。

图 3　杯子在球之前还是之后？

为了验证汉族人的投射策略，郭锐（2004）做了相关验证实验。具体如图 4 所示，在实验中他在被试面前放置茶杯和花瓶各一个，三者的位置关系是：被试－茶杯－花瓶；茶杯和花瓶无遮挡关系。结果显示：75.51%（74 人）的被试认为"花瓶在被子的后边"，同样 89.9%（89人）的被试认为"杯子在花瓶的前面"。因此，从实验结果不难看出，无论在何种条件下汉语中都易于采取镜像策略。由此可见，在汉语中镜像策略是稳定的策略，而主体同向策略不稳定。汉语与英语采取的策略相似。

总的来看，前人虽然在空间定位的名称上有差异，但两种核心定位原则是大家所公认的。一种是参照物有自身特征，比如人、汽车、房子等，另外一种策略就是将原本没有方向性的物体经过观察者的反射获得方向性，而投射又分两种策略，一为镜像投射，一为面向投射。但是无论哪种投射，在汉语和英语中，观察者都将靠近的视为"前"、较远的视为

图 4　杯子在花瓶前面还是后面？

"后"。这一前后界定为我们后面的时空隐喻前后时间定位提供了重要的借鉴。下面，我们追根溯源，以太阳的运动作为时间运动原型做前后时间定位的分析。

(三)"日心说"绝对时间认知模式下的两种"前、后"意象图式

"日心说"绝对时间认知模式的体验基础来自太阳运动。大体上看，太阳运动与其他物体（包括人和动物）的运动具有很大相似性。典型的运动事件包含动体运动及静态运动轨迹。太阳运动相较于其他物体的运动具有"客观性"和"不可逆性"等优势，而且目前考古和文化方面的研究都显示太阳是人类表征时间的源头。现实世界中，人自身运动和其他动物运动都具有主观性，可运动，也可停止，不是总处于运动状态，但天体运动则永动，不受人们主观因素影响的，从这个角度看我们将物体的运动限定为太阳更合适。

具体如图 5 所示：图中圆形代表时间动体，其体验来源就是太阳。这个时间动体本身并无内在方向性（intrinsic direction），将其运动方向视为"前"来自转喻人，人的运动方向默认为前，因此我们经常将运动物体的方向视为"前"。这一前后设定符合郭锐（2004）的空间方位界定相符合，即当参照物移动时，说话人把参照物移动路线的方位特征平移投射在

参照物上，使参照物获得临时方位特征。

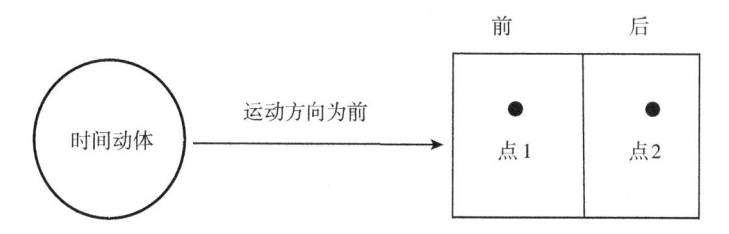

图 5 太阳运动意象图示

图 5 包含两种不同前后意象图式：一为以动体（太阳）作为参照，描述动体与其他空间点的关系，我们将其称为动态图式。时间动体的运动方向为"前"，观察者依附其上，观察者朝向与时间运动方向一致。此时，"前"有可能来自时间动体的运动方向，也有可能来源于观察者。

例（10）—（11）中的"前"指的是绝对时间动体的运动方向。时间本来只能向着未来运动，但是由于人的主观性影响，时间在语言表达中也能回到过去，这其实是人的回忆，而非时间真的倒流回到过去，如例（12）—（13）。这三个例子表示将时间的运动方向逆向回溯到过去，但只是在人的回忆或想象中才能实现的。

（10）时间正一分一秒地<u>向前推移</u>，我们的心也随之怦怦直跳。

（11）我走进自己的卧室。随着季节<u>向前推移</u>，从窗中看到的画面也变了，首先是室内很明亮，只有天气阴霾时，室内才昏暗。

（12）但是<u>时间退回到</u>二三十年前，也就是如今四十多岁的这批人刚从学校毕业进入公司的时候，他们与当时四十多岁的上司之间却有着很多的共同点。

（13）<u>时间回到</u>1993 年 7 月，我果真在北京见到了叶小钢。

当话语发生时间以"现在"为参照的话，观察者最容易移情其中，此时其自身特征的"前"也更容易为时间框架提供方向性。词汇层面属于观察者自身"前""后"时空隐喻语料很少，主要集中于"前+N"形式，如"前途、前景、前路、眼前"等。其来源有两种，一种来源于人自身的运动事件，如"前途、前景、前路"这类组词的理据很明显源自观察者（Ego）和绝对时间一起运动的路径隐喻（ME），用观察者之前的路径转喻未来时间,其方向性来自观察者自身前后。其二,静态条件下观察者将自身的特征投射其上,"前"指的是观察者的前,如例(14)——(16),类似的还有"头年""头晌""头先""回首""回顾""回想""反思""回念""回头""回想""回忆"等。这两种表达通常都带有身体特征词。与"前"还少量存在相比,这种模式中以"后"为构件表过去的时间词几乎没有,"脑后"算是其中最典型的代表,指"过去",如下例(14):

(14) 老人努力地想把日本人放在<u>脑后</u>,而就<u>眼前</u>的事,说几句话。

(15) <u>目前</u>,我国正大力发展社会主义商品经济,这一社会环境对人的身心发展提出了新的要求,也提供了新的条件。

(16) <u>头前</u>(以前),这个地方还是很荒凉的。

另一种指不同空间点彼此之间作参照。当时间动体向前运动时,按照Levinson(1996,2003)空间相对框架原则和郭锐(2004)的镜像策略。在图5中,点1在点2之前(点1和点2也无内在方向性),时间动体经过点1的时间要早于经过点2的时间,因此点1在点2之前,点2在点1之后,点1早于点2,点2晚于点1。时间动体总是从过去到未来发展,具有不可逆性,因此点1和点2之间的关系不会随着观察者视角的转变而发生改变。这一点本文与Moore(2006,2014)和Núñez & Sweetser(2006)所提的Time-RP的体验基础不同,他们认为时间的顺序性来自不同运动物体的序列,即早出发的在"前",晚出发的在"后"。在汉语中,大部分表示早晚的前后词汇都是静态的,而非动态的。就汉语而言,我们认为时间的序列性是静态的,动态时间序列性表达只是在静态时间序列性之上的主观演变,这点后面会详细解释。需要指出的是,汉语前后时间设定并非人类所共有,还受文化等其他因素的影响,比如Harriet & Klein(1987)对Toba语言中时间表达进行了研究,发现这种语言用观察者前面来表达过去,观察者后面表达未来。Hill(1978:528)则发现Hausa语中大量运用时间的排列顺序视角。Hausa语中较晚的星期在较早星期之前。与此同时,Hausa语中也运用面对面视角,也就是说较晚时间在较早时间之后。

汉语中大部分"前+N、N+前、后+N、N+后"时间词都属于静态时间序列性，主要表示"早、晚"关系。这其中大致又可分以下两种情况：

第一种：将点1和点2视为一个整体，靠近时间动体的为"前"，远离时间动体的为"后"，这里的前后是相对而言的，"前"表示"早于"，"后"表示"晚于"。主要形式为："前/后 + 时间段"。如"前期""后期""前半天""后半天""前半年""后半年""前半月""后半月""前/后50年、前/后半夜、前/后半晌"等。

第二种：单纯表示顺序关系，点1在点2之前，点1早于点2，两者为早晚关系，可以以"现在"为参照，也可以不以"现在"为参照。主要形式为："时间段/时间点/事件+前/后/之前/之后/以前/以后"，这种形式具有很强的能产性，常以对称形式出现，如"半年前/后、1998年前/后、解放前/后"。其他的还有些固定成词，如"前尘""前科""前愆""前嫌""前提""前言""前缘""前兆""前震""前奏""前仇""后步""后尘""后发制人""后福""后果""后话""后患""后记""后继""后进""后劲""后来""后怕""后起""后响""后世""后市""后事""后手""后效""后行""后续""后学""后遗症""后援""后账""午后""尔后""绝后""然后""随后""从此往后""今后"。

第二种情况中，参照既可以是"现在"，也可以是其他时间，这一语言现象是前人模式划分争议的焦点。有些学者认为以现在为参照前后方位来自观察者自身的特征（张建理，2003），而有些学者则认为来自时间自身的序列性（Moore，2014）。其实质是，如果以全景视角看待整体序列，"现在"只是时间序列中的一个参照点，可以忽略观察者自身特征，而以整体时间序列性的方向为定位参照。如汉语中的"之前""之后""以前""以后"就是这样，其前后是时间序列性的前后，而非观察者的前后。这两组词既可以"现在"为参照，又可以其他时间为参照，其语义均强调时间的序列性，即"早晚"。如例（17）中参照点为"改革开放"，所指时间早于改革开放，例（18）以说话时间"现在"为参照，所表时间早于现在。这一认知策略类似Talmy（2000）的"首要参照物"和"次级参照物"，即可以观察者自身为首要参照物，而以全景视角观察时，也可采用内包式次级参照物，其实质就是Talmy（2000）所提出的基于场景（field-based）参照框架。此外，值得注意的是，尽管两种情况均可以说话时间"现在"作为参照点,但其时间意义并不仅仅表示过去或未来,而表示的依然是时间的序列性中的早晚关系。

(17) 改革开放<u>之前/以前</u>,户籍制度把农民束缚在农村这块小天地里,国家通过工农业剪刀差剥夺农民,以损害农业为代价实施工业化。

(18) <u>之前/以前</u>,我并不认识他。

除上述两组词外,单纯空间词表时间的用法均以说话时间为参照,这是因为在无特殊明示的时间参照点外,话语时间对于交际双方(特别是面对面交流)是最突显的参照点,尽管以话语时间为参照,其"前、后"指向源自时间序列的方向性,表早于或晚于"现在"(说话时间),凸显的是时间的序列性,如例(19)—(20):

(19) 这个道理,<u>前面/前边</u>已经讲得很清楚了。
(20) 这个问题,<u>后面/后边</u>我们再讲。

表1　　　　　　　"前、后"时间顺序性词汇表

时间的序列性	以人为序	以朝代为序	以天、日、月、年为序	时间段切分	纯空间词	以现在为参照
前表早	前辈、前夫、前人、前任、前贤、前身(佛教语,犹前生)	前朝、前代、前汉	大前天、前天、前年、前一个月、前月、前日	前半晌、前半天、前半夜	前边、前面	此前、之前、以前
后表晚	后辈、后爹、后父、后娘、后人、后母、后身、后生、后任、后代、后嗣、后裔	后周、后梁、后汉、后晋、后金、后唐	后天、大后天、后年、后一个月、后月、后日	后半晌、后半天、后半夜	后边、后面	此后、之后、以后、今后

总之,大部分汉语前后时空隐喻表达都属于时间的序列性,部分系统性的固定词汇见表1,这种表达具有一定的能产性,使汉语时空隐喻表达具有很大的弹性。时间"前"表未来,"后"表过去的认知理据来自太阳

动体的运动，"前"既表示太阳动体的运动方向也可以指观察者的朝向，此时两者同体，共同向未来运动。动体运动过的轨迹及即将运动的轨迹引起采取的镜像策略而将靠近动体的为"前"，稍远的为"后"。而当动体本身置入整体框架中，时间动体作为"现在"具现也可以忽略其自身朝向而表示时间的顺序性，走过的轨迹、动体现在的位置及将来要走的轨迹可以组成时间序列。

三 结 论

本文尝试在"日心说"时间认知模式下（张京鱼、陈晓光，2019），以太阳运动图式作为前后判断的认知理据，解决前后时间矛盾指向的认知理据问题。张京鱼、陈晓光（2019）指出时间就是太阳，太阳是时间的实体化表现，时间运动就是太阳在动。太阳运动图式可分动静两种：动态图式中，太阳前方未走空间隐喻为未来，其后已走空间隐喻为过去；静态图式中，太阳运动轨迹组成不同空间点排列，太阳先经过的空间点为"前"为"早"，后经过的为"后"为"晚"。这两种空间意象图式为时间前后矛盾指向提供了合理的认知体验基础解释。

主要参考文献

Ahrens, K. & Huang, C. R. Time passing is motion. *Language & Linguistics* 2002, 3 (3): 491-519.

Alverson, H. *Semantics and experience: Universal metaphors of time in English, Mandarin, Hindi, and Sesotho*. Baltimore: Johns Hopkins University Press, 1994.

Bartolotta, A. Spatio-temporal deixis and cognitive models in early Indo-European. *Cognitive Linguistics*, 2018, 29: 1-44.

Boroditsky, L. Does language shape thought? English and Mandarin speakers' conceptions of time. *Cognitive Psychology*, 2001, 43 (1): 1-22.

Boroditsky, L. & A. Gaby. Remembrances of times East: absolute spatial representations of time in an Australian aboriginal community. *Psychological Science*, 2010, 21: 1635-1639.

Clark, H. H. Space, time, semantics and the child. In Timothy, E. M.

(ed.) *Cognitive Development and the Acquisition of Language*. New York: Academic Press, 1973: 27-63.

Evans, V.*Language and time: A cognitive linguistics approach*. Cambridge: Cambridge University Press, 2013a.

Evans, V. Temporal frames of reference. *Cognitive Linguistics* 2013b, 3: 393-435.

Fauconnier, G. *Mappings in thought and language*.Cambridge: Cambridge University Press, 1997.

Fauconnier, G. & Turner, M. Rethinking metaphor. In R. W. Gibbs (ed.) *Cambridge Handbook of Metaphor and Thought*. Cambridge: Cambridge University Press, 2008: 53-66.

Fillmore, C. J. *Lectures on Deixis*. Stanford, CA: CSLI Publications, 1971/1997.

Gentner, D. Spatial Metaphors in Temporal Reasoning. Spatial Schemas & Abstract Thought. MIT Press, 2001.

Harriet, E. & M. Klein. 1987. The future precedes the past: Time in Toba. *Word* 38, (3): 173-185.

Haspelmath, M. *From Space to Time: Temporal Adverbials in the World's Languages*. München: Lincom Europa, 1997.

Herskovits, A. *Language and Spatial Cognition: An Interdiplinary Study of the Prepositions in English*. Cmbridge: Cambridge University Press, 1986.

Hill, C. "Up/down", "front/back", "left/right", in Weissenborn, J. & Klein (eds), *Here and There*.Amsterdam: John Benjamins, 1982: 13-42.

Hill, P. *Rural Hausa: A Village and a Setting*. Cambridge: Cambridge University Press, 1972.

Lakoff, G. &Johnson, M. *Metaphors We Live By*. Chicago: University of Chicago Press, 1980.

Lakoff, G. & Turner, M. *More than cool reason: A field guide to poetic metaphor*. Chicago: University of Chicago Press, 1989.

Lakoff, G. & Johnson, M. *Philosophy in the Flesh: The Embodied Mind and Its Challenge to Western Thought*. New York: Basic Books, 1999.

Levinson, S. C. Frame of reference and molyneux's questions: cross-linguistic evidence. In Bloom, P., Peterson, M. A. Nadel, L. & Garrett, M. F. (eds.) *Language and Space*. Cambridge and London: The MIT Press, 1996: 109-169.

Levinson, S. *Space in Language and Cognition: Explorations in Linguistic Diversity*. Cambridge: Cambridge University Press, 2003.

Mcglone, M. S. & J. L. Harding. Back (or forward?) to the future: The role of perspective in temporal language comprehension [J]. *Journal of Experimental Psychology Learning Memory and Cognition* 1998, 24: 1211-1223.

Miller, G. A. & Johnson-Laird, P. N. *Language and perception*. Harvard University Press, 1976.

Moore, K. E. Space-to-time mappings and temporal concepts. *Cognitive Linguistics* 2006, 17: 199-244.

Moore, K. E. Ego-perspective and field-based frames of reference: Temporal meanings of FRONT in Japanese, Wolof, and Aymara. *Journal of Pragmatics* 2011, 43: 759-776.

Moore, K. E. *The spatial language of time: metaphor, metonymy, and frames of reference*. Amsterdam: John Benjamins, 2014.

Moore, K. E. Elaborating time in space: the structure and function of space-motion metaphors of time. *Language and Cognition*, 2016, 9: 1-63.

Núñez, R. E. & Sweetser, E. With the future behind them: Convergent evidence from Aymara language and gesture in the crosslinguistic comparison of spatial construals of time. *Cognitive science*, 2006, 30: 401-450.

Radden, G. Spatial time in the West and the East. In Brdar et al. (eds.) *Space and Time in Language*. Frankfurt: Peter Lang, 2011: 1-40.

Sinha, C., Sinha, V. D. S & Zinken, J. When time is not space: The social and linguistic construction of time intervals and temporal event relations in an Amazonian culture. *Language and Cognition*, 2011, 3 (1): 137-169.

Sinha, C & Gärdenfors, P. 2014. Time, space, and events in language and cognition: a comparative view. *Annals of the New York Academy of Sciences*, 2014, (1): 72-81.

Sinha, C & Bernárdez, E. Space, Time, and Space-Time. In F, Sharifian (ed.) *The Routledge handbook of language and culture*. New York: Routledge, 2015: 309-324.

Talmy, L. *Toward a Cognitive Semantics*: Volume 1, *Concept Structuring Systems*. Cambridge: MIT Press, 2000.

Watanabe, J. M. In the world of the Sun: A cognitive model of mayan cosmology. *Man* 1983 (4): 710-728.

Yu, N. *The contemporary theory of metaphor: A perspective from Chinese*. Amsterdam: John Benjamins, 1998.

Yu, N. The metaphorical orientation of time in Chinese. *Journal of Pragmatics*, 2012, 44: 1335-1354.

蔡淑美：《现代汉语"前、后"时间指向的认知视角、认知机制及句法语义限制》，《当代语言学》2012年第2期。

陈仁凯、王晶：《时间空间化概念隐喻认知研究新探》，《外语研究》2016年第1期。

戴浩一：《以认知为基础的汉语功能语法刍议（下）》，《国外语言学》1991年第1期。

董为光：《汉语时间顺序的认知基础》，《当代语言学》2004年第2期。

郭锐：《方位词"前、后、左、右"的参照策略》，《中国语言学论丛》2004年第3期。

晋小涵、齐振海：《论汉语"面"的空间隐喻》，《外语研究》2007年第4期。

蓝纯：《从认知角度看汉语的空间隐喻》，《外语教学与研究》1999年第4期。

刘正光、鄢克非、吕盈烟：《英汉时间概念化差异对"前、后"时间指向对立的解释》，《现代外语》2018年第5期。

刘宁生：《语言关于时间的认知特点与第二语言习得》，《汉语学习》1993年第5期。

罗思明、王佳敏：《时间的空间化理论考察》，《宁波大学学报（人文科学版）》2019年第2期。

王灿龙：《"前、后"的时间指向问题新探》，《当代语言学》2016年第2期。

张京鱼、陈晓光：《"日心说"时间认知模式》，《外语教学》2019年第2期。

张建理：《汉语时间系统中"前、后"认知的表达》，《浙江大学学报》2003年第5期。

周榕、黄希庭：《中英文时间表征的对比探析》，《西南师范大学学报（哲学社会科学版）》1999年第1期。

（陈晓光 西安 西北政法大学外国语学院 710100 xiaoguang035@163.com；张京鱼 西安 西安外国语大学英文学院 710128）

汉语时间概念视觉-空间表达的方言及类型学研究

张京鱼

摘要：在汉语或者华夏民族心目中，时间是日子/光阴/日月/光亮。对时间概念最具体、最形象的转隐喻概括莫过于汉语吴语上海话和西南官话云南昭通方言词语"日脚"："日脚"即时间，时间即太阳的运动。太阳即时间，时间即太阳。本研究是汉语共同语语内和其方言语际时间视觉-空间表达的类型学研究，目的在于刻画人类语言，进而人类认知是如何构筑时间概念的意象图式化，即时间是以太阳为中心的视觉-空间表征。时间即视觉，视觉即知识。

关键词："日心说"时间模式；时空映射；视觉；方言

A Typological Approach to the Visuo-Spacial Expressions of Time in Chinese Dialects

ZHANG Jingyu

Abstract: In Chinese or the minds of the Chinese nationality, time or its concept is *rizi* (the sun), *guangyin/riyue* (the sun and moon), or *guangliang* (light and brightness). The image concept of time is the metonymic and metaphoric characterization of time, *rijiao* (the foot of the sun), spoken in the Wu

---

* 本文系陕西省社会科学基金项目（立项号：2020K023）："'日心说'时间模式与汉语时间表达研究"的阶段性成果。

dialect (Shanghai) and Southwest Mandarin (Shaotong, Yunan). The foot of the sun is time, and time is the motion of the sun, hence the tautology the sun is time or time is the sun. This paper is a typological study on the visual-spacial temporal expressions in Chinese and its dialects. It characterizes how human language and cognition builds the conceptualization and schematization of time which is the sun-oriented visuo-spacial representation. Time is vision and vision is knowledge.

Key words: sun – oriented temporal model; time – space mapping; vision; dialects

一 引言

对时间概念的探究贯穿着人类学术史，而时间概念空间表达的跨语和跨文化研究自 20 世纪 70 年代至今一直是哲学、语言学、心理学、人类学等学科中一个研究热点（Clark，1973；Lakoff & Johnson，1980；Alverson，1994；Haspelmath，1997；Yu，1998，2012；李宇明，1999；Boroditsky，2001；Ahrens & Huang，2002；张建理，2003；Moore，2006；蔡淑美，2012；王灿龙，2016；陈光明，2018；魏义祯，2019；张京鱼、陈晓光，2019；陈忠，2021；王文斌、王佳敏，2021 等）。作为东方或者汉藏语系的典型代表，汉语除了印欧语系语言以"前后"横向空间表达外，还并行采用"上下"纵向空间表达，表现出更强的视觉-空间性特点。在汉语或者华夏民族心目中，时间是日子/光阴/日月/光亮。对时间概念最具体、最形象的转隐喻概括莫过于汉语吴语上海话和西南官话云南昭通方言词语"日脚"："日脚"即时间，时间即太阳的运动。本研究是汉语共同语语内和其方言语际时间视觉-空间表达的类型学研究，目的在于刻画人类语言，进而人类认知是如何构筑时间概念的意象图式化，即时间是以太阳为中心的视觉-空间表征。

二 学术史梳理及研究动态

对时间这个世间万物中最为神秘莫测概念的探索贯穿着人类的学术史，从亚里士多德的时间即物体运动到康德的时空"内经验""外经验"

观,再到海德格尔的"此在就是时间",再到梅洛-庞蒂的"主体即是时间",再到麦克塔格特(McTaggart,1908)"指示时间"和"序列时间"观,再到当下非客观主义的时间即空间的概念化观。"时间"这个既看不见又摸不着的抽象概念或者认知范畴,语言普遍地借助具象的认知范畴来表达。空间的表达在语法上和语义上比时间等非空间的表达都更为基本,克拉克(Clark,1973),雷科夫与约翰逊(Lakoff & Johnson,1980,1999)和哈斯珀尔马斯(Haspelmath,1997)等提出了时间是空间的比喻之"时间即空间"通用映射假说(Universal Mapping Hypothesis)。在时空通用映射假设这一研究热点中,对时间参照框架的探讨又是重中之重(More,2006;Evans,2008;Radden,2011;Núñez & Cooperrider,2013;Bender & Beller,2014;罗思明等,2018;陈晓光、张京鱼,2021等)。

(一)"时间即空间"通用映射假说

"时间即空间"通用映射假说在包括汉语在内的诸多语言里得以验证(Haspelmath,1997;Yu,1998,2012;李宇明,1999;Moore,2006;Radden,2011;Martin,2019等),而且沃尔夫(Whorf,1950)声称的没有时间表达的霍皮语(Hopi)不仅具备描述时间概念的词汇,而且时间概念是通过空间隐喻的方式表达的(Malotki,1983)。然而,辛哈等(Sinha et al,2011)报告了时空通用假说的"反例":巴西大亚马逊地区朗达尼亚州阿门达瓦语(Amondawa)时间的表达不是通过空间来表达的,而是通过太阳、月亮、雨等自然界物体来去和人类的作息活动来构建其时间词汇和语法。阿门达瓦文化只有夏冬两季,夏季=太阳时间,冬季=下雨时间。阿门达瓦人日出而作,开始干活时=大清早,肚子饿时=下工,吃饭时=午饭时间,太阳老高=中午等。汉语和其方言里,不仅存在很多类似非空间的时间表达,如广西陆川粤语里"吃夜"[hɛk^{5}ie^{21}]就是"吃晚饭",而且时间本身就是"光阴""日月""日子""日脚"等视觉转指。汉语时间概念的表达既符合时空通用映射假设,又有时间非空间映射现象。

(二)汉语水平轴空间时间表达指向之争

汉语时间观念的表达除了印欧语系语言里通用的"前、后"水平轴空间心理时间线(Yu,1998,2012;张建理,2003;史佩信,2004;蔡淑美,2012;王灿龙,2016;李恒、张积家,2017;刘正光等,2018;陈忠，2021等），还有"上、下"纵向空间表征（Scot，1989；余维，1997；张燕，2005，2010；魏义祯，2019等）。汉语"前后"水平轴的时间表达暴露出汉语时间域指向冲突，进而引发汉语面向之辩。绝大部分"前X"表达指"过去"，"后X"指"未来"，但在像"前途"这样的"前X"却指的是未来，而非过去。阿尔沃尔森（Alverson，1994）认为汉语是面向过去，背对未来；於宁（Yu，1998，2012）则认为汉语和英语一样面向未来，背对过去；张建理（2003）则持双向时域观。旨在解释汉语"前、后"时间表达的指向冲突现象的研究一直持续到现在，如陈忠（2021），而对这一指向冲突现象的解释依赖以太阳为中心的视觉-空间认知模式的构建。

（三）汉语时间概念的视觉-空间化

时间的"上、下"纵轴空间表征在同为汉藏语系的藏语也有，而在泰语里却像在印欧语言里一样不多或没有（张燕，2005；徐丹，2016；徐利新、张小克，2017等）。游顺钊（Yau，1987；1988）注意到英语和汉语口语（相对于手势语而言）中时间概念的视觉空间表达，如古汉语里的"即"字，最初的意思是"接近"，现在最常用的"马上"展示的是骑在马上即将出发的形象。然而，游顺钊的时间的视觉化表征还只是静态的视觉空间，如"马上"是骑在马上的意象，没有注意到"马上"中"上"其实与其方言同义词"立马"中的"立"同义，"马上"展示的是马从卧姿到直立的动态视觉动作，进而用该动作指代时间，是视觉动作转喻时间。蓝纯（1999）和徐丹（2016）也推测汉语的"上、下"用于时间表达可能与太阳的运行有关，即在古人的世界观里，"上、下"不是现代意义上的"上、下"，而是一种以太阳出没为轨迹的循环。张京鱼、陈晓光（2019）则明确指出"上、中、下"时间表达就是源自太阳在空中运行的轨迹。然而，张京鱼、陈晓光（2019）的表述还不够清晰，本研究最新研究表明"上、下"纵轴空间时间表达其实是对"日上、日中、日下"的视觉感知的临摹。

（四）汉语临摹自然的时间视觉-空间感知特质

汉语共同语及其方言时间表达显露出更多元视觉-空间时间线，如"大（老）小""里（内）外""远近""长短""高低""头尾""早晚"

"先后""明暗""白黑""新旧"等，而这些表达本身就是语言临摹自然时间顺序之视觉映射，而不是直接的空间到时间的映射，如"旧日/年""新日/年""旧社会""新社会"是"过去"和"现在"时间，而"未来"是"将来""明日""来日"时间等都是视觉上的时间自然顺序感知和表达。

（五）汉语时间概念方言类型学研究的必然性

汉语时间概念的空间表达的研究大都依据汉语共同语的共时或历时的语言材料，包括已立项的2项国家社科基金项目（"基于语料库的时间概念化表征研究"（12BYY125）和"汉语时空隐喻表达式的历时研究"（12XYY014）），鲜有依据方言材料的研究，对［昨天］［今天］［明天］的时间表达系统的研究除外，而后者的研究多以方言材料为主（如岩田礼，2007；何亮，2017；汤传扬，2018；汪维辉；2018，张京鱼、陈晓光，2019等），揭示出了汉语以"今天"为中心的时间指示系统的共性，这一共性与伍铁平（1999）的类型学研究共性一致。

任何语言都是有序异质的系统，而现代汉语共同语与地道的方言口语相比，其异质性更强（张敏，2019）。方言时间概念表达更"原始"，更能反映汉语时间表达的临摹性，如对"昨天"概念的表达，古汉语是"昨日"，南北方言通见的昨系（昨来/个/家/朝/晚），淮河以北北方方言的夜系（夜来/里/个/家）和淮河以南南方方言的"上/早"系，如上日（上海）、上额子（浙江杭州）、上朝（安徽太平）、石尼（江苏常州）、搦日（［ts 'am^{42} git^{22}］广东东莞清溪）、早日（台湾）等。徽语安徽建德话则将"昨天"称作"大普"，而"普"《说文解字》注"日无色也"。像"大宝"是最大的孩子名字一样，"大普"即最近、最大的"日子"。可见，方言时间表达具有异质性和类型性特征，是时间概念视觉-空间意象图式化的更有力佐证。

（六）本研究的学术价值和应用价值

本研究"时间概念汉语方言视觉-空间类型学研究"是对"时间即空间"隐喻或者通用映射假设理论的修正。国家社科基金已立同类项目都是在"时间即空间"隐喻或者通用映射假设理论下做的汉语共同语跨语研究。然而，本研究不是为"时间即空间"的通用时空映射理论提供汉语方言及类型学证据，而是从时间概念汉语及其方言及类型学的非空间表达中，揭示时间即视觉-空间这一本质。本研究将证明时间的认知首要是视觉感知，其次才是空间感知，因为时间感知和空间感知具有同源关系，都源自太阳。在汉语或者华夏民族心目中，时间是日子，是光阴，是日月，是光亮。对时间概念最具体、最形象的转隐喻概括莫过于汉语方言词语"日脚"。"日脚"即"时间"的表达见云南昭通西南官话和上海崇明等地、江苏苏州等地吴语。"时空认知同源"和"时间即太阳运动"便是本课题的主要观点和理论。

本研究在语言学、哲学、心理学和人类学等学科具有相当深远的理论和应用意义。继"时间即太阳"之后，本研究进一步证明"太阳即视觉"和"视觉即太阳"，最终推演出"视觉即所知"苏格拉底式发现。汉英两个语言里和"知识"（knowledge）相关词语如"认识/知道/懂得/明白"等都和"太阳"之视觉意象图式有关，英语的"I see"（我明白了）如此，"understand"（理解/明白）也不例外。戴浩一（1988）的"时间顺序原则"（两个句法单位的相对语序决定于它们所表示的观念里的状态或事件的时间顺序）是次序像似动因在汉语句法里的体现（张敏，2019），而这一次序像似动因的原型是太阳运动。太阳运动就是元运动、自然运动、顺时运动。时间顺序原则就是太阳运动"顺时原则"。本研究对心理学视觉时空认知研究，以及人类学语言演化等研究具有促进作用。

三　研究内容

（一）研究对象

我们的研究对象是抽象时间概念的具象视觉-空间语言表达，即"时间表达"。时间表达是个总括名称，具体包括了时间名词、时间副词、"时地介词"、"情貌"、复句中的"时间句"以及部分语气词等（周守晋2005），而本研究研究对象为汉语时间心理词库（lexicon），以及与其他语言时间心理词库之共性和个性。我们的时间心理词库主要包括时间指示词语、时间名词和时间副词，和时间表达涉及的运动类动词，如"来去""过往""行进走"等。由于时空认知同源，指示系统的空间和人称指示词语也属于时间心理词库范围。

(二) 框架思路

1. 研究思路

本研究从时间即空间的通用映射假设在世界诸多语言类型学证据下，试图解释像玛姆语（Watanabe, 1983）、霍皮语（Malotki, 1983）、艾玛拉语（Núñez & Sweets, 2006）、波姆浦洛语（Boroditsky & Gaby 2010）、阿门达瓦语（Siha et al, 2011）以及汉语里"时间即太阳"的转喻（张京鱼、陈晓光，2019）而非"时间即空间"的隐喻表达。人类所生活的物质世界和人体的生理构造施加一定数量的约束于人类的感知和语言（戴浩一，1990）。"时间即太阳"转喻和"时间即空间"隐喻表达在汉语共同语和方言中并存，而"时间即太阳"是人类时间观念概念化之自然之元。"时间即空间"是"时间即太阳"的进一步演化。本研究就是用汉语共同语和方言材料来证明这一时间概念视觉图式化演化进程。

2. 研究逻辑架构

时空通用映射假设的主旨是"时间即空间"，该隐喻表达指明了映射的方向性，即从源域"空间"到目标域"时间"。既然"时间即空间"经证明成立，那么按其逻辑，"空间即时间"也应该成立。然而，空间是具象的，而时间是看不见、摸不着的、抽象的。尽管有些语言表达如"西安到北京是两个小时的航程"用时间来表达空间距离，然而"空间即时间"很难成立，因为它有悖于人类的普遍认知规律：人们都是通过"已知"来了解"未知"，以"具象"来理解"抽象"。

然而，对于盲人来说，"空间即时间"是完全成立的，盲人对时空的感知完全依靠听觉和触觉等感知，如通过聆听鸡鸣和感受太阳所带来的空间中热暖冷凉生态变化来确定时空。聋哑人对时间和空间的认知和表达却是完全依赖视觉感知和手段，即手语。游顺钊（Yau, 1987, 1988）首次观察到英语和汉语口语中时间概念的视觉化表达，他这一观察源于他对手势语的研究。时间和空间感知参照框架同源：都是依靠太阳。人类空间绝对、相对和固有三个参照框架（Levinson, 2003）中，绝对参照框架就是以太阳为中心的参照框架，同以太阳为中心的时间参照框架一致，这就是我们的"时空同源假设"。时空感知，以及时空概念的图式化都是通过太阳所提供的视觉化来实现的。空间基点的定位同样是靠太阳，如英语的"东（方）"orient 来自拉丁语，意即"日出"（sunset），汉语的"東"

是日在木中，而"木"系"日出"之地扶桑之木。汉语地名命名原则之一"山南水北为阳，山北水南为阴"其实就是以太阳作参照来命名的，如咸阳、渭阳、汉阳；华阴、汉阴、江阴。如此，我们便得到"太阳即视觉"（The sun is vision）。

基于"时间即太阳"和"太阳即视觉"，我们便得到"时间即视觉"或"视觉即时间"（Seeing/vision is time）。"视觉即时间"或"所见即时间"是真理，因为这一推论回归到了知识的本源：苏格拉底的"所见即所知"（Seeing is knowing）。所有知识都是通过"太阳"所提供的视觉化实现的，何况"时间概念"，知识整体的一个部分！Núñez & Sweetser (2006) 对艾玛拉语里"过去"在前"未来"在后的时间的空间表达之解释也使用了"知识即视觉"（Knowledge is vision）隐喻。本研究给出的解释更一针见血："时间即所见"（Time is vision）。

研究论述框架：

(1) 从空间到时间的通用映射假设
(2) 时间非空间跨语言文化表达
(3) 时空参照框架同源假设
(4) "时间即太阳"论
(5) "太阳即视觉"论
(6) "视觉即时间"论
(7) 汉语时间视觉-空间坐标：前后、上下与其他
(8) 汉语空间、人称指示词语及名词命名中的"太阳即视觉"顺时表现
(9) 从"所见即时间"到"所见即所知"：认知动词"明白"等及必然情态

3. 研究重点和主要目标

(1) 时空参照框架同源假设的论证；
(2) "时间即太阳"的进一步类型学证明；
(3) "太阳即视觉"的论证和证明；
(4) "视觉即时间"的论证和证明。

人类内化太阳运动轨迹而形成的"日心说"时间参照框架认知模式，其实是在朴素的体验性"地心说"人类视觉空间感知下形成的。因此，对时间概念的视觉-空间图式化要依赖语言学、哲学、心理学、人类学等学科的"会诊"式解构和建构。构建汉语及人类语言以太阳为中心的时间概念视觉-空间表征模型，以及人类时间概念表达的视觉-空间演进理论。

4. 研究流程与可行性

（1）论证时空参照框架同源假设，完善"日心说"时间参照框架认知模式。
（2）"时间即视觉"的论证。
（3）"视觉即时间"的论证。
（4）"时间即视觉-空间"评估。

我们在破解"夜来/里"歧义之谜（"夜来/里"在现代汉语里具有"晚上"和"昨天"之意，即"入夜"和"日头爷"两意，而在方言里不存在歧义：淮河以北指"昨天"，淮河以南指"晚上"）中，对汉语方言材料进行共时研究，构建了以太阳为中心的时间认知模式。我们在审视霍皮语、艾玛拉语等语言以及汉语方言的时间表达中，发现"日心说"的通解性。"脚下"像"当下""目/眼下"等一样表示"现在"，而"手下"没有此意的原因，在"日心说"下迎刃而解："日脚"的"脚下"自然是"此时此刻"。从"时间即太阳"到"太阳即视觉"再到"视觉即时间"及"视觉即知识"的逻辑推论已证明了本课题的可行性。

许宝华、宫田一郎（1999）《汉语方言大辞典》、李荣（2002）《现代汉语方言大词典》以及 Heine & Kuteva（2012）《语法化的世界词库》英文原著和汉语译文版等丰富的方言及类型学等文献作论证保障。

时间的视觉-空间，以及时间就是太阳，时间就是视觉从图1可见一斑：

图1是小学四年级学生张梓润同学2022年2月23日所画的一个作业，主题是自然界中看到的可以展现方向的东西。四幅画一个主题：时间与太阳。左下角是白天，白天的开始和结束：早、晚，日出和日落。右下图是晚上，星星和月亮。左上图也是白天，太阳当空，树木、花鸟、万物

图 1　时间与太阳（张梓润画）

在滋养生息。右上图是"树的年轮：北密南疏"。树木的年轮之所以北密南疏，是因为南面是阳面，阳面光合作用充分，生长发育快，而北面是阴面，没有直接光照，生长发育慢。阳面热胀，而阴面冷缩，因此南疏北密。图1中清晰可见，时间、空间认知的基础是太阳，太阳是时空认知普遍中心。

四　结语

以太阳为中心的时间概念视觉-空间意象图式化是在融合人类学的演进观，心理学时空视觉感知，语言学语言是对现实的象征性、临摹性、哲学指示和序列时间之区分等思想而最后得出的一个回归苏格拉底的"所见即所知"（Seeing is Knowing）。张京鱼、陈晓光（2019）的"日心说"时间认知模式已明确主张：时间即太阳，太阳即时间。本课题研究将这一主张更明晰化：时间即视觉，即所见。这一新主张和苏氏"所见即所知"对接的结果使我们得到一个新大陆式的发现：太阳即所知。人类的一切所知都源自太阳，何况时间、空间乎？

本研究可概括为哲学思辨和逻辑推论下的汉语方言及类型学"实证"法。本研究是对胡适之"大胆假设、细心求证"之践行。方言大词典和语法化世界词库等文献为论证提供了保障。本研究去向是语言学、哲学、心理学、人类学等跨学科研究和教学领域，预期在这些学科产生较深远的学术影响。其社会效益预期表现在对方言的自然语言美的展示，从而促进对方言的热爱和保护，如吴语和西南官话等方言中的"时间即日脚"富有哲理的表达必然会触发"美妙""亲善"之感。

主要参考文献

陈晓光、张京鱼：《"前""后"时空隐喻表达时间指向的参照模式解释》，《山东外语教学》2021 年第 4 期。

何亮：《汉语方言［昨天］［今天］［明天］的时间表达系统及其来源》，《中国语文》2017 年第 5 期。

游顺钊：《口语中时间概念的视觉表达：对英语和汉语的考察》，《国外语言学》1988 年第 2 期。

王灿龙：《"前、后"的时间指向问题新探》，《当代语言学》2016 年第 2 期。

王文斌、王佳敏：《汉英日时间表达的空间隐喻系统》，《中国外语》2021 年第 5 期。

魏义祯：《也谈汉语时间表达的空间隐喻系统——"来/往""前/后""上/下"的协调》，《语言教学与研究》2019 年第 4 期。

伍铁平：《表示"明天"和"昨天"的词的类型学研究》，《语言教学与研究》1993 年第 4 期。

张京鱼、陈晓光：《"日心说"时间认知模式》，《外语教学》2019 年第 2 期。

Boroditsky, L. and Gaby, A. Remembrances of times east: absolute spatial representations of time in an Australian Aboriginal community. *Psychological Science*. 2010, 21: 1635-1639.

Clark, H. H. Space, time, semantics and the child. In Timothy, E. M. (ed.), *Cognitive Development and the Acquisition of Language*. New York: Academic Press, 1973: 27-63.

Haspelmath, M. *From Space to Time: Temporal Adverbials in the World's Languages*. Munich: Lincom Europa, 1997.

Núñez, R. E. and Sweetser, E. With the future behind them: convergent evidence from Aymara language and gesture in the crosslinguistic comparison of spatial construals of time. *Cognitive Science*, 2006, 30: 401-450.

Sinha, C., Sinha, S. and J. Zinken. When time is not space: The social and linguistic construction of time intervals and temporal event relations in an Amazonian culture. *Language and Cognition*, 2011, 3: 137-169.

Yu, N. The metaphorical orientation of time in Chinese. *Journal of Pragmatics*, 2012, 44: 1335-1354.

(张京鱼 西安 西安外国语大学英文学院 710128 Zhangjingyu@xisu.edu.cn)

"S像吃了N一样V"身心状态变化比喻句

张 慧 张京鱼

提 要："S像吃了N一样V"身心状态变化比喻句包含充分条件假言判断逻辑语义：P→Q，即"吃了N，必然V"。尽管喻体"吃了N"语义上要求其"N"具有可食性，但是"N"的入句条件不是以可食性为优先，而是以其范畴突显性为优先。"N"一旦满足范畴量级突显之比喻性条件，就必然产生身心状态变化V，如"张三像吃了喜娃他妈的奶一样，笑个不停"。该比喻句可表达积极和消极身心状态变化，能产性强。此句式中"N"的比喻性，即突显性条件，可以扩展到比喻母句式"S是/像个N，V"如"我的外科医生是个屠夫，只会砍砍砍"。

关键词：身心状态变化；比喻句；突显性；比喻性；假言判断

"As if/like having eaten N, SV" Metaphorical Change of Mental and Physical State Sentences

ZHANG Hui, ZHANG Jingyu

Abstract: The metaphorical change of mental and physical state sentences "as if/like having eaten N, SV" entail the logic of hypothetic judgment based on sufficient conditions: P→Q, that is, "If one eats N, one will inevitably

---

* 本研究为教育部人文社会科学研究西部和边疆地区项目"基于有生性层级的转喻人认知模式研究"（17XJA740001）的阶段性成果。

V". The criterion for N in the metaphorical sentence is not its edibility the verb "eat" semantically selects, but its salience in the relevant category. Once "N" satisfies the metaphorical requirement of salience, it will inevitably produce a physical and mental state change "V", e. g., "Like having eaten the breast milk of Xiwa's mother, Zhang San couldn't stop laughing". This highly productive metaphorical sentence can express both positive and negative changes of mental and physical state. The metaphorical requirement of salience of "N" in such a sentence can be extended to the basic metaphorical sentence "S is (like) a N. All S does is V", e. g., "My surgeon is (like) a butcher. All he does is chop, chop, chop".

Key Words: change of mental and physical state; metaphorical sentences; salience; metaphoricity; hypothetic judgment

一 引言

本文所讨论的"S像吃了N一样V"身心状态变化比喻句式,就是像例(1)—(3)这样的句子①:

(1) 我向妈妈汇报自己取得的成绩时,看到妈妈脸上露出满意的笑容,我像吃了蜜糖似的,直甜到心里。

(2) "你穿上褂子,我就过去!"单老双像吃了枪药,张口火气喷人。

(3) 我是个内向的人,可那几天,真像吃了熊心豹子胆,什么都不在乎了。

正如例(1)—(3)所示,此类句式都是由作为主语的"人"+像吃了N一样+谓语V部分组成。谓语V部分都是表述人的心理及身体状态变化,所以我们称其为身心状态变化句式。此句式非常能产,主语已经从"人"扩展到"非人"的有机体,如例(4):

---

① 文中的举例绝大部分来自北京大学中国语言学研究中心(CCL)现代汉语语料库和北京语言大学(BCC)现代汉语语料库,少许是生活中实际产出,文中不再标记出处。

(4) 链轮厂像吃了助长剂一样，迅速膨胀着。

像例（4）中的主语，"链轮厂"看起来是非人的，但实际上是由人组成的生产机构，也是一个有机体，"膨胀着"明显为状态变化谓词 V。

无论是心理的还是机体状态的变化，都与"吃了 N"有必然的逻辑关系，如吃了"蜜"就会"感到甜"或者"变甜"，吃了"枪药"就会"发火/脾气"，吃了"熊心""豹子胆"就会"无所畏惧"。"像吃了 N 一样 V"句式中的"N"本身并不都是可食的，如"蜜"及"熊心""豹子胆"是可食的，而"枪药"是不可食的。然而它们都是作为"吃"的宾语，成为可食对象。尽管"枪药"不是食物，但是它一旦被作为食物吃下之后，就会施展其属性——爆炸，即"发火"。"像"是副词，与"一样/似的"等构成一个框式，表达"好像、犹如、仿佛"比喻之意，和其后的谓语 V 一起，提示句式的逻辑语义关系。"像"所发挥的语义关系是隐性的，它可省略，如例（5）：

(5) 俺们义和团是吃了秤砣，铁了心的！无论是谁，拿刀拦不住俺们，端个金山也收买不了俺们！

"S 像吃了 N 一样 V"句式中的"吃了 N"具有必然引起人心理或身体产生情绪或状态变化的独特属性，即"吃了 N"和"V"之间有逻辑上的必然性。本研究有别于"吃+NP"研究，后者关注的是"NP"与吃的句法语义关系，如楚军（2008）、褚瑞丽、张京鱼（2020、2021）、黄洁（2012）、王文斌（2015）、邹虹、王仰正（2010）等。此研究也不同于与"吃"相关隐喻的英汉比较研究，如杨春生（2004）、王英雪（2007）等。本研究还有别于"V 得像 X 一样 A"等比句式，如："刘翔跑得像兔子一样快"，本句式明显不是比较句式。朱德熙（1982）就注意到"跟……一样"比较和比拟两种用法，论及"像 N 一样 A/V"的比拟格式（我们称作比喻句式[①]）。李向农（1999）借鉴刘宁生（1995）"目的物"和"参照物"等概念对"像 N 一样 A/V"比喻句式做了进一步讨论，指出"N"

[①] 本文使用"比喻"这个宽泛通俗术语，包含隐喻、明喻、比拟、转隐喻等修辞及语言现象。

有其固有特性,该格式具有比喻和夸张意味。① 本研究专注的身心状态变化句式显然是"像 X 一样 A/V"比喻句式一个独特子类。以往研究中"X"多由 N 充当,而本句式中"X"必须以"吃了 N"形式呈现。

"S 像吃了 N 一样 V"比喻句式在日常交际中频频出现,具高能产性。它表达的心理和身体状态变化又具多样性:既可抒发兴奋、安心、高兴等积极情感,又可表达厌恶、苦闷、绝望等消极情绪,还可以表述机体机能形态上的状态变化。本句式像"你吃了吗"问候语一样具有语言文化的独特性,对将汉语作为二语的学习者来说还具有可习得性问题。因此,本句式具有独特的研究价值。本文在第二节首先揭示句式的比喻基础和逻辑语义关系,第三节阐述该句式"吃了 N"条件中核心要素"N"的入句条件,第四节基于语料库语料,归纳该句式表达的身心状态变化类型,第五节讨论比喻句式核心要素"N"的比喻性,即突显性原则,第六节作结。

二 句式的比喻基础与逻辑语义关系

"S 像吃了 N 一样 V"身心状态变化比喻句式是由主语 S+像吃了 N(一样)+V 组成。主语 S 一般为人,也可以是动物,偶见"无生的"实体,如例(4)中的"链轮厂"。"像吃了 N 一样"是一个典型的明喻表达式。明喻词"像"还可以缺省,从而将其转化为相应的隐喻结构,如(5)里的"吃了秤砣"。在此隐喻表达式"(像)吃了 N"的动词"吃"也要求其主语是个有生命的实体。其实,例(4)中的"链轮厂"也是由人组成的生产机构,可以作"转喻人"解读(张京鱼 2014:4)。V"膨胀着"就是超速地"成长着""壮大着""发展着"。"链轮厂膨胀着"是个隐喻表达,主语"链轮厂"明显被拟人化了。可见,"像吃了 N 一样 V"句式产生隐喻意义。

而这一隐喻意义来自"X 跟/像 Y 一样 Z"的比喻句式(朱德熙 1982;李向农 1999)。在"X 跟/像 Y 一样 Z"比喻句式里,X 和 Y 不

---

① 刘宁生指出汉语中有"参照物(Ground)先于目的物(Figure)"认知结构。他将"目的物"与"参照物"的概念扩展到了偏正复句的两个分句中,指出偏句在前正句在后是汉语的基本语序。我们对此比喻句式的条件+结果复句分析也具有汉语偏正结构的认知基础(刘宁生 1995)。

同类，但两者在某一方面具有相似性（Z），这是构成隐喻的实质。该比喻格式在语义上带有明显的比喻和夸张意味。X 和 Y 比喻的相似点 Z，语用意义上是"把 Y 作为一种衡量的标准来比拟、衬托 X"。在语义上，X 所具有的特征 Z 是整个句子的表义重心，而 Z 所反映的特征应是参照物 Y 所固有的（李向农 1999）。本研究关注的"像吃了 N 一样 V"比喻句式是"X 跟/像 Y 一样 Z"一个独特子类。在"母"比喻句式里，参照点 Y 多为 N，而在我们的"子"比喻句式里，参照点 Y 是独一无二的"吃了 N"罢了。在"吃""喝"过程中，施事的某些特性驱动"吃""喝"动词的部分隐喻扩展。"吃""喝"施事具有强烈"内化"的形象——食物和饮料进入体内，带来"吃""喝"行为的感官体验，例如：食物或饮料给味蕾带来愉悦、满足或不愉快的体验（贾燕子、吴福祥 2017）。

我们再拿例（4）来说明该比喻句式的逻辑语义关系。例（4）表达的逻辑语义是"链轮厂成长发展壮大"之速度犹如"吃了助长剂一样"是个必然。"助长剂"，顾名思义，不就是"助长"的吗？谁吃了它，谁必然会长得超快。所以，例（4）句背后的逻辑语义关系是（6）：

(6) 假如/要是/一旦/只要谁吃了 N，就会 V。

(6) 明显是个充分条件假言判断句。假言判断就是断定事物情况之间条件关系的复合判断。就本句式而言，是断定"吃了 N"事物情况和"V"事物情况之间的条件关系。"假如/要是/一旦/只要……就……"等在充分条件假言判断里作逻辑联结词。本句式里的"像"其实就是自然语言里或者该句式里扮演"充分条件"逻辑联结词"如果/假如/要是/只要/一旦"之类作用，V 是结果。如此一来，该句式实则为充分条件假言判断句的一个紧缩句。该句式是由原本假言判断"条件+结果"复句紧缩而来的单句。如果将"像"省略不说，该句式就只剩下"吃了 N，V"。然而"吃了 N"照样是充分条件，"V"照样表达其必然结果，即 P→Q。如果有 P，就必然有 Q。（如果）谁吃了苍蝇，谁（必然）就恶心。该紧缩句式表达身心状态变化过程之真、之实、之切，以及不容置疑性。

以上对该句式逻辑语义关系的分析告诉我们"像吃了 N"是谓词 V

这一状态变化的充分条件,而在"像吃了N"这一充分条件里唯一的变量是"N",因此"N"才是这一句式核心要素。那么,进入该句式的关键就是"N"的可入性条件,因为该句式的逻辑语义关系可还原为:(如果)有N,(就)必有V。

三　N可入句条件:范畴量级突显性

并不是任何名词N都可以进入该句式作为"吃"的宾语。尽管"吃"的语义选择上要求它的宾语具有可食性,但N的可入性条件不是以其可食性为优先,而是以N在其范畴内的典型性,或者突显性(Salience)为优先。对于"吃"加食物类词语所产生的隐喻意义,张再红(2010)认为食物的某些属性较为突显,容易引起施事的注意和认知联想。可能被突显的食物属性有:性质、功用和形状。也就是说,N必须要满足具有范畴属性/功效或者形状量级突显这一条件。如果N的属性/功效或者形状上足够突显,即便是非食物也可以被食物化,如:秤砣、苍蝇、死人、人参果、唐僧肉等。《西游记》里的妖怪们就是因相信"吃了唐僧肉可长生不老"才千方百计地要吃唐僧嘛。N范畴在属性/功效或形状等量级上的突显性,如鹤立鸡群,足以唤起人们某种心理或身体状态变化。

我们拿(1),重复为(7)的一个变体表达(8)句式里X变量来说明N属性/功效量级突显性条件:

(7)我向妈妈汇报自己取得的成绩时,看到妈妈脸上露出满意的笑容,我像吃了蜜糖似的,直甜到心里。

(8)我像吃了＿＿X＿＿一样,心里甜滋滋的。

因为(7)里的V是"甜到心里"的"甜",而"蜜糖"是具备"甜"这个属性或功效的最典型的食物。这在任何语言文化里具有普遍性,而这一隐喻最显性的表达可能要算英语,汉语的"心肝宝贝"在英语里便是 honey, sweet (heart), sugar, candy。Honey 和 candy 在英语里都是 "sweet" 的代名词。"蜜"和"糖"在汉语里也是"甜"的代名词。我们选取水果来做说明。因为水果是个上位的集合概念,而水果都含有糖分,含糖分越高、越甜。我们的预测是甜度高的水果可以进入该句式,可以作"蜜糖"的替换词,而甜度低的水果则不能进入该句式。我们都有吃过水果的亲身体验,水果在甜度上是有差异的。尽管同一种水果,因生长的地方和成熟的情况不一样,吃起来也会有酸、甜、苦、涩等不同的感觉,但是这不会影响人们对不同水果甜度的感受判断。"吃不到葡萄,说葡萄酸"的比喻说法来自"有些葡萄酸"而非"(所有)葡萄(都)酸"这个事实,因为"有些葡萄酸"符合真值条件,而"葡萄酸"不符合。(9)是水果这个集合,而我们把枣子的下义词或者子类也当成一个集合(10)。水果"甜度"连续统量级(Scale)是左"甜"右"苦",而枣子"甜度"连续统量级是左"甜"右"酸",我们取的是汉语水果名称的字面意义。

(9) 水果{甘蔗、菠萝蜜、荔枝、甜瓜、西瓜、哈密(蜜)瓜、枣子、梨子、桃子、葡萄、苹果、橘子、南瓜、黄瓜、冬瓜、苦瓜……}。

(10) 枣子{甜枣、蜜枣、马脸枣、葫芦枣、酸枣……}。

按照我们的预测,在(9)水果的连续统以枣子为界,枣子以右的都不可以进入该句式,包括它自己,而它以左的可以进入该句式。甘蔗、甜瓜、菠萝蜜、哈密瓜名称里都含有"甘""甜"和"蜜"等"甜"同义或近义词,而西瓜和荔枝是甜度高水果的典型即(11):

(11) a. 我像吃了甘蔗/甜瓜/菠萝蜜/哈密瓜一样,心里甜滋滋的。

b. 我像吃了西瓜/荔枝一样,心里甜滋滋的。

c. ！我像吃了枣子/苹果/桃子/橘子/葡萄一样,心里甜滋滋的。(语义关系怪异)

d. *我像吃了苦瓜一样,心里甜滋滋的。(矛盾)

"枣子"不能进入该句式主要因为它的甜度在甜度连续统中居中,还可能因为它的子类里还有一个"酸枣",因此影响了其甜度量级。我们预测例(10)中靠左的"甜枣""蜜枣"可以进入该句式,而居中偏右的都不可以,即(12):

（12）a. 我像吃了蜜枣/甜枣一样，心里甜滋滋的。

b. ！我像吃了马脸枣/葫芦枣一样，心里甜滋滋的。（语义关系怪异）

c. ＊我像吃了酸枣一样，心里甜滋滋的。（矛盾）

d. 我像吃了酸枣一样，心里酸溜溜的。

例（12b）的怪异性，是因为"马脸枣""葫芦枣"都是按其形状命名的，而"形状"和"甜度"没有必然的联系，只是形状特异而已。例（12c）"酸枣"和"甜滋滋的"语义有冲突，产生矛盾；而例（12d）表达恰当，因为酸枣本性就酸溜溜的。由于"酸枣"有其酸溜溜属性量级突显性，即便省略"吃了"，即在母比喻句式（13）里，其比喻意义也很明显：

（13）李四是/像个酸枣，说话酸溜溜的。

由此看来，名词的比喻性是由其范畴在属性/功效量级上突显性决定的。它在属性或功效量级上越突显，越具有比喻性。不仅属性或功效量级突显性高的N可以进入该身心状态变化比喻句式，形状量级突显性高的N也可以进入该句式，如（14）、（15）和（16）：

（14）a. 这娃是不是成天吃豆芽哩，长得这么高。

b. 这娃像成天吃豆芽一样，长得这么高。

（15）这娃像成天吃面条一样，长得又瘦又高。

（16）这娃像吃了麻一样，长得又瘦又高。

身材，高低和胖瘦，具有"形状"特征。例（14）里的N"豆芽"是长得又快又高又长食物类生物中的典型，即"高挑"形状量级上最突显的食物。"吃了豆芽"就"具备"豆芽长得又快又高挑的特性。例（15）里的N"面条"形状又细又长，即在"细长"形状量级最突显。例（16）里的N"麻/麻杆"形状又细又高，即在"细高"形状量级上最突显。例（17）和（18）与（14a）一样，也是本比喻句式的一个变体形式——是/是不是吃了N哩/呀/了，V。

(17) 你是不是整天只吃麻呀，瘦得像麻杆一样。

(18) 你最近是吃了发面头/酵子/发酵粉了，眼见着就胖起来了。

由于"吃""喝"施事具有强烈"内化"的形象，具有量级突显性之"物"进入体内内化，就会作为产生此属性/功能或者形状的来源（Source），成为逻辑语义或者认知语用推理的基础。"吃""喝"是由口腔摄入具有范畴量级突显性的 N，N 进入体内被内化。另外一种摄入或进入身体的方式是打针或注射，因此，"吃了"可替换为"打了"有突显功效的液体 N，如"打了鸡血"就等于"吃了鸡血"，"打了兴奋剂"就等于"吃了兴奋剂"。由于嘴是摄入的主要通道，"抹了"量级突显物 N 也是"吃了"的合格替换，这体现了隐喻的转喻基础，如（19）：

(19) 你今天嘴上（像）抹了蜜了，这么甜。

"嘴上抹了蜜"中的"抹"的激活域是嘴的表面，也就是嘴唇。因此，"嘴上抹了蜜"就等于"嘴唇上抹了蜜"。嘴是"吃""进食"的器官，因此，"嘴上抹了蜜"意思是"部分地""转喻地"吃了蜜。"蜜"抹在嘴唇上，嘴唇肯定是甜的，嘴唇是嘴的一部分，从而整个嘴都甜了。"吃了蜜"是通过整体"嘴"吃的，甜的是嘴，属于整体–整体转喻。"嘴唇上抹了蜜"，嘴唇甜了之后甜的还是整体"嘴"，是部分–整体转喻。"嘴甜"意指嘴说的话语甜、好听、入耳。

四 "S 像吃了 N 一样 V"身心状态变化比喻类型

上文分析揭示了"像吃了 N 一样 V"比喻句式能够传递出身心状态变化的充分条件假言判断逻辑语义基础，即一旦/如果吃了 N，就 V。由于 N 具有属性/功用及形状等特质，将其"吃"进体内，施事便会拥有类似特质，进而一定会产生 V 这个状态结果。我们在北京语言大学 BCC 现代汉语语料库及北京大学 CCL 现代汉语语料库，以"像吃了 N"等为检索项搜索了该句式的语料，将其与生活中实际产出的语料一起进行了梳理。梳理发现本比喻句式表达的心理和身体状态变化具多样性：既可抒发兴奋、安心、高兴等积极情感，又可表达厌恶、苦闷、绝望等消极情绪，还可以表述身体机能及形态上的状态变化。

（一）积极、正向身心状态变化

1. 身心状态提升

本句式可表征身心状态的提升，如变得兴奋、精力充沛等，如：

(20) 现在交出了地像吃了顺气丸似的，我轻松了。
(21) 只要有你在身边，心就像吃了跳跳糖一样噼里啪啦跳个不停。
(22) 在后防的训练中，霍师傅费了一番脑筋，由于在上一轮同天马队的比赛中，后防线上三名大将的表现非常抢眼，尤其是顶替安东尼出场的孟令忠像吃了"兴奋剂"一般勇猛，还助攻俞锋打进了一粒进球。

例（20）中的"顺气丸"是虚拟药品，具有"让人顺气、顺心"的突显功能。"吃了顺气丸"会让人顺心、身体轻松。例（21）中的"跳跳糖"具有在口中轻轻炸裂的特性，带来快速跳跃的口感，以此比喻心跳强烈快速、激动兴奋的身心变化。"兴奋剂"是让人感到振奋并增强身体活动力的药剂。吃了此类"N"会带来身体心理状态的提升。

2. 喜悦、满意等心理状态变化

本句式还可使用甜蜜类、具有使人快乐功效等种类的N来表达喜悦、满意等心理状态变化，如：

(23) 忽然，门帘一掀，贾正像吃了喜鹊蛋似的闯了进来，张着没有门牙的大嘴光傻笑。
(24) 记得40多年前，我曾因偷画一位瘸腿人的速写而招来狠狠两拐杖，虽然很痛，心里很美，的确像吃了个甜枣似的，因为围观的人说我画得很像。
(25) 相信你看了之后，一定会兴奋不已，就像吃了一盘香辣味美的水煮鱼，大叫过瘾。

例（23）中的"喜鹊蛋"的突显功能源自"喜鹊"的"吉祥"寓意，吃了"喜鹊蛋"会让人"喜悦，心里高兴"。而例（24）中"心里很美"是"吃了个甜枣"带来的心理状态变化，属于本比喻句式的倒装形式。例（25）中"香辣味美的水煮鱼"给人带来强烈的味觉刺激。"水煮鱼"本身就是香辣味突显的菜品，搭配其修饰语"香辣味美"突显其让人"觉得过瘾"的功效。"人参果""霸王餐""丰盛的美餐"等也有此类心理状态变化功效。

3. 坚定、平静等身心状态变化

被食物化的质量密度大的物品或者具有让人平静的药剂都可以进入本句式表达坚定性、平静性等身心状态变化，如：

（26）夏思凡准备扳开张彩馨的手，可她就像吃了秤砣、铁了心一般地紧箍住他不放。

（27）孟擎雷像吃了一大罐定心丸，内心踏实许多。

（28）想到这里，就像吃了镇静剂，胡秉宸恢复了昔日的风头，一切也就随之正常起来。

"秤砣"密度大、不易挪动，"吃了秤砣"，内心便变得坚定。而虚拟药物"定心丸"的突显功效为"定心"，即使人安心，药物"镇静剂"的功效就是使人镇静、恢复正常状态。

4. 胆量身心状态提升

本句式表达胆量身心状态提升时，多使用大型猛兽或勇猛（虚拟）人物的"心""胆"，如：

（29）张飞怒吼道："你这小子，吃了熊心豹子胆了？竟敢伤了我们单福军师！俺张飞张翼德今日决不饶你！二哥，这小子你替我教训他。"

（30）有时和好几倍的敌人遭遇，就利用山上的地形掩蔽，打得连头都不能抬，一直坚持到把敌人打败。队长牺牲了，指导员指挥，死了人劲越大，越不后退，就像吃了雷公的胆，不知道死，不知道危险。

"熊""豹子""狮子"和"老虎"都是大型猛兽,"心"和"胆"在汉语中分别带有"志向"和"胆量"之意,通过"吃了""熊心""狮子心""老虎心""豹子胆",便具备了"熊""狮子""豹子"的特质,变得无所畏惧。雷公拥有击鼓轰雷及分辨善恶、代天执法的神力,"雷公的胆"等表达也具有类似作用。

具有提升胆量特殊功效的新颖表达 N 也可进入句式,如:

(31)……这种事情,在秦公馆里,是司空见惯,不足为奇。这回五少爷居然像吃了丈夫丸似的,闹起离婚……

(32)胡适既然有了"文化革命军",有"拖着四十二生的大炮"的人作"前驱",胆子立即壮了起来,好像吃了壮行酒,有了将"改良"改为"革命"的勇气,扩大化了陈独秀要推倒的中国文学,扩大成两千年来只有没有真价值的真生命的死文学。

"丈夫丸"则是在"吃了熊心豹子胆"等习惯性用法之外,借助"X丸"创造出的新颖表达。五少爷平时惧怕妻子,这次要闹离婚,就像"吃了丈夫丸似的",有胆量要争回"丈夫"的尊严了。"壮行酒"是为勇士壮胆送行的酒,具有提升胆量的独特功效,"吃了壮行酒",便有了开展"革命"的勇气。

(二) 消极负面的身心状态变化

1. 身心状态下降

与身心状态提升相对,本句式还可表示身心状态的下降,如身体乏力、思维不清等。

(33)看如此"说而不明"的药品说明书,简直就像吃了"迷魂药",让人迷迷糊糊"不识药品真面目"。

(34)一个男人在精神上好像先被阉割了似的,无论他多么善良,多么情意绵长,多么温柔体贴,你跟他在一起,总像吃了冬眠灵,振作不起来……

(35)怎么像吃了蒙汗药,迷迷糊糊昏昏欲睡。

"迷魂药""冬眠灵""蒙汗药"分别使人变得"头脑不清""困顿""身体乏力"。例（33）中的"像吃了'迷魂药'"就是像吃了迷魂药一样无法清晰思考去理解药品使用相关说明。"冬眠"是一种生命活动极度降低的状态，吃了"冬眠灵"，人也会像冬眠一样"振作不起来"。"蒙汗药"是武侠小说中常提及的一种使人浑身乏力的药物，可让人"昏昏欲睡"。

2. 恶心、厌恶等身心状态变化

本句式中使用不洁之物 N，可表达恶心、厌恶等身心状态变化，如：

（36）我就只有一个要求：换个人吧，别让我觉得被欺骗、被背叛，每天像吃了苍蝇一样恶心，也给我留下一点你的美好。

（37）然后有好几分钟就像吃了一口痰那么难受。

（38）这书看得人简直像吃了屎一样恶心啊！

不洁之物范畴内的一些典型成员，如"苍蝇""痰""排泄物"等，被摄入体内自然会令人产生恶心、厌恶的生理反应，从而带来相应的身心状态变化。

3. 苦闷、失望等心理状态变化

苦闷、失望等心理状态变化通常使用苦涩口味的 N 来表达，如：

（39）"我可以不同意吗？"他苦笑，像吃了黄连。

（40）她们来了，满满的欢乐的气氛，但是我却是强颜欢笑……黄连还是对身体益处很大的，我却是像吃了最苦的苦瓜一样。

（41）今天知道那个人是谁了，这一刻心像吃了柠檬一样的苦涩。

"黄连""苦瓜"是苦味药品食品中常见的典型成员，"柠檬"会有显著的酸涩味道。这些具备高突显性"苦涩"的食品药品内化后带来相应的身体感受，从而进一步表征"苦闷""失望"等身心状态的变化。例（39）、（40）中，结果 V "苦笑"和"强颜欢笑"被倒装在"像吃了 N"之前。

4. 愤怒、烦躁、嫉妒等心理状态变化

用本句式表达愤怒、烦躁、嫉妒等心理状态变化也很常见，如：

(42) 虽然明知道不是我想的那么一回事，可是还是会像吃了一箱醋一样！

(43) 眼下他确实尝到了相思的苦味了，不然，他这种沉静寡言的人，不会像吃了火炭般的烦躁。

(44) 不少市民发现，快递员们脾气"噌噌"长，说话像吃了枪子，口气生硬。

(45) 这个战士顿时像吃了炸药——发火说："我笨，你聪明，你练好了！"

在我们的文化中，"酸"的味觉代表嫉妒心理，醋作为酸味食物范畴内突显性的代表，施事将其内化后心理就会变得嫉妒。此外，"青葡萄""酸葡萄"都是常见的此类身心状态变化表达物。"火炭"的高温带来"燥"，将其"吃"下内化后便带来"烦躁"的情感。"枪子"里起到爆炸作用的核心物质是"枪药"，后者与"火药"和"炸药"同为武器里的爆炸物质，具有较大威力和攻击性，吃下会让人"爆炸"，故用来表达变得愤怒、烦躁之意。

本句式表达多种身心状态变化时，除可能出现倒装结构外（如例39、40），部分语料还呈现双对照性，如例（46）—（48）。

(46) 我想他肯定又做了什么决定，这孩子，真让人操心，在教室像吃了催眠剂，坐着都会睡着。在寝室像打了鸡血，该吃吃，该喝喝。

(47) 三年前，张家港提出"三超一争"时，不是"吞了豹子胆"，而是吃下了"特效药"："工业超常熟，外贸超吴江，城建超昆山，样样工作争一流。"这"赶"与"超"，就让张家港创造了奇迹。

(48) "快别说了，"侯老奎用手指了指屋顶，"都因为你撞了马蜂窝，弄得大家提心吊胆的，老郑前天来的时候还提起这事呢，他说你吃了豹子胆啦。"马英笑了笑说："他说我吃了豹子胆，我看他倒是吃了狐狸心了，把鬼子捉弄得昏三倒四。"

"吃了催眠剂"会昏昏欲睡，"打了鸡血"会兴奋、睡不着，两者呈相反身心变化状态，形成鲜明对比。"特效药"是针对某种疾病有良好疗效的药物，吃了必然针对病症起效，"吃了豹子胆"带来胆量提升。张家港提出"三超一争"并不是"胆子大"而是"找到了对症的提升方法"。同理，吃了"狐狸心"便具有了人们认知中狐狸的突显特性"计谋多、狡猾"，能够让"鬼子昏三倒四"，与"豹子胆"带来的纯粹胆量提升产生对照性，将"我"的胆量提升与"他"的足智多谋形成对比对照。

五 比喻句式与"N"的比喻性

从第三、四小节中，我们可以看到，"像吃了N一样V"比喻句式的母句式为：S像N一样V。其实，后者中的"像"也可换作"是"，因此它们的母句式应为：S是/像个N，V，如：我的外科医生是个屠夫，只会砍砍砍。第三小节讨论了身心状态变化比喻句式中N的可入性条件"范畴量级突显性"，而"N"的范畴量级突显性应该也是母句式比喻性的基础。

从第四节身心状态比喻句式范例中可见N类型众多，不但包括真实食物、药物，还可以是经过食物性转化的类食物，甚至是神话或文学作品中提及但并不存在的虚拟药物等，我们将N的种类归纳如图1所示：

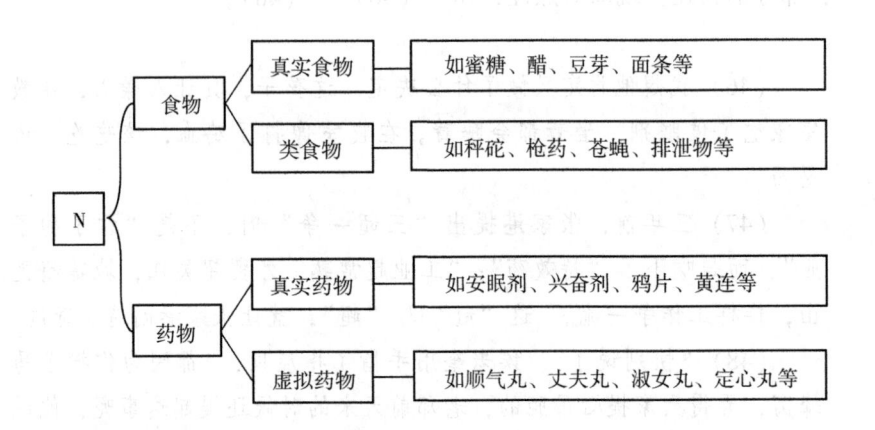

```
         ┌─ 真实食物 ── 如蜜糖、醋、豆芽、面条等
   ┌─食物┤
   │     └─ 类食物 ── 如秤砣、枪药、苍蝇、排泄物等
 N─┤
   │     ┌─ 真实药物 ── 如安眠剂、兴奋剂、鸦片、黄连等
   └─药物┤
         └─ 虚拟药物 ── 如顺气丸、丈夫丸、淑女丸、定心丸等
```

如图1所示，我们将N分成食物和药物两大类。食物又分为真实食物和类食物，而药物也分真实药物和虚拟药物。除类食物受文化影响相对封闭以外，其他三类都是开放性的。食物类，如冰激凌就可以进入该句式，如"像吃了冰激凌，爽极了"；真实药物，如阿司匹林也具备可入

性，如"他像吃了阿司匹林，退了热镇了痛，不怕分手。"因为阿司匹林的功效就是"解热镇痛"；虚拟药物如"淑女丸"，"这个假小子像吃了淑女丸一样，一下变成了淑女"。安眠药、兴奋剂、消炎药、止痛药、败火药、泻药、毒药、补药都是按功效命名的类属药，"安眠""兴奋""消炎""抗菌""止痛""败火""泻""毒""补"都是功效，V即是相应的身心状态变化。"丸""剂""丹""水""汤""药""散""灵"等是常见药品名称的组成部分，其修饰语突显该药品功效，从而创造出多种真实和虚拟药品名称，如："大力丸""大还丹""灵丹妙药""十全大补剂""仙丹""兴奋剂""忘情水"等。其功效最为突显，必然会带来相应的身心状态变化。真实食物也可分为两类，名称中修饰语直接体现其突显属性的，如："甘蔗"中包含其最显著的特征"甘甜""甜瓜"中包含"甜"。而另一类真实食物并没有按其突显性命名，如："西瓜""荔枝"。"N"的范畴量级突显性是比喻性的基础，而"N"名称中是否包含自身突显性特征也会影响其比喻性强弱，例（49）—（51）的b句与a句不同，前者"N"名称中不含表现突显性的修饰语，例（50b）和（51b）可接受性低：

（49）a. 我像吃了甘蔗/甜瓜/菠萝蜜/哈密瓜一样，心里甜滋滋的。

b. 我像吃了西瓜/荔枝一样，心里甜滋滋的。

（50）a. 她像吃了甘蔗/甜瓜/菠萝蜜/哈密瓜一样，说话甜得很。

b.？我像吃了西瓜/荔枝一样，说话甜得很。

（51）a. 她是/像个甘蔗/甜瓜/菠萝蜜/哈密瓜，说话甜得很。

b.？？她是/像个西瓜/荔枝，说话甜得很。

我们在第3节曾使用水果的"甜度"量级突显性来说明N的入句条件，即其比喻性。甘蔗/甜瓜/菠萝蜜/哈密瓜/西瓜/荔枝本身甜度的突显性量级高，在"吃"的内化作用下，人的身体会感受到其突显性甜味，由此直接使人产生"甜蜜"的心理状态，味觉变化直接比喻或者转移（Transfer）到心理状态变化。

例（50）依旧使用身心状态变化句式，但要达到V"说话甜得很"这个结果，需要经过"吃/内化食物—味觉变化→心理状态变化→言语状态变化"比喻链。"甘蔗""甜瓜""菠萝蜜""哈密瓜"本身包含突显属性"甘""甜""蜜""密"(谐音"蜜"),比喻性强,足以支撑整个比喻链。而西瓜/荔枝名称中没有突显特性的修饰语,比喻性弱,因此(50b)可接受性低。

例(51)属于母比喻句式。(51a)的真实食物名称中修饰语展现出甜度量级突显性,无须"吃"的内化过程,具有从心理状态到言语状态的传递性(Transitivity)。而(51b)中的"西瓜"和"荔枝"甜度量级突显必须经过"吃"而被体验,名称本身不具备"甜"度突显性,"甜度"量级突显的比喻性差,而西瓜大小形状具有量级大和圆突显性,可以有"西瓜肚"这样的比喻性。而荔枝本身比喻性差,但其果肉白嫩软甜,可比喻肤白甜美的年轻女性,如例(52):

(52)李四的小女朋友是/像个荔枝果,肤白甜美嫩得能掐出水。

N名称本身不一定具备某种属性/功效/形状突显性,如奶、罐子、坛子。但其修饰语可展现出具体的突显特征,从而带来相应的比喻性。例如:

(53) a. 这孩子吃了糖/蜜罐子了,嘴真甜。
b. 这孩子是个糖/蜜罐子,嘴真甜。
(54) a. 她(像)打破/打翻了醋坛子,妒火中烧。
b. 她像是吃了一坛子醋/吃了醋坛子,妒火中烧。
c. 她是个醋坛子,常捕风捉影。
(55)他(像)吃了喜儿奶/喜娃他妈的奶,笑个不停。

例(53a)(53b)分别是在转喻基础上的身心状态变化句式和母句式。"糖/蜜"是"罐子"的内容物,也是其突显性特征,产生"说话甜"的比喻义。同理,例(54)中"醋"使得"醋坛子"具有"嫉妒"的身心状态变化之意。人奶、牛奶、羊奶、豆奶、没有独特功效性,没有比喻性。而喜儿/喜娃吃了主要甚至唯一的食物来源——母亲的乳汁之后,笑个不停,因此"喜儿奶/喜娃他妈的奶"便不同于一般的奶,而是具备了"使人不停地笑/一直高兴"的"喜""乐"之突显功效。

此外，N的修饰语还可展现身心状态变化的强度。如例（56）：

(56) a. 像吃了苍蝇一样恶心
b. 像吃了死苍蝇一样恶心
c. 像吃了一肚子苍蝇一样恶心

"苍蝇"不卫生，本身就让人觉得恶心，添加"死""一肚子"等修饰语可不同程度地加强其身心状态变化强度。

同理，例（57b）的修饰语"疯"使其表征强度比（57a）更强。

(57) a. 张三是/像条狗，乱咬人。
b. 张三是/像个疯狗，乱咬人。

疯狗最突显的特性是见谁咬谁，甚至包括自己的主人，也就是乱咬人。而狗虽会咬人，但只咬生人，不会咬主人或熟人。尽管"张三是/像个狗，乱咬人"可被接受，但其表达的愤怒和厌恶之情远低于"张三是/像个疯狗，乱咬人"，后者情感表征强度已达极点。

六 结 语

"像吃了N一样V"身心状态变化比喻句式包含充分条件假言判断逻辑语义：P→Q，即Q是P带来的必然结果。此句式中的核心要素是"像吃了N"这一充分条件中的唯一变量"N"。"N"虽是"吃"的宾语，但其入句条件却不以可食性为优先，而以其范畴量级突显性为标准。"N"的量级突显性条件还是"N"的比喻性标准。N的这一比喻性标准可扩展到比喻母句式"S是/像个N，V"，如：我的外科医生是个屠夫，只会砍砍砍。"屠夫"职业的突显性特征是使用刀子等工具宰杀分解牲畜，如其俗称"VP的"形式"杀猪的""宰羊的"，而"外科医生"的职业特征也是使用刀子等工具去切除人体坏死的或者异变的部分。

"像吃了N一样V"身心状态变化比喻句式在生活中有着广泛的使用度和高能产性，可以表达积极和消极多种类型身心状态变化。此比喻句式像"你吃了吗"问候语一样，具有文化独特性。

主要参考文献

楚军：《汉英"动名/VN 构造"的语义格对比研究》，《西安外国语大学学报》2008 年第 3 期。

褚瑞丽、张京鱼：《"吃+NP"构式的转隐喻机制研究》，《外国语文》2020 年第 2 期。

褚瑞丽、张京鱼：《"吃+NP"的认知和生成综观研究》，《外语研究》2021 年第 5 期。

黄洁：《论"吃"和宾语非常规搭配的工作机制》，《外语学刊》2012 年第 2 期。

贾燕子、吴福祥：《词汇类型学视角的汉语"吃""喝"类动词研究》，《世界汉语教学》2017 年第 3 期。

李向农：《再说"跟……一样"及其相关句式》，《语言教学与研究》1999 年第 3 期。

刘宁生：《汉语偏正结构的认知基础及其在语序类型学上的意义》，《中国语文》1995 年第 2 期。

王文斌：《从图形与背景的可逆性看一词多义的成因——以汉语动词"吃"和英语动词"make"为例》，《外语与外语教学》2015 年第 5 期。

王英雪：《汉英"吃"的动作的概念隐喻比较》，《东华大学学报（社会科学版）》2007 年第 3 期。

杨春生：《英汉语中与"吃"有关的隐喻比较》，《外语与外语教学》2004 年第 12 期。

张京鱼：《语义突显层级模式与致使结构的二语习得》，中国社会科学出版社 2014 年版。

张再红：《吃的隐喻映现规律分析》，《语言研究》2010 年第 4 期。

朱德熙：《说"跟……一样"》，《汉语学习》1982 年第 1 期。

邹虹、王仰正：《基于"吃"的原型义项及 NP 的语义分析谈汉语述题化的俄译》，《外语研究》2010 年第 2 期。

（张慧 西安 西安外国语大学英文学院 710128 nicky45499207@163.com；张京鱼 西安 西安明德理工学院语言文化传播学院 710124）

"起来"和"下去"的儿童习得研究

黄 梅 张京鱼

摘要："起来"和"下去"是汉语儿童产出较早的两个动词，但对它们的习得研究仅局限于趋向动词的范畴。本研究考察儿童早期"起来"和"下去"的使用情况，探究其从趋向动词向体标记演变的习得过程，以及其从实词义到时体义的语义发展路径。通过分析一名普通话儿童（1∶7—3∶7）的自然语料，我们发现在儿童早期语言产出中"起来"比"下去"的习得时间早，使用频率和语法化程度更高，"起来"和"下去"在儿童话语中具有不对称性。"起来"的语义发展呈现出"结果义→趋向义→状态义"的轨迹，"下去"的语义习得表现出"趋向义→结果义→状态义"的趋势。研究表明，"起来"和"下去"的习得次序和语义发展路径是语言输入、语义语用和认知原则等多种因素共同作用的结果。

关键词：起来；下去；语言习得；语义发展路径

L1 Acquisition of *Qilai* and *Xiaqu* by a Mandarin-speaking Child

HUANG Mei, ZHANG Jingyu

Abstract：*qilai*（起来，up）and *xiaqu*（下去，down）are two verbs produced in earlier Child speech, yet the study on their acquisition is only limited to the category of directional verbs. Through the analysis of the early child use of *qilai* and *xiaqu* this paper explores the acquisition process of the evolution from directional verbs to aspect markers, and the semantic development path from lexical meaning to aspectual meaning. We look into the natural data of a Mandarin-speaking child (1:7-3:7). It is found that *qilai* is acquired earlier than *xiaqu* in children's early language output with higher frequency of use and grammaticalization degree, and there is an asymmetry between *qilai* and *xiaqu* in terms of the constructions in which they appear. The semantic development of *qilai* shows a trajectory of "resultative meaning → directional meaning → stative meaning", while *Xiaqu* "directional meaning →resultative meaning → stative meaning". The study shows that the acquisition sequence and semantic development path of *qilai* and *xiaqu* are the result of multiple factors such as language input, semantic, pragmatic and cognitive principles.

Key Words: *qilai*; *xiaqu*; language acquisition; semantic development path

一 引言

"起来"和"下去"是汉语儿童产出较早的两个动词，出现在1岁半左右儿童的语言中（孔令达，2004；程莉维，2009；纪悦，杨晓璐，2015）。但现有的儿童汉语习得研究大多将它们视为趋向动词，没有涉及儿童如何习得"起来"和"下去"作为体标记的时体意义及功能这一问题。本文通过追踪观察一名普通话儿童1:7—3:7对"起来、下去"的习得情况，除探究其习得时序、产出频率和使用状况之外，重点考察在儿童语言习得过程中，体标记"起来、下去"由实词虚化为体标记、由词汇义演变为时体义的发展轨迹，并尝试对其习得机制做出解释。

"起来、下去"是现代汉语中应用范围广泛，语义类型复杂，句法形式多变的一类比较特殊的词语。汉语学界普遍将"起来、下去"称为趋向动词，可以在句中独立使用充任谓语，也可和动词组合构成"V起来/下去"做动词补语。刘月华（1998）在《趋向补语通释》一书中系统划分了包括"起来、下去"在内的28个趋向动词在充当动词补语时的语义类型，至少有三种意义和性质：趋向义、结果义和状态义。其中趋向义是基本意义，表示空间位移的动作趋向。结果义是趋向义的引申，表示抽象的空间位移。状态义比结果义更为虚化，进入抽象的时间语义范畴，表示动作或状态在时间上的展开和延续。此分类虽已提及时体意义，但没有将其视为体标记，也未将其语义类型与体标记功能相对应。"起来、下去"被作为语法手段纳入体范畴实则已是不争的事实，相当一部分学者（吕叔湘，1942；王力，1943；张国宪，1991；房玉清，1992，2008；卢英顺，2000；高顺全，2001；戴耀晶，1997；龚千炎，2000）将"起来、下去"认定为类似于"了、着、过"等具有相应时体意义和功能的体标记。前者与后者的区别在于虽然在一定程度上已具备指示时体意义的功能，但尚未完全虚化为语法成分，自身还保留了一定的词汇意义。他们指出，"起来"是起始体的标志，指动作行为或状态变化的起始，表示动作状态的开始、持续或进入某种新的状态，"下去"是继续体的标志，强调动作状态的延续性，表示继续进行某动作或保持某种状态（房玉清，1992；戴耀晶，1998；龚千炎，2000）。作动词的趋向补语构成"V起来/下去"类的动趋式或动结式是"起来、下去"最重要的语法功能，其中的语义不完全归于补语，而是由动词的语义与补语结合后的结构义获得。因此我们要考察"起来、下去"的时体意义，须从"V起来/下去"结构式中趋向补语的语法意义入手。根据"V起来/下去"结构义中补语语义虚化的程度可以看出"起来、下去"类趋向动词的语法化模式，第一类：没有虚化的趋向补语，表趋向义，即指明动词蕴含的原型动作的方向性。第二类：半虚化的补语，去掉补语后不影响语义表达，但加上补语则表达了明显的结果义，"V起来""V下去"可视为结果体的体标记。第三类：完全虚化的趋向补语，不带有具体的词汇义，表状态义，"起来""下去"分别为起始体和延续体的体标记。由此可见，跟其他语言一样，汉语的趋向动词是某些抽象语法成分或语法概念的源头，存在着一种语法化模式：趋向动词（趋向义）>结果补语/动相补语（结果义）>体标记（状态义）。

目前，汉语时体习得研究大多围绕着"了、着、过"展开（孔令达等，1993；周国光，2004；饶宏泉，2005；张云秋等，2009；彭小红等，2012，2018；刘慧娟，2015），对"起来、下去"的论述比较少见。有关"起来、下去"的习得研究均是将其归为趋向动词一类进行分析，对其习得时序、使用频率和语义内容进行考察（孔令达，2004；程莉维，2009）。不同学者根据各自的语料得出不同的"起来"和"下去"的习得时序，不同的结论尚缺乏一个合理的解释，对此我们需要做出进一步的考察。以往的研究结果表明，"起来"的使用频率高于"下去"，"起来、下去"的谓语动词用法先于动词补语用法习得，"起来"作谓语的使用频率低于"下去"，但作补语的频率远高于"下去"（程莉维，2009）。在儿童早期语言中（1:0—3:6），"下去"仅出现了趋向义，"起来"的三种语义类型均已出现，但状态义比较少见。值得一提的是，有研究发现"起来"的语义习得没有遵循大部分趋向补语"趋向义→结果义→状态义"这样的发展趋势，而是先习得结果义而后习得趋向义，状态义最后习得（程莉维，2009）。不过遗憾的是，该研究并没有具体探究这三种语义的习得过程，也未对语义类型的习得顺序中出现的例外情况做出合理解释。因此这些将是我们本研究探讨的议题。此外，汉语体标记的二语习得研究多数也是与"了、着、过"有关（房玉清，1980；孙德坤，1993；孙德金，1999；李蕊、周小兵，2005；高蕊，2006），单独讨论"起来"和"下去"的非常少见，仅有一例涉及也主要侧重于列举偏误、总结偏误类型，举例描写居多，解释分析较少（陈晨，2010）。

鉴于此，本文以体标记"起来""下去"作为研究对象，通过追踪观察它们在儿童早期语言中的产出和使用，考察其习得状况、语义演变轨迹，并探究其习得机制，从而扩大和丰富汉语体标记习得研究的范围及成果，并且为汉语作为第二语言的体标记习得和教学提供参考和指导。文章重点探讨以下三个问题：1) 汉语儿童在早期语言产出和使用"起来""下去"时，两者的习得状况有何异同？2) 早期儿童如何理解和逐步习得从实词义到时体义的演变过程及其体标记功能？3) "起来"和"下去"的语义发展路径有何不同以及习得机制是什么？

二　研究设计

（一）观察对象

本研究的观察对象 WZQ 为一名女孩，于 2017 年 6 月 29 日出生在陕西省西安市的一个普通家庭。爸爸和妈妈均为大学文化水平，家中父母和哥哥说普通话，爷爷操四川方言，奶奶讲带有四川话口音的普通话。WZQ 语言发育正常，在家里接受的语言输入以普通话为主。3 岁零 2 个月进入幼儿园接受正规化教育，园里的老师和小朋友们都用普通话交流。

（二）语料收集与转写

本研究的语料来源是自建语料库，对 WZQ 从 19 个月到 43 个月（1:

7—3∶7）进行长期跟踪观察，除语言日志记录之外，主要采取录音方式收集语料，还有部分录像材料。录音语料的采集密度为每周1小时，无间断较均匀，共计100小时，录音录像的总数据量为21.4G语料，每两个月一个文件夹，共计12个文件夹。采样方式为不加任何干扰的自发语言交流，以获取真实自然的语料。为保证采集的语料全面和客观地反映儿童的体标记习得状况，在时间、场景、活动内容等方面都充分考虑到了多样性和均衡性。在语音及视频语料生成后，我们截取了无重复的有代表性的不同场景语料进行文字转写。为了客观地反映语料的真实面貌，我们在转写时采用不作任何主观干预的自然描写方法，对语料中的口误和重复等现象不作任何修改，如实转写所有话语，并对每段文本做出包括编号、时间、场景等相关信息的标注。随后将语料中所有带"起来"和"下去"的儿童话语筛选出来进行语料分析，据统计"起来"出现123次，"下去"出现60次，文本转写共计1.8万字。

三 研究发现

（一）"起来"和"下去"的习得时序和不对称性

按照我们的预测，"起来"的习得时间早于"下去"。"来"是无标记的，"去"是有标记的，无标记项的使用频率比有标记项的高，至少一样高（沈家煊，1999）。由此推测，带"来"的复合趋向动词（"起来"）的习得早于带"去"的复合趋向动词（"下去"），且使用频率较高，至少两者一样高。结果显示，"起来"出现的时间较早（1∶8∶27），"下去"相对较晚（1∶10∶8），这与前人研究发现大体一致（孔令达，2004），也符合我们上文的预测。"起来、下去"的发展轨迹见图1和图2，我们统计了WZQ在各年龄段使用两词的频率（见图3）。从统计结果来看，儿童在1∶7—2∶0共出现"起来、下去"25例，2∶1—2∶6出现36例，2∶7—3∶0出现65例，3∶1—3∶7出现57例，整体呈现出波浪式的发展趋势。对比"起来"和"下去"各阶段的频数，"起来"的使用频率一直在稳步增长，"下去"在2∶6之前平稳增长，2∶7—3∶0多词句阶段出现了一个小高潮，之后有所回落，趋于平稳。相比之下，"起来"的使用频率较高，在各个阶段均高于"下去"的使用量。这是

"起来"和"下去"不对称性表现的一个方面。

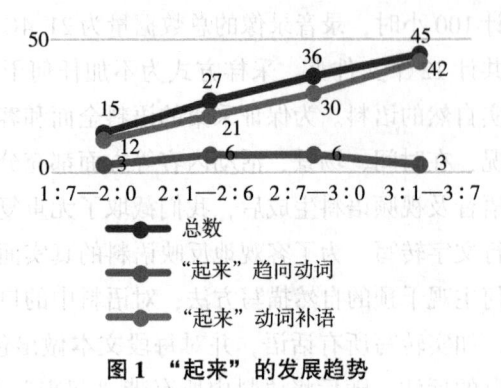

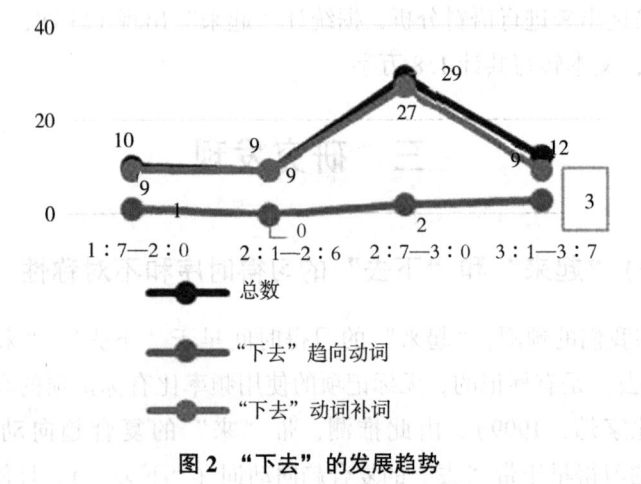

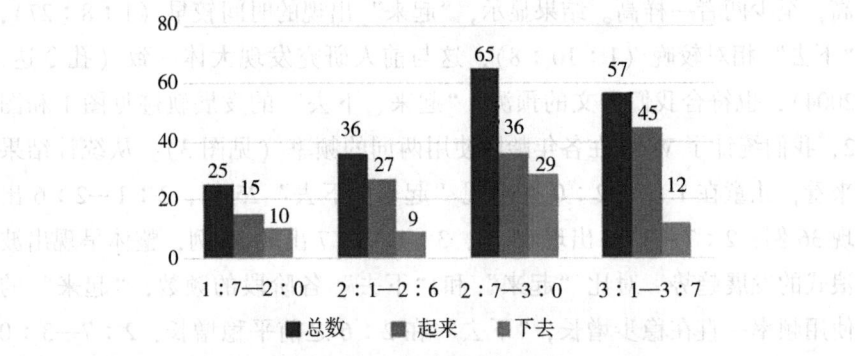

图1 "起来"的发展趋势

图2 "下去"的发展趋势

图3 "起来""下去"使用频率的时段统计图

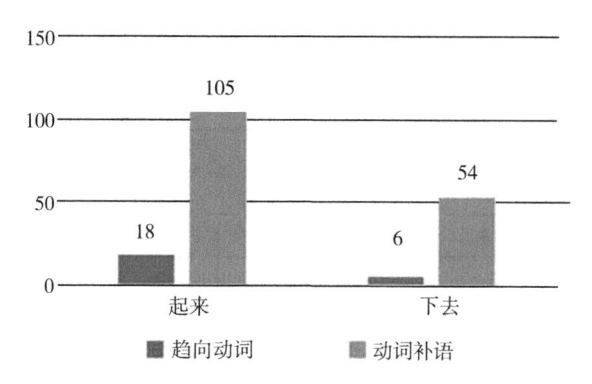

图 4　起来/下去与 V 起来/V 下去的用法频率比较

表 1　各时段"起来、下去"的使用情况统计表

		1:7—2:0	2:1—2:6	2:7—3:0	3:1—3:7	总计	总计
起来	动词谓语	3	6	6	3	18	123
	动词补语	12	21	30	42	105	
下去	动词谓语	1	0	2	3	6	60
	动词补语	9	9	27	9	54	
时段合计		25	36	65	57	183	

根据预测，由于实词在语言产出上先于虚词，故"起来、下去"的谓语动词用法会先于"V 起来""V 下去"中动词后补语的用法，以往的相关研究也证实了这一点（程莉维，2009）。结果显示，"下去"的产出时间（1:10:8）先于"V 下去"（1:11:12），而"起来"的动词习得（1:11:23）明显晚于"V 起来"的用法（1:8:27），这是与以往研究的不同之处。此外，"起来"和"下去"趋向动词的用法频率均大幅低于"V 起来"和"V 下去"的使用频率（见图 4）。"起来"（18 次）低于"V 起来"（105 次），"下去"（6 次）低于"V 下去"（54 次）。相比较"起来"和"下去"的用法，"起来"（18 次）和"V 起来"（105 次）的用法均高于"下去"（6 次）和"V 下去"的使用频率（54 次），这是"起来"和"下去"不对称性的另一个表现。

（二）"起来""下去"所在的句法结构

我们对语料中与"起来""下去"共现的句法结构进行了统计和比

较，得到表2。

表2　　　　　　"起来""下去"所在的句法结构

年龄段 句式	1:7—2.0		2:1—2.6		2:7—3.0		3:1—3.7		合计		合计
	起来	下去	起来	下去	起来	下去	起来	下去	起来	下去	
+起来/下去	3	1	6	0	6	2	3	3	18	6	24
V+起来/下去	8	4	10	3	12	9	14	2	44	18	62
V+起来/下去+了	4	5	8	6	8	10	10	3	30	24	54
把字结构+	0	0	3	0	7	8	9	2	19	10	29
否定式（+不）	0	0	0	0	0	0	4	2	4	2	6
起来/下去+V（连动）	0	0	0	0	3	0	5	0	8	0	8
合计	15	10	27	9	36	29	45	12	123	60	183
时段合计	25		36		65		57		183		

在1:7—3:7的儿童语料中，"起来"涉及的基本句式按照出现频次由高到低排列，依次为：1) V+起来，2) V+起来+了，3) 把+NP+V+起来，4) +起来（谓语动词），5) NP1+起来+V+NP2（连动结构），6)（否定句）不+V+起来。"下去"涉及的基本句式按照出现频次由高到低排列，依次为：1) V+下去+了，2) V+下去，3) NP1+把+NP2+V+下去+了，4) +下去（谓语动词），5)（否定句）V+不+下去+了。比较"起来"和"下去"的句法结构发现："起来""下去"单独出现作谓语动词的句子数量（18次和6次）均少于各自和动词结合使用的句量（105次和54次），这说明和动词结合构成的句式更加灵活多样。"起来"涉及的各项句式结构在数量上都比"下去"的多。"V+起来"的数量（44例）明显多于"V+下去"（18例）；"V+起来+了"和"V+下去+了"在数量上不相上下，"V+起来+了"的习得数量随年龄稳步增加，而"V+下去+了"的产出高峰期在2:7—3:0，之后出现回落，究其原因可能在此阶段，大量习得其他类型的词汇和结构，导致"V+起来+了"的使用频率受到影响。"V+起来/下去+了"的结构分别表现了起始体"起来"和继续体"下去"与完成体"了"的合用，体标记的合用表示的是体意义的相加，复杂程度更高。"起来"的"把字结构"也比"下去"的多，

且首现时间（2∶1—2∶6）早于"下去"（2∶7—3∶0）。"起来""下去"的否定句出现时间较晚，都在3∶00之后，且数量不多。总体来讲，"起来"和"下去"涉及的句法结构大致相似，区别是"起来"在2∶6之后出现连动句式，而"下去"尚未出现。

根据表2的统计显示，在1.6—3.7的儿童语料中，"起来"涉及的句法结构中最常见的是a. V+起来；b. V+起来+了；c. 把字结构；"下去"涉及的句法结构中最常见的是a. V+下去+了；b. V+下去；c. 把字结构。两者在句式结构的习得上有很大的相似度。由此看出，儿童在习得带有"起来、下去"的句法结构形式时存在着难易和先后顺序，依次为a最先习得，b其次，c再次。总体上看，习得难度不大，儿童语言中的这些结构已经和成人语言中"起来、下去"涉及的句子从形式上看没有太大的差距，这说明，规则化程度越高，习得越容易。

（三）早期儿童"起来"和"下去"的语义习得考察

汉语趋向动词的语义演变经历了"趋向义→结果义→状态义"的语法化过程。在语法发展上，体现了"词汇范畴→词汇-语法范畴→语法范畴"的转变。在词类功能上，演绎了"实词→半虚化→虚词（体标记）的语法化过程。那么儿童语言的习得发展是否会遵循类似的过程呢？他们是如何习得"起来""下去"不同的语义类型以及体标记功能的？我们考察了它们的语义习得发展过程。

1. "起来、下去"的语义习得轨迹

在探究早期儿童习得"起来、下去"的语义类型及其体标记功能之前，首先我们需要关注"起来"和"下去"的语义习得轨迹。我们观察到，在早期（一岁半之前），儿童语言能力发展水平有限，经常出现省略，在独词句阶段多会使用简单的单音节趋向动词"来"和"下"代替想要表达的双音节趋向动词"起来""下去"的含义，体现了对此类趋向动词的趋向意义的理解和掌握。

在儿童话语中出现"起来"之前，先产出的是"来"，表示招呼对方向说话人（儿童）所在地的移动。如下例：

（1）（朝着妈妈的方向挥着手）"妈妈-来"。（1∶5）

此处的"来"表示儿童请求对方由远(对方所在地)到近(说话人即儿童本人所在地)水平移动,表达了单音节趋向动词"来"的趋向义。此时尚未出现人由低向高的空间位移。

(2)(哥哥在床上玩倒立)WZQ:起-起。(1:7)

随后产出了单音节词"起",表达了"起来"的含义,体现了人由低向高的空间位移。

儿童在产出"起来"之前,首先理解"起来"的含义。例如:

(3)(小葫芦掉在地上)妈妈(无手势指示):WZQ,把地上的小葫芦捡起来。

WZQ:(从地上捡起了小葫芦)(1:6)

第一次儿童自主产出"起来",并不是作动词谓语单独出现的,而是以"V起来"形式使用的。最先产出的是结果义,共计71次。例如:

(4)(从柜子里拿出衣服,递给妈妈)妈妈-收-起来。(1:8)

"起来"表示动作行为的完成或实现,由动作行为"收"产生的由散到聚、由显到隐的结果。"V起来"表示结果,具有结果义,是结果体的标记。

"V起来"趋向义的产出时间在结果义之后,共计27次。例如:

(5)(纸巾盒掉在地上)WZQ:掉了掉了,妈妈-捡起来。(1:9)
(6)(骑车摔倒后爬起来)WZQ:摔倒了,自己爬起来,都没哭!(2:0)

例(5)(6)中,"V起来"分别表现了通过动作"捡"使物体(纸巾盒)发生由低到高的空间位移,以及人通过动作"爬"自发产出"由坐而站"的行为,这些是"V起来"的趋向义。

动词"起来"的产出在"V起来"之后,共计18次,例如:

(7)（叫哥哥起床）WZQ：哥哥起来。(1∶11)

此句中，"起来"表现了人"由躺而坐"的由低到高的行为，这是"起来"作为趋向动词本身的实词义。

"V起来"的状态义出现较晚（2岁之后），且产出不多。例如：

(8)（摁车里的按钮，灯亮了）亮起来了。(2∶4)
(9)（讲述兴趣班上发生的事）WZQ：老师让写作业，我就"蹭蹭蹭"很快写起来。(3∶6)

在（8）、（9）两例中，"亮起来"表示灯光"由暗到亮"这一状态变化的起始并将持续。"写起来"表示动作"写"的开始并继续下去。"起来"具有"开始"和"动态持续"的语义特征，表示状态义，是起始体的标记。

"下去"的产出过程与"起来"较为相似，先产出单音节动词"下"，第一次"下"的出现场景是这样的：

(10)（站在滑滑梯上）WZQ：下。(1∶3)

此处"下"表达了"下去"和"我要从滑梯上下去"的含义，体现了动作移动的方向，终点为滑梯下尽头的位置。省略"去"，仅表达出从高到低的空间移动。说明了儿童在最初使用趋向动词时就对趋向的方向比较敏感，对趋向意义的掌握和理解，不同的空间关系和动作方向选择了不同的趋向动词。

而"去"的产出比较晚（1∶8）。"去"最早的产出也不是作谓语动词单独出现，而是放在其他动词之后充当动词补语。"去"的第一次产出是以"出去"这样的复合趋向动词出现，与"跑"搭配为"跑出去"的动趋式使用。例如：

(11)（早上起床，哥哥过来看她后离开）哥哥-跑出-去。(1∶8)

"下去"的首次产出是以谓语动词的形式单独出现（1∶10），但更多时候是和各类动词组合为"V下去"的动结式出现。

(12)（哥哥坐在床上，WZQ推了他一把）下去。(1：10)
(13)（推妈妈的背）推下去。(1：11)
(14)（看到桌面杂物乱放）WZQ：太乱了，你把这些弄下去。(3：6)
(15)（拿着拖把拖地）把这些水全弄下去。(3：7)

(12)中的"下去"是动作动词，指人随动作由高到低，表达了"下去"基本的实词义。(13)中"推下去"通过"推"的动作行为使人发生"由高到低"的空间位移，表达了趋向义。(14)(15)中"弄下去"通过"弄"的动作行为使部分（东西/水）从整体（桌面/地面）脱离，表达了结果义。很显然，(14)和(15)里的"弄下去"都是"弄干净"的意思，成人一般说"把桌子弄/收拾干净""把地弄/拖干（净）"，而WZQ将这些东西/水当作受事，即把东西弄/拿开/走/掉，把水弄/拖走/掉，"弄"是个"轻动词"。

表3 儿童"起来、下去"不同语义类型的首现时间及示例

动词首现时间	趋向义首现时间及示例	结果义首现时间及示例	状态义首现时间及示例
1：11：23 起来	1：9：15 捡起来	1：8：27 收起来	2：4：17 亮起来
1：10：6 下去	1：11：12 推下去	3：7：3 弄下去	

我们对"起来""下去"不同语义类型的首现时间进行考察，得到表3。从习得顺序上来看，"V起来"的用法先于谓语动词的用法，这与之前的研究发现有所不同（程莉维，2009）。"起来"表现出的语义发展顺序为"结果义→趋向义→状态义"，这和之前的研究发现一致（程莉维，2009）。根据以往研究发现，儿童习得趋向动词的过程大多呈现"趋向义→结果义→状态义"的递减趋势，这是儿童语言习得过程中的一大特色（程莉维，2009）。但我们发现，"起来"的语义习得并没有遵循以上顺序，而是表现出"结果义→趋向义→状态义"的演变轨迹，儿童先习得结果义而后习得趋向义，状态义最后习得，这在以往的相关研究中也有过类似的发现（程莉维，2009）。动词"下去"的

用法习得先于"V下去"的用法,目前"下去"尚未出现状态义,但仍可看出其语义发展趋势为"趋向义→结果义→状态义",这符合趋向动词的语法化过程。

2. "V起来""V下去"产出的语义类型分布

"V起来""V下去"语义的虚化体现出"起来、下去"从趋向动词到体标记的虚化。"起来、下去"作为体标记的实词虚化体现在动词后的补语位置上,因此我们考察"V起来""V下去"动结式中的"起来、下去"前的动词类型。依据刘月华(1998)对于"趋向、结果、状态"三种语义类型的划分和判定标准,我们将WZQ的语言产出做了进一步的分类,情况如下(表4和表5,注:数字表示出现的频次):

表4 儿童话语中的"V起来"的语义类型以及结合的动词类型及频次

语义	语义子类	动词类型及频次	小计	总计
趋向义:表示由低处向高处移动	表示躯体、物体自身运动	站3 跳2 飞2 爬1 蹦1	10	27
	表示使物体改变位置的动作行为	拿4 挂2 捡2 拉2 抬1 拔1 捞1 戴1	13	
	表示使人改变位置的动作行为	扶2 吵1(语境中表趋向义)抱1	4	
结果义:表示结合以至固定	表示聚合、连接	收6 扣5 堆5 叠4 加4 合3 连2 钉2 缝1	32	72
	表示封闭、捆绑	盖7 捆4	11	
	表示藏匿、收存	躲6 收4 藏4 装2 揣1	17	
	表示关押、逮捕	抓3	3	
	表示"想、记"等思维活动	想(不)2	2	
	6. 表示建造、承担	盖3 搭2	5	
	表示突起、隆起	暴1 拱1	2	
状态义:表示进入新的状态(状态的起始)	表示有声音的动作	叫1	1	7
	表示与语言有关的动作行为	吵1	1	
	表示人体、物体活动	写1 飞1 生长1	3	
	4. 其他动词	(雨)下1 (灯)亮1	2	

表5 儿童话语中的"V下去"的语义类型以及结合的动词类型及频次

语义	语义子类	动词类型及频次	小计	总计
趋向义：表示由高处向低处移动；使人或物体离开面前的目标	1. 表示躯体、物体自身运动	掉8 摔5 滑4 滚3 跳2	22	52
	2. 表示肢体动作	坐3 伸2 吃（不）1	6	
	3. 表示可使人或物体改变位置的动作行为	挤7 推4 踢3 压3 拉2	19	
	4. 表示退离面前的目标	带3 送2	5	
结果义：表示使部分物体从整体脱离	5. 表示"清除、去除"意义的动作行为	弄2	2	2

由表4看出，"V起来"的趋向义共27例。"V起来"表示人或物体发生了从低到高的空间位移。"起来"表示趋向，这是作为趋向补语最基本的实词义。与趋向义结合的动词主要有"站""跳"等躯体或物体自身运动的行为动词，"拿""挂"等可使物体改变位置的动作动词，以及"扶""抱"等可使人改变位置的动词，基本上覆盖了所能出现动词的全部类型。"V起来"的结果义比较丰富，有72例。结果义的立足点不是具体的物理空间，具有一定的抽象性，意义开始虚化。"V起来"描述事件发展变化的过程并凸显其结果状态，为"结果体"的标记。"起来"表示动作行为的完成或实现，属于"结果体"的意义范畴。与结果义结合的动词表达多种意义，有"聚合义""封闭义""藏匿义""关押义""建造义"等，覆盖了所能出现动词的大部分类型。"V起来"的状态义尽管在此阶段产出不多，但也已经开始出现，在本个案中共出现7例。与状态义结合的动词"叫"表示有声音的动作，"吵"表示与语言有关的动作行为，"写""飞""生长"表示与人体、物体活动相关的动作行为，"起来"附着其后，表示动作变化的起始。此外，"下"表示天气状况的变化，"亮"表示光线亮度的变化，"起来"附着其后，表示新状态的开始并将继续。由此可见，状态义表示动作行为变化的起始或新状态的开始并持续。"起来"在语义上只指向动词本身，不表示具体的词汇义。在词类功能上，"起来"已从实词（趋向动词）虚化为虚词（时体助词），是"起始体"的标记，并在语法上体现出从"词汇范畴→语法范畴"的转变。

由表5看出，"V下去"在语料中出现的几乎都为趋向义（52例），仅有 2 例为结果义,状态义在这一时期的儿童语料中尚未出现。"V 下去"的趋向意义表示由高向低的空间位移或表示退离面前的目标。与趋向义结合的动词基本上覆盖了所能出现动词的全部类型,主要有"掉""摔"等表躯体或物体自身运动的动作动词,"坐""伸"等表躯体动作的行为动词,"挤""推"等使人或物体改变位置的动作行为动词,"带""送"表退离面前的目标的行为动词。"V 下去"的结果义表示使部分从整体脱离的结果,结合的动词"弄"表"去除"义,"下去"附着其后,表示结果状态。在这一阶段,尚未出现和"下去"结合的其他表动作或状态变化的动词以及表示心理活动动词。虽然目前尚未出现"V 下去"的状态义,但可以看出其语义发展呈现"趋向义→结果义→状态义"的虚化连续统,这符合趋向动词的语法化过程。

四 讨论

基于前文对个案自然语料的分析,我们将回应之前所提出的问题。首先,我们关注儿童"起来"和"下去"使用的不对称性,探究其发生的原因。其次,我们探讨"起来"和"下去"的语义发展路径,并尝试对其习得机制做出解释。

(一) "起来"和"下去"在儿童语言中的不对称性

以往有个案研究发现,在所有复合趋向动词中,"起来"出现得最早,使用频率也最高(纪悦,杨晓璐,2015)。"起来"在儿童产出"来、去"复合趋向动词的总频数中占近 43%,在所有"V_1+V_2+来"的形式中,"V 起来"占 60%(纪悦,杨晓璐,2015),可见"起来"的高频出现并非个别现象。同样,在我们的个案中,"起来"在使用频率、语义类型的出现频次、体标记功能等方面相比"下去"显示出明显的优势和独特性,我们探讨其形成原因,认为这些与词本身的语义特点有关。现代汉语中的"起来"已经吸收了"起去"的词义,"来"和"去"标记的方向性在语法化的过程被中和了(沈家煊,1999)。因此,"起来"没有对参照位置的选择,也不需要确切的位移终点。这样的语义特点使得"起来"相对于"下去"、"上来"等其他复合趋向动词更易于儿童理解掌握,成为高频词汇。此外,"V 起来/V 下去"的结构式和充当谓语动词的

"起来/下去"之所以在数量上有明显差异，我们分析，"起来"和"下去"作趋向动词在句中单独作谓语时，在语义和句法上均受到很大限制，由于语义局限于"由卧而起、由坐而起"（"起来"）和"由高到低"（"下去"）的基本义，使用语境较单一，句法上也受其限制，大多用于祈使句中，故使用频率有限，而它们与各种动词搭配构成的"V起来/V下去"动结式，语义丰富，使用语境灵活，句法格式多变，使用率高，故出现的数量较多。

另一方面，成人的语言输入也是"起来"高频使用的原因之一。我们选择个案中儿童3:1—3:7这一时段，即"起来"产出的快速发展期，筛选出语料中成人使用的"起来"和"V起来"，和儿童的产出进行比较，结果如表7和表8所示。

表7 同时段（3:1—3:7）成人和儿童言语中的"起来"和"V起来"

	"起来"使用频次	"起来"百分比	"V起来"使用频次	"V起来"百分比
成人	36	25.7%	104	74.3%
儿童	8	17.8%	37	82.2%

表8 同时段（3:1—3:7）成人和儿童使用"V起来"不同语义的比例

	趋向义	结果义	状态义
成人	28.1%	63.5%	8.4%
儿童	26.5%	67.4%	6.1%

在成人和儿童话语中，"起来"除了作趋向动词在句中独立使用占有一定比例外（成人为25.7%，儿童为17.8%），更多情况是出现在"V起来"结构中（分别为74.3%和82.2%）。我们进一步考察三种语义类型所占的比例，结果发现，"起来"的结果义在儿童和成人话语中均占有较大比例（分别为63.5%和67.4%），趋向义占较少一部分（分别为28.1%和26.5%），而状态义最少（分别为8.4%和6.1%），无论在产出比例上还是语义分布上，成人和儿童对"起来"的使用都具有相似性。"起来"和各类动词结合使用表达丰富的语义和语用意义，再加上较高的成人输入频

率，使得儿童在实际交际中多次使用"起来"。由此可见，成人输入、语义和语用因素对"起来"的高频使用发挥着重要作用。而"下去"的相对贫乏与"去"的其他复合趋向动词同时涌现相关。除了"下去"，在此阶段其他复合趋向动词如"出去""进去""过去""回去"等开始依次出现，这可能会造成"下去"的数量相对减少。其次，"下去"相比"起来"可以结合的动词和形容词范围较窄，"V下去"的语义相比较"V起来"更具抽象性，不易于儿童理解，故而在成人与儿童交流的话语中语言输入量也较少。

（二）语义习得发展机制

我们认为认知发展是儿童语言习得的先决条件，儿童语言的发展从根本上讲受制于人的普遍认知心理特征。语言中的范畴、概念等是基于人对身体、空间、力量等的感知逐步形成的。儿童的空间位置概念在时间概念之前发展，相应的空间位置的语言表达形式在时间的表达形式之前发展（Bates，1979）。因此，儿童习得体标记"起来、下去"的过程在一定程度上反映了人类由简单到复杂、由具体到抽象、由空间到时间的认知发展规律。

基于语言现象的复杂性，儿童语言习得并不是人类语言演变历史的简单重复。以往研究发现，一些虚化程度较高的词汇习得表现出例外，违背一般的习得序列，譬如趋向动词"上""过"的习得（程莉维，2009）；介词"把""被"的习得（周国光、王保华，2001）；副词"就"的习得（傅满义，2002）。根据霍珀和特劳戈特（Hopper & Traugott，1993）的语法化理论，高频使用更易于语法化，如果某个词义使用频率足够高，虚化程度高，就可能在习得序列上显示出优势。但我们认为导致词语高频使用和优先习得的深层原因还是其基本的认知语义机制。

"V起来"结合不同的动词产生多义性，但是为何表结果义的结果体最先习得，且使用频率最高呢？我们尝试参照不同的理论假设做出解释。针对时体习得中出现的语言现象，学者们提出最有名的两大理论解释分别为毕科顿（Bickerton，1981）的"语言生物程序假设"（the language bioprogram hypothesis）与以斯洛宾（Slobin，1985）为代表的"基本儿童语法假设"（the basic child grammar hypothesis）。前者认为某种语义的区分是天生就被设计好的，在人类语言习得的早期就出现了。对于时体来说，某些语言特征如状态和过程的区别、瞬间和非瞬间的区别等是人类生物程序的一部分,因而在语言习得的早期,习得者倾向于使用不同的时体标记来标注这些分别(Li & Bowerman, 1998)。后者认为儿童脑中有一个预先于语法结构的"语义空间",其中包括一套普遍、一致的前语言语义观念。时间视角的"过程"和"结果"这两个语义观念表明了儿童在早期时体习得中基本的语义区别,其中"结果"对于儿童是尤其显著的。这两个理论假设的共同点在于都试图将时体习得与内在的(前语言)语义区别联系起来,不同点则是划分出各自具体的语义区别:"语言生物程序假设"是"状态-过程"、"瞬间-非瞬间"的区分,"基础儿童语法假设"是"过程-结果"的区分(Li & Bowerman, 1998)。在我们的个案研究中,就验证了儿童对"结果"这一语义特征的敏感。"V 起来"的结果义表示动作完成或事件结束,构成"结果体"标记。按照儿童语法假设的解释,儿童优先感知结果语义,这或许能够解释为何"V 起来"的结果义被优先习得和高频使用。因此,"起来"的语义习得呈现出"结果义→趋向义→状态义"的顺序,看似是由于"起来"的虚化程度较高,以致没有遵循一般的习得顺序,实则反映出时体标记的习得会受到一些普遍认知原则的约束,根本上是人脑中内在语法程序的深层机制在起作用。

综上,本文考察汉语儿童早期"起来、下去"的习得状况和过程、语义发展轨迹以及习得机制,得出以下结论:"起来"比"下去"的习得时间早,使用频率和语法化程度更高,"起来"和"下去"在儿童话语中具有不对称性;"起来"的语义习得表现出"结果义→趋向义→状态义"的轨迹,"下去"的语义发展呈现"趋向义→结果义→状态义"的语法化趋势。总的来看,儿童语言习得会受到内在的认知心理机制的制约,同时成人的语言输入、语义和语用因素也发挥着重要作用。

主要参考文献

Bates, E. *The emergence of symbols*: *Cognition and communication in infancy*. New York: Academic Press, 1979.

Bickerton, D. *Roots of language*. Ann Arbor, MI: Raroma, 1981.

Hopper, P.J.& E.C.Traugott.*Grammaticalization*.Cambridge: Cambridge University Press.1993.

Li, P. & Bowerman, M. The acquisition of grammatical and lexical aspect in Chinese. *First Language*, 1998, 18: 311-350.

Slobin, D. *The Crosslinguistic study of language acquisition*. Hillsdale, NJ: Erlbaum, 1985.

陈晨:《留学生汉语体标记习得的实证研究》, 博士学位论文, 中央民族大学, 2010年。

程莉维:《汉语儿童趋向动词习得个案研究》, 硕士学位论文, 首都师范大学, 2009年。

戴耀晶:《现代汉语时体系统研究》, 浙江教育出版社1997年版。

房玉清:《从外国学生的病句看现代汉语的动态范畴》,《语言教学与研究》1980年第3期。

房玉清:《"起来"的分布和语义特征》,《世界汉语教学》1992年第2期。

房玉清:《实用汉语语法》, 北京语言大学出版社2008年版。

傅满义:《儿童语言中的副词》, 硕士学位论文, 安徽师范大学, 2002年。

高蕊:《欧美学生汉语体标记"了""着""过"的习得研究》, 硕士学位论文, 北京语言大学, 2006年。

高顺全:《体标记"下来""下去"补议》,《汉语学习》2001年第3期。

龚千炎:《汉语的时相时制时态》, 商务印书馆2000年版。

纪悦、杨晓璐:《儿童早期语言中的"来"和"去"》,《中国语文》2015年第1期。

孔令达、周国光、李向农:《儿童动态助词"过"习得情况的调查和分析》,《语言文字应用》1993年第4期。

孔令达:《汉族儿童实词习得研究》, 安徽大学出版社2004年版。

李蕊、周小兵:《对外汉语教学助词"着"的选项与排序》,《世界汉语教学》2005年第1期。

刘慧娟:《早期汉语儿童语言中"了"的习得》,《山西师大学报》2015年第4期。

刘月华:《趋向补语通释》, 北京语言文化大学出版社1998年版。

吕叔湘:《中国文法要略》, 商务印书馆1942年版。

卢英顺:《现代汉语中的延续体》,《安徽师范大学学报》2000年第

3 期。

彭小红、侯菲菲：《说汉语儿童早期"了"字句习得个案研究》，《哈尔滨学院学报》2012 年第 4 期。

彭小红、李菊红：《说汉语儿童"了"字句与"过"字句的习得个案研究》，《邢台学院学报》2018 年第 6 期。

饶宏泉：《汉族儿童语言时体习得》，硕士学位论文，安徽师范大学，2005 年。

沈家煊：《不对称和标记论》，江西教育出版社 1999 年版。

孙德金：《外国学生汉语体标记"了""着""过"习得情况的考察》，《第六届国际汉语教学讨论会论文选》，北京大学出版社 1999 年版。

孙德坤：《外国学生现代汉语"了 le"的习得过程初步分析》，《语言教学与研究》1993 年第 2 期。

王力：《中国现代语法》，商务印书馆 1943 年版。

张国宪：《延续性形容词的续段结构及其体表现》，《中国语文》1991 年第 6 期。

张云秋、王赛：《汉语早期儿童时间意识的开始——"了"的习得意味着什么?》，《首都师范大学学报》（社会科学版）2009 年第 1 期。

周国光：《汉语时间系统习得状况的考察》，《语言文字应用》2004 年第 4 期。

周国光、王葆华：《儿童句式发展研究和语言习得理论》，北京语言文化大学出版社 2001 年版。

（黄梅 西安 陕西师范大学外国语学院，710061 meih@ snnu. edu. cn；张京鱼 西安 西安明德理工学院语言文化传播学院，710124）

语言符号任意性和理据性之辩*

时　健　曹思源

摘要：长久以往，语言符号任意性和理据性谁属第一性是语言学界争论不休的难题。索绪尔遵照笛卡儿主义的西方传统哲学客观真理观，提出并推广了语言符号任意性理论，认为语言符号的能指（即语音）和所指（即语义）之间的任意性是现代语言学研究的第一重要性原则。然而，洪堡特论证了语言符号和自然规律的相似性。列维·斯特劳斯则从经验主义角度认为语言符号并非任意，而是有理据的。可见，索绪尔为了将语言学研究限制在语言内部结构自洽的范畴内而提出的语言符号任意性第一原则似乎缺乏足够的说服力。随着功能语言学尤其认知语言学的发展，理据性被广为接受，能指和所指的动因关联也在逐一被证明。本文在对比语言符号的"任意性"理论和"理据性"理论的基础上提出：任意性是语言符号的自然属性，只不过被结构主义语言学派为了确立现代语言学的科学研究范式而人为设立为根本属性，而理据性也同样是语言符号的重要内在属性，任意性和理据性是语言符号内具有反对关系的"一体之两面"。

关键词：任意性；理据性；语言符号；结构主义；认知语言学

---

* 本文系西安科技大学博士科研启动金项目"中国学习者对英语定指性表征的习得及汉译研究"（编号6310122502）的阶段性成果。

On the Arbitrariness & Motivations of Linguistic Signs

SHI Jian, CAO Siyuan

Abstract: For a long time, which is the first nature of language symbols between arbitrariness and motivation has been a controversial problem in the field of linguistics. It is still a heated-discussed and complex linguistic topic today. Based on the Objective truth view of western traditional philosophy held by Descartes, Saussure firstly puts forward and promotes the arbitrariness theory of linguistic signals, which suggests the arbitrariness between the signifier (i. e. pronunciation) and the signified (i. e. meaning) is the first important principle in modern linguistic research. However, Humboldt demonstrates the similarity between language symbols and the laws of nature; Strauss assumes that linguistic signals are motivated (non-arbitrary) from the perspective of empiricism. To confine the linguistic study in a self-consistent structure of language itself, Saussure implements the arbitrariness principle, which seems not convincing enough. With the development of functional linguistics, especially cognitive linguistics, the theory of motivation has been widely accepted, and the motivated relationship between the signifier and the signified is being proved piecemeal. On the basis of comparing the "arbitrariness" theory and "motivation" theory of language symbols, this paper puts forward that arbitrariness is the natural attribute of language symbols, which is only artificially set as the fundamental principle by the structuralists in order to establish the scientific research paradigm of modern linguistics, and motivation is also an important internal property of language symbols. Arbitrariness and motivation are the "two sides of one" with opposition relationship of language symbols.

Key words: Arbitrariness; Motivation; Linguistic signs; Structuralism; Cognitive Linguistics

一 引言

语言符号的"任意性"和"理据性"谁是第一性之争论，自古至今仍在继续，可谓哲学和语言学的"老题"。语言的本质属性之争始自西方的古希腊和古罗马时期。彼时有两派：自然派与规约派。自然派认为语言随机地自然产生，事物属性决定其名称（参见巴门尼德《论自然》，克拉底鲁和苏格拉底在《柏拉图对话集》中的《克拉底鲁篇》等）；规约派则认为语言有一定之规约（参见亚里士多德《论解释》，波伊提乌在翻译亚里士多德的《论灵魂》时增补了语言名称和名字的关系，奥古斯汀《三位一体论》等）。大约在同时期的我国春秋战国典籍《荀子·正名》中出现了"约定俗成"这一词语，原文为："名无固宜，约之以名，约定俗成谓之宜，异于约则为之不宜。""约定"体现了语言的任意性，"俗成"则为理据性的映射（梁梓霞，2020）。可见，我国先哲荀子的《正名篇》认为语言的"任意性"和"理据性"是辩证统一的。

柏拉图在《对话集》中记叙了他与克拉底鲁有关"约定性"与"自然性"的对话，并请求苏格拉底作评判。克拉底鲁主张语言具有完全的自然性。苏格拉底将词语比作肖像，提出了"模仿说"，认为词语通过字母的组合模仿事物。亚里士多德更进一步，在《论解释》中提出名称所发出的声音是约定俗成的。从该篇中，我们可以概括出亚氏的语言哲学思想：现实→经验→口语→文字。现代认知语言学的"从现实到认知再到语言"之核心就发端于此。洛克则将其综合起来，认为名称为了表达事物的本质一定是将"自然"与"人为"两部分的本质结合了起来，既有自然赋予，也有人自身认识所发现的客观本质。

现代语言学之父、瑞士著名语言学家费尔迪南·德·索绪尔（Ferdinand de Saussure）提出语言符号的任意性理论，其学生将该思想编入《普通语言学教程》，在学界产生了广泛影响。语言符号的任意性原则是索绪尔语言学思想的核心。作为结构主义和生成语法的理论根基，任意性原则曾一度被确立为语言符号的第一原则。学界对语言任意性既有肯定又有否定。支持者如郭鸿（2004），王德春（2001），伍思静（2010）等，他们以不同方式阐释任意性。郭鸿（2004）基于符号学提出将任意性从具体语言层面上升到更宏观符号层次会增强任意性的可论证性。王德春

(2001)从三个层次分辨象似性与理据性的关系,论证语言符号与客体并不存在必然联系。反对者有洪堡特、列维·斯特劳斯、许国璋(1988)、胡壮麟(1999)、王寅(2003)等。德国语言学家洪堡特对语言的语音系统、内在语言形式、语音与内在语言形式的联系、语言动作、词的孤立、屈折、黏着和词的统一性等作了详尽考察后论证了语言结构与自然规律的相似性(洪堡特,1999)。法国学者 Levi·Strauss(列维·斯特劳斯)解释称:从先验(a priori)的视角看,语言符号是任意的,毫无理据可言,而从经验(a posteriori)的角度看,语言符号并非任意,而是有理据的(参见于洁,2004)。许国璋(1988)指出:"语言既是理性行为,任意性到底存在哪里?"胡壮麟(1999)在李葆嘉(1994)举证质疑索绪尔语符任意性观点的基础上更强调其非任意性。王寅(2003)从语用角度主张将语言符号的音形结合,多层面论证象似性。当然也有中立者认为理据性和任意性并非割裂关系,两者辩证统一(如王艾录,2003;朱永生,2002;林艳,2006等)。任意性是支持语言发展且长久存在的变量,理据性是语言普遍潜在的发展动因(王艾录,2003)。象似性实则为任意性的补充性理论,并非替代(朱永生,2002)。任意性和象似性两者的关系并非完全对立,二者应当共同作用,互相补充(伍思静、胡铁生,2010)。

近年来,随着功能语言学、社会语言学的发展尤其认知语言学的兴起,任意性渐遭怀疑。学者们越来越多地发现了语言符号背后的"为什么",即理据性。随着研究的推进,还有学者如王艾录、王寅等提出应采取编纂形式将具有理据性的语言符号整理为综合性词典来验证和推广理据性。王艾录(2010)以中文论证语言的非任意性。王寅(2009)提出应基于象似性编纂一本词汇认知教材来提高英语单词识记。

那么,任意性是什么?理据性是什么?任意性和理据性关系究竟如何?哪个才是语言符号的根本属性?本文试图在对比语言符号的"任意性"理论和"理据性"理论的基础上来回答。

二 任意性理论

(一)何为任意性?

现代语言学所提到的任意性出自索绪尔的《普通语言学教程》,他认为，语言符号能指和所指间的联系是任意的，二者共同构成了语言符号。事实上，究其根源，最早提出"任意性"概念的并非索绪尔，而是19世纪美国语言学家惠特尼。作为美国描写语言学的先驱，他将语言符号描述为规约和任意的集合，"从恰当的意义上来看，人类语言中相传下来的每一个词都是集任意性和规约性于一身的符号：之所以是任意的，是因为目前人们使用的上千个其他的词，或成千上万个人为造出来的词，都可能是以同样的方式习得，并且以相同的目的使用；而规约性，是因为在说话人所属的社团中，以特定的目的使用特定的词汇以达成特定的表达目的（Whitney，1979：19）"（转引自杨忠，2013）。惠特尼所谓的语言符号在某个社团的规约用法也是具有任意性的，即跨语言或跨社团的语言符号是在任意性基础上进行约定俗成的，这也体现了任意性和理据性在语言符号上的统一性，即规约性和任意性是从不同侧面对语言符号的认知结果，是分属不同层次的属性。

与惠特尼相似，但索绪尔进一步阐释了"任意性"的内涵，他在《普通语言学教程》中指出：语言符号连接的不是客观世界的事物及其名称，而是心理世界中的音响形象和概念。他提出了语言学术语"能指"和"所指"，能指是语词的音响形象，而所指是客观世界投射到人脑中的概念。在语言研究过程中，人们通常认为能够代替语言能指及所指代的术语有语言意义和语言形式、语言功能和语言结构等。语言符号的能指和所指暗示的任意性，可用图1表示。图中X线与Y线分别代表语言符号的所指与能指。根据任意性理论，位于X线上的所指A点可以对应Y线上任意几点能指，即与X线上的所指对应的Y线能指是开放且任意的。

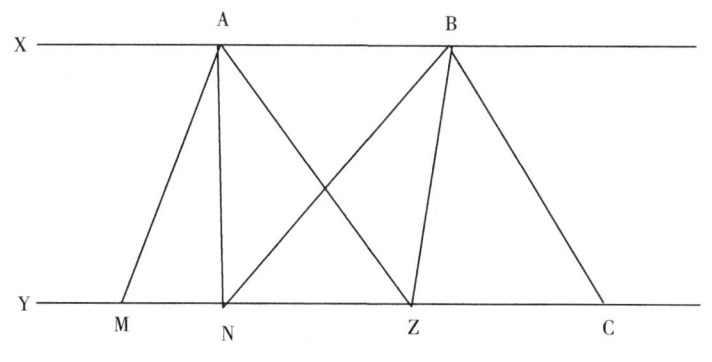

图1 能指与所指的关系

语音模式和意义表征之间没有根由。任意性不仅体现在能指和所指之间，也体现在语言同自己所选择的能指与所指的任意性上。正如海德格尔（1991：69）所说："语言凭借给存在物的初次命名，把存在物导向词语并用语言显现出来。"也就是说，这些词语的声音或书写形式就是符号，其语言本身是抽象的，是空洞无物的，语言符号与物理世界本体之间没有什么联系，其本身并没有什么价值。语言符号总是有限的，而客观世界是无限的，所以语言符号和存在物客体之间绝非一一对应的关系。我们所使用的符号是指某种存在物抽象概括的总体，而绝非指某具体存在物个体。从这个角度看，能指与所指之间又是相互任意的，即从能指推理不出所指，从所指也推理不出能指。索绪尔在人为确立语言符号能指和所指之间的任意性为第一原则的基础上建立了现代语言学理论。这也是王寅（2019）批判索氏"关门打语言"之唯心主义哲学语言观的原因所在，从而提出体认语言学说，主张语言符号是主体人体验和认知的产物。

（二）任意性的特点

在语言符号研究中，任意性是索绪尔语言学体系的核心概念。其中，任意性，即"能指与所指之间、语词与世界之间没有自然联系"。这个论断有两层含义：其一，语言符号的能指和所指之间的联系不是由语言使用者的生理和本能决定的；其二，语言符号的构成要素之间的联系不是由符号所指的世界事物的物理属性决定的。

```
                任意性
                  │
            理论 │ 经验
                  │
               语言符号
                ╱    ╲
           绝对任意性  相对任意性
```

图 2

如图 2 所示，任意性是在理论和经验两个层面对语言符号的解释。理论层面指索绪尔为代替音响形象及概念所提出的能指和所指这对术语本身，经验层面指从日常语言符号使用中的概念与音响形象的任意联结关系层面探讨任意性。我们将理论和经验两面结合来研究语言符号，探讨其能指与所指任意性的可信度，根据可信度分为绝对任意性与相对任意性。语言符号的音义间并不存在固有有机的内在联系。索绪尔将语言符号任意性确定为语言第一属性，认为符号任意性之根本原则并不能为我们提供依据，并将每种语言中完全任意的、不可论证的语言符号和相对任意的符号区分开来。

1. 绝对任意性

绝对任意性，也叫根本任意性，指语言符号的创造和使用没有任何理据，即语言的音义之间没有自然联系。这也就是岑麟祥（2011）所谓的事物和名称之间本来并无自然和必然关系。绝对任意性主要表现在语言符号创制之初的规约性，即在物体概念和其语言音响形象之间订定的一种契约。因为受到科学主义思潮的影响，索绪尔把语言符号的任意性确立为一种数学公理（axiom）式的前提，从而使现代语言学的研究走上西方自然科学主义研究范式的道路。这种前提性公约是无须证明的自组织，以便于理论建构。他认为语言是价值系统，"语言系统是一系列声音的差别和一系列概念的差别的结合，语言中只有差别，整个语言机制建立在对立以及声音和概念差别的基础上"（索绪尔，2002：167）。由此可见，构成语言系统的要素具有差别性，能指和所指作为声音的概念要素仅仅是声音概念的差别，单个符号只是声音和概念差别结合的产物，这种差异体现了任意性，而任意性体现了差别。能够体现这种差别或任意关系的语言符号多是由一个词素所构成，也就是我们常说的单语素词，如：book, rose, tree 等单语素词能作为语言符号任意性的科学论证，原因就在于它们不能再进一步分解，无论是构词法还是词源学。单语素词在创制之处的根据缘由很难解释清楚，再加上地域文化差异，不同语言符号之间更难究其源，正如李二占（2008）所言，任意性只是在符号创制出来与概念相对应的一刹那才是首要真理，一旦成为社会事实，它就无足轻重了。印欧语系中的单纯词语言符号是绝对任意性的典型体现，而汉藏语系中的少量单纯语素也体现了语言符号的绝对任意性，如英、汉语中的事物名称、数量词等。如莎翁名著《罗密欧与朱丽叶》中朱丽叶对罗密欧说，姓名本身并无实际意义，正如你送我这朵名为玫瑰的花朵，就算其另附他名，也难以掩饰其芬芳四溢（A rose by any other name would smell as sweet.）。

2. 相对任意性

索绪尔认为语言也是关系系统：语言中不仅存在着差别，也有关系统合寓于其中。语言的核心实则就是关系的网络，自然有差别也有联结。相对任意性指符号的构成有一定程度的理据，并非完全任意。如 sweater 作"毛线衫"解属绝对任意，而作"出汗者、发汗剂"解属相对任意，同理合成词 raincoat（雨衣）就是相对任意，它们都有一定的生成理据。索绪尔认为相对任意性中可以论证的概念包括，首先是将某一语素加以分析得出句段关系，其次是将一个或多个别的要素整合得出联想关系。具体体现在某些派生词、复合词和为数不多的拟声词和感叹词之中。比如，英语单词 three 所表达的音义之间具有完全任意性，但 thirteen 和 thirty 与 three 之间就有派生理据；如汉语中"猫"和"熊"这两个单纯语素具有绝对任意性，但复合词"熊猫"却具有相对任意性，尽管我国台湾地区把"熊猫"称作"猫熊"；在单语种语内的拟声词（象声词）表现出一定的象似性，负载着特定的文化基因和民族认知心理，因而具有相对任意性。此外，索绪尔也将相对任意性称为"秩序""规律性"，它们实际上也是理据性的代名词。但经跨语言比较，我们发现即使模仿某种动物的叫声或自然界的某种声响时，不同语言使用不同的语词符号，尽管可能某些之间具有一些近似性，这再次证明了语言符号的任意性。从符号的能指上来说，符号本身的可分析性越低，它所具有的任意性就越高，论证任意性的根据也就越科学。从符号的能指看，语言符号所代表的概念越一般或越抽象，其所具有的任意性程度就越高，论证力也越强。

任意性，换言之即规约性。任意性并不是说个人可以完全自由任意地造词来表达自己的意义，任意性主要表现在某个言语社团在语言符号创制之初的无理据选择。语言符号一旦确立，即在言语社区中建立起来，任何个人都不能改变，只能去强制执行该语言符号所特有的交际功能。从辩证角度看，能指和所指在语言系统中有无限制地创造语言符号的可能性，任意性原则是非理性的。同时，语言使用者无法随心所欲地自由选择，从具有差别的语言系统中按照自身所处言语社团选择语言具有的意义和关系，语言系统任意性原则是理性的。

索绪尔认为，在一定语言内部，整个演化过程是一个从理据性到任意性和从任意性到理据性的双向连续统。就算承认理据性的重要性，也并不能完全否认任意性的地位，虽然任意性时常受理据性的制约，也常因此而被学者怀疑，但理据性的生发确是以任意性的创设为垫脚石，只有如此理据性才具有了自己的立场基点和生存条件。

任意性在语言符号的不同层面的体现程度不一。一般来说，在所有人类自然语言的词汇层面存在较高程度的任意性，而在词组（短语）、句子和语篇等层面体现出较高程度的理据性。正如李明（2008）所言，在所有语言的词汇层面具有较高比例的任意性，这种词汇任意性也是根本任意性，而在句法和章法层面有较高比例的理据性，即相对理据性。但索绪尔所说的任意性是词汇的能指和所指之间的任意性，当涉及词法、句法和章法等语法时，已到了语言组织结构层面，它已不属于索绪尔所探讨的语言符号这一层面。

要准确理解语言符号的任意性，我们应注意以下几个方面：首先关注任意性原则的多样性和规约性。其次是任意性的限定范围，任意性在脱离传统结构主义语言学框架是否还站得住脚值得探讨。最后应考虑索绪尔提出任意性是语言符号的根本原则的时代背景，即受到自然科学主义思潮和语言哲学学术氛围的影响。

三　理据性理论

理据性内涵

理据，顾名思义即理由和根据，在语言学意义上指语言的能指和所指之间的内在联系。虽然索绪尔提倡并推广了语言符号的任意性原则，但实际上其论证过程一直贯穿着理据性的影子，索绪尔实际上是语言符号理据性的发轫学者。李二占（2021）提出，在《普通语言学教程》中索绪尔通过辩证思考按照明暗两条线来论证语言符号的性质问题，明线自然是符号的任意性，暗线指涉符号的理据性。理据性时常被当作任意性的参照点，虽作为任意性的相对概念，理据性却被证明是任意性无法躲避的衍生物。显然，索氏为了突显任意性而相对地忽视了理据性。雅柯布森（2001）提出，"对于几乎所有现代语言学思想的重要问题，我们都可以在《普通语言学教程》中发现其萌芽和初始状态，而且是以最简单的、甚至有时过于简单的形式呈现。"

1. 理据性和理据义

随着当代语言学研究的深入，有学者对理据性进行了分类。根据李二占、王艾录（2011），理据有广义和狭义之分。狭义的理据也叫音义理据，旨在考察词语能指和所指之间的可论证关系；广义的理据则研究语言自组织系统中激发某一语言现象产生、发展和消亡的动因，涉及语言单位的各层次。理据义是狭义的理据，而理据性是广义的理据。象似性和理据性的术语内涵基本相同，都是指语言非任意性特征（李二占，2015）。据此，我们将象似性、理据性的广、狭义之分和各语言单位对应的关系进行了梳理，如图3所示。

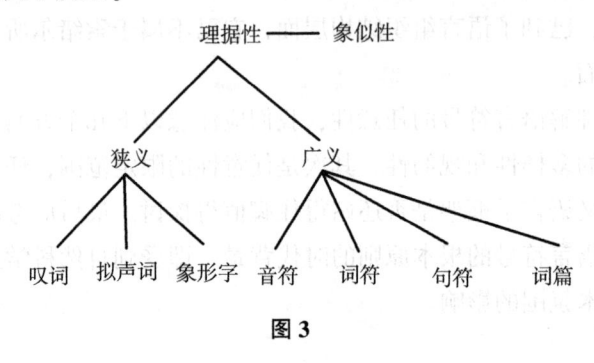

```
        理据性 ———— 象似性
           /        \
         狭义        广义
        / | \      / | \ \
      叹词 拟声词 象形字  音符 词符 句符 词篇
```

图 3

词语既然有意义，便应当拥有其对应的理据，在日常词语的使用中，人们常常忽略了隐藏在词语背后的理据义。例如为什么体长侧扁的鱼类被称为"带鱼"？"朱"本作姓氏，那朱砂色中的"朱"又作何解释？为什么词缀 para，既可指"平行"之义，也可作 parachute（降落伞）的词根，那 Paralympic（残疾人奥运会）中的 para 如何解释呢？这应该由具体的理据义来回答。由此可见，词语在构成之时具有一定程度的理据性，词语是人们语言创造行为的结果，这一行为具有现实意义。词语背后所包含的理据是藏匿于语词产品背后的动因，该过程属认知层面。上述几词的理据依次是：1）因为形状像带子，长条且纤细，故得名"带鱼"；2）朱砂，一种矿物，该矿物呈红色或红棕色，故"朱"除作姓氏外也作红色解释，此义可从著名诗人杜甫诗句"朱门酒肉臭，路有冻死骨"中也可见一斑；3）残奥会指残疾人奥运会，其参赛者是有不同程度残疾的运动员，-lympic 为奥运会的词根，而前缀 para 在此作"辅助"之义，意为奥运会选手需要辅助才可以完成比赛，故为残奥会。

与此相对，广义的理据，即理据性指整个语言符号的理据性质。因为构词和语言的历史已久，理据义具有易失性和历史性，有的理据义会在语词内部音形方面留有踪迹，而大部分理据义都湮没在历史中。可以说，理据义的丧失并不能说明理据的不存在，而需要大量考据学工作揭开掩盖词语任意性的面纱，还原理据的真面容。姚小平（2005：78）曾说："一个词的不可论证性，不是因为它没有理据，而多半是因为这个理据已被时间销蚀殆尽，在今人眼里成为一个谜了。"如《诗经》曾言："同心之言，其臭如兰"，其中"臭"指气味，属并无褒贬之义的中性词，而今日之"臭"词义缩小，只用来指令人不悦的气味。

2. 象似性和理据性

随着功能语言理论的发展和认知语言学的兴起，学者们开始质疑索绪尔的任意性原则。人们分析大量语言事实后认为语言符号除了任意性，还有象似性和理据性寓于其中。象似性思想源于美国哲学家 Peirce（皮尔斯），他认为语言符号的能指和所指存在相似的符号，这些符号便是象似符。皮尔斯符号学以认知和思维为立场，着重于语言符号的认知研究。任意性和非任意性是相互矛盾的两个方面，强调语言符号的不可论证性和可论证性，是矛盾关系；但理据性和任意性并非矛盾关系，只是一种反对关系，而象似性和理据性是非任意性的表现，但象似性和理据性并非等义概念，实际上作为任意性的对立面，象似性和理据性之间的共同点多于不同点，我们可以认为象似性包含于理据性，象似性只是理据性的一种表现。严格地说，理据性在于指出一切类型的语言符号发生和发展的自组织动因，而象似性在于指出语言的句段结构与人类所经验的外部世界或人类的认知结构之间存在的像似性关系（李二占、王艾录，2011）。

理据性的表现广泛，不限于形式和意义，在二语习得中有很大的应用价值。认知语言学强调，语言并非任意，而是一般认知过程的具体反映。其动因性即理据性具体表现在三个方面（Boers & Lindstromberg，2006：309-313）：（1）意义与意义的联系最受关注，强调词汇的各义项并非无序，而是以原型义为核心由近及远向外扩展；（2）形式与形式的联系，目前受到的关注较少，主要集中于语音层面，如头韵、押韵和半韵；（3）形式与意义的联系，指音系和意义间的关系，其典型反映是象似性（参见蔡金亭、朱立霞，2010）。

3. 语符理据

王寅（2007：307）提到语言符号在音、形、结构等方面与世界特征、识解方式、概念结构等之间存在象似性的理据关系。本节根据图3的梳理，分别从狭义理据和广义理据与各语言单位的对应关系来举例阐释。

3.1 狭义理据

语言符号的理据义是对某一具体词语的理据解释。人们对于语言符号音义间狭义理据的考察聚焦于感叹词、拟声词和象形字。由于人表达强烈感情的语气词如"vow"、"啊"等本身就折射出音义间的自然联系，这些感叹词的发音与发音者的生理、心理、情绪等有特定的关联。拟声词也是根据模仿、模拟自然界的声响、动物的叫声或人发出的声音来指称现象或事物本身。汉字中绝大部分繁体字（当然今天的简体字从繁体字演化而来，已失去了造字之初的形像）都是古圣先贤根据"近取诸身，远取诸物"的原则依类比像创制的。我国第一部完备的字书《说文解字》对字理据的思考就既表现在文字构形方面，也表现在文字音义联系方面（王寅，2007）。除象形文字外，汉语中的形声字、指示字等都是基于一定理据性而创造的。近年来，随着研究的深入，国内外学者们发现了音义狭义理据方面的大量证据。

3.2 广义理据

广义理据即理据性，是针对整个语言符号的性质而言。人们常会误解理据性，把理据性等同于非任意性。从逻辑学或哲学思辨角度出发，概念并非只有正向和负向，矛盾概念或对立概念。任意性与非任意性属矛盾概念，肯定一方必否定另一方，而理据性和任意性并非这样的非此即彼关系。我们认为，两者虽对立，但并非矛盾，而是辩证统一地处于语言符号内的具有反对关系的属性。也正因如此，语言研究保持着历久弥新的生命活力。广义理据涉及语言自组织单位的各个层面，下文从音义、形义、义义等方面来例举考察音符、词符和句符等语言层级上的理据性。

3.2.1 音符理据

音符理据主要表现在语词的发音和意义间的关系上，通常也被称为象声词或拟声词。部分拟声词是我们常见的通过模仿与某事物的发音或与之有关联的声音而创造出的，如英语中的拟声词，boo，moo，是根据造词的发音规则并模仿牛哞哞的叫声而来，这类词汇被称为基本拟声；另一类拟声词主要依赖词语中某一词素，使人产生词义上的联想，如英语中的de-，dis-，表示"低，下去，否定"之义，gr-表示一种"使人不愉悦的声音"，如 groan，growl，gruff 等词语。这类词汇被称作次要拟声，在汉语中也能找到对应的例子，如瑟瑟（秋风），噔噔（脚步），淅淅（雨声）。当然英汉语言发音方系不尽相同，拟声的方法也各不相同。Sapir（1921）提出语音象征关涉生理因素；Firth（1930/1964）指出音义联系是语音习惯；Brown（1958）认为语音象征从经验获得；Lakoff & Johnson（1980）以隐喻理论来解释语音象征。

3.2.2 词符理据

词符理据认为语言在词汇层面上并非任意，有一定的理据性。具体表现在词义与其表达形式之间的关系，语言使用者常通过表达形式而理解其义。具体来说，词符理据包含词义理据和形态理据。

词义理据的实例不胜枚举，并不限于词根、词缀。如 table 一词源于拉丁语 tabula，原意并非指桌子，而是木板，因为先民的桌子常用木板拼成，故以该词命名桌子。除了词根、词缀，词义理据还体现在词义引申。词汇本义在不同语境下或与其他词汇组合时会产生引申义。如：tree 作名词泛指树，clothes 泛指衣物，但两词组合为 clothes-tree 就引申为"柱式挂衣架"。不同语言文化的词语的理据义有相似之处，如：one's tail up 意为"某人翘起了尾巴"，形容某人过于自满，英汉语都有表达等义。尽管语言有各自独特的思维方式及文化背景，但是人类自身和生存自然环境、生产要素和生活构成要件之间存在相同之处，所以在语言词义和形态之间的理据相通。

属于表意体系的汉字，字形和意义关系密切，对字形的了解有助于更好的理解词义。典型例子如象形字，它们是通过临摹或勾勒事物的外形表现字体的间架结构，字形大致体现事物形象。如："山、川、门、日、月"等。单个语素难以追究其理据，但词符独特的书写形式能够为其提供理据。还有形声字，由声符和义符两部分构成。声符提供发音理据，义符提供词义理据，例如以"贝"为义符的形声字多与钱财相关，如："财、赏、贵、贱"等；以"人"为义符的形声字大多指以人为中心的活动或人本身，如："他、体、住、僧"等。虽然英语是表音文字，但也可发现其形态理据的痕迹，如：mountain（M，山）；wave（W，水波）。

语言中"一物多名"和"一音多义"现象是对词符理据性的有力证明。一物多名指同一概念或所指能够与多个音响形象即能指匹配，生成不同的语言符号。一物多名现象反映了人们对事物认知和体验的不同视角，或对事物不同侧面和特征的突显；一音多义指一个音响形象或能指可以与多个概念或所指联结，从而生成不同的语言符号，如一词多义、近义词、同音词、同形词和同源词等。

3.2.3 句符理据

句符理据指根据句法生成规则产出的句子具有可论证性，即句法具有非任意性。皮尔斯（1940）指出，每种语言的句法借助约定俗成的规则都具有合乎逻辑的象似性。语言在句法层面存在较多象似性理据。学界已归纳出六条原则：复杂性象似动因、独立性象似动因、次序象似动因、对称象似动因、重叠象似动因和范畴化象似动因（王寅，2007：535）。比如，语言顺序反映了言语链中所描述事件的次序，如 Shakespeare 的经典名句"They came, they saw and they conquered."。英汉语序的重要性无须赘述，不论是认知角度，还是逻辑角度，语序都应遵从相应的原则，而这一原则即为句符间的理据。

3.2.4 语篇理据

语篇理据指在篇章中和在作者或说话人的语言片段使用中，语言具有理据性。整体片段或篇章具有上下联系和紧密逻辑。若着眼于语言符号系统，表义单位越大，则理据性越强；表义单位越小，则任意性越强。作为语言符号系统的语篇，在谋篇布局上的理据性彰显了作者行文写作的逻辑性，具有更强的理据性（杨忠，2013）。格莱斯（Grice）的会话含义理论强调交际双方必须遵守合作原则以保证会话顺利进行，要遵守语用原则就不能违反合作的交际原则，那么语言就必须具有理据性。王寅（2007：552—564）比较象似性原则和语用原则，将数量象似性、顺序象似性和标记象似性进行了语用分析。在象似性理论框架中进行语用分析时，基本遵循着数量象似性原则、顺序象似性原则和标记象似性原则的顺序。

四 结语：理据性和任意性的统一

任意性和非任意性是矛盾之两面，理据性只是非任意性的下义词而非反义词。不存在没有任何根据而产生的语言符号，也不存在所有都可论证的语言符号，对任意性加以限制，语言才会有规则与秩序。但不可对语言符号进行完全理据性限制，那样语言符号的内部关系会固化，便失去语言系统关系网络里的创造性与生命力。任意性关注的是语言的潜在符号，即语言符号如何成为可能；理据性关注的是语言的现实符号，即语言符号如何具体生成。任意性是一个贯穿始终的变量，它是语言多样性，可变性和选择性的支持；理据性是一个普遍潜在的动因，它支持着语言的有序性、机制性和可证性（彭泽润，2003：77）。索绪尔在确立任意性为语言符号的第一重要性原则时主要是受到当时科学主义思潮的影响，使任意性成为语言符号的不证自明的公理式根本属性，并以"任意性原则是语言的基础属性之一"奠定了语言学的科学地位。

看待任意性和理据性关系需要辨明两者的对立面与共存面，我们应考虑以下三点：其一，任意性是先出现的，形成于语言符号创制之初，为理据性提供了基础，二者属于语言符号属性的不同层级。各种语言符号在创制之初，其能指与所指是言语社团内约定俗成的，并非是自然的有机联结。语言是社会产物，受到社会多元因素影响，新语言符号产生必以起初任意性的符号为基础。其二，任意性受到理据性的制约，在语义引申上尤为明显，引申义虽与事物自然属性并无直接联系，但引申并非完全任意，受到词源、词根、词缀、近义、反义等约束。第三，任意性与理据性在语言符号内是对立统一而相依共存的属性。两者虽为反义，但却如硬币之两面缺一不可。语言具有共时性也具有历时性，静态的、割裂的观点会对语言的本质以偏概全。

综观索绪尔提出的任意性理论，固然有合理性，但也有局限性，毕竟语言是人类社会心智的产物，应当以理据性为要。可见，理据性也是语言符号的重要自然属性。随着功能语言学和认知语言学的发展，学界已不满足于索绪尔在确立语言符号任意性当初把语言学研究囿于语言内部结构自洽的范畴中，需要考察语言符号同语境、认知主体和客体等的他洽关系。鉴于此，我们得出结论：任意性是结构主义语言学为确立现代语言学的科学性而人为设立的根本属性，而理据性也是语言符号的重要自然属性，它们是语言符号内具有反对关系的"一体之两面"。

主要参考文献

Boers, F. & S. Lindstromberg. Cognitive linguistic applications in second or foreign language instruction: Rationale, proposals, and evaluational. In G. Kristiansen et al (Eds). *Cogntive Linguistics: Current Applications and Future Perspectives* (pp. 305-355). Berlin & New York: Mouton de Gruyter: 2006.

Brown, R. *Words and Things*. New York: Free Press, 1958.

Firth, J. R. *The Tongues of Men and Speech*. Oxford: Oxford University Press, 1930/1964.

Lakoff, G. & Johnson, M. *Metaphors We Live By*. Chicago: Chicago University Press, 1980.

Pierce, C. S. *The Philosophy of Pierce* Buchler, T. (Ed.), NY: Harcourt, Brace. 1940.

Sapir, E. *Language: An Introduction to the Study of Speech*. New York: Harcourt, Brace. 1921.

Whitney, W. D. *The Life and Growth of Language*. New York: Dover, 1979/1875.

蔡金亭、朱立霞：《认知语言学角度的二语习得研究：观点，现状与展望》，《外语研究》2010年第1期。

岑麟祥：《语言学史概要》，世界图书出版公司2011年版。

范文芳、王倩、许颖：《试论语言符号的理据性》，《清华大学学报（哲学社会科学版）》2002年第3期。

郭鸿：《索绪尔语言符号学与皮尔斯符号学两大理论系统的要点——兼论对语言符号任意性的置疑和对索绪尔的挑战》，《外语研究》2004年第4期。

海德格尔：《诗，语言，思》，文化艺术出版社1991年版。

洪堡特：《论人类语言结构的差异及其对人类精神发展的影响》（中译本），姚小平译，商务印书馆1999年版。

胡铁生、伍思静：《论语言符号的任意性和像似性的互动关系》，《学术交流》2010年第8期。

胡壮麟：《当代符号学研究的若干问题》，《福建外语》1999年第1期。

李葆嘉：《论索绪尔符号任意性原则的失误和复归》，《语言文字应用》1994年第3期。

李二占：《词语理据研究：一门处于现在进行时阶段的新学科》，《外国语文》2015年第5期。

李二占：《试论语言理据研究的价值和意义》，《中国外语》2008年第1期。

李二占、王艾录：《"理据"作为语言学术语的几种涵义》，《当代外语研究》2011年第4期。

李二占：《试论索绪尔的语言理据观》，《西安外国语大学学报》2021年第3期。

李谨香：《语言符号的音义理据探源》，《求索》2004年第7期。

李明：《语言符号的根本属性是任意性的》，《外国语》2008年第2期。

梁梓霞：《从约定俗成的角度再论语言的本质》，《太原城市职业技术学院学报》2020年第3期。

林艳：《任意性和理据性是语言符号的本质属性》，《语言与翻译》2006年第1期。

彭泽润：《语言理论》，中南大学出版社2003年版。

索绪尔：《普通语言学教程》，商务印书馆2002年版。

王艾录：《关于语言符号的任意性和理据性》，《解放军外国语学院学报》2003年第6期。

王艾录：《中文有理有据三千词》，商务印书馆2010年版。

王德春：《论语言单位的任意性和理据性——兼评王寅《论语言符号象似性》》，《外国语》（上海外国语大学学报）2001年第1期。

王寅：《体认语言学发凡》，《中国外语》2019年第6期。

王寅：《象似性原则的语用分析》，《现代外语》2003年第1期。

王寅：《从后现代哲学的人本观看语言象似性——语言学研究新增长点之六：象似性的哲学基础与教学应用》，《外语学刊》，2009年第6期。

王寅：《认知语言学》，外语教育出版社2007年版。

许国璋：《语言符号的任意性问题——语言哲学探索之一》，《外国教学与研究》1988年第3期。

荀子：《荀子》，中国文联出版社2016年版。

雅柯布森：《雅柯布森文集》，湖南教育出版社2001年版。

杨忠：《索绪尔语言符号系统观的贡献与局限》，《外语学刊》2013年第4期。

姚小平：索绪尔《普通语言学教程》中的Langue, Language, Parole, 李宇明等主编《言语与言语学研究》，崇文书局2005年版。

于洁：《语言符号任意性和象似性问题法哲学思辨》，《江西师范大学学报（哲学社会科学版）》2004年第2期。

朱永生：《论语言符号的任意性与象似性》，《外语教学与研究》2002年第1期。

（时健 西安 西安科技大学人文与外国语学院 710600 smith168@126.com；曹思源 西安 西安科技大学人文与外国语学院 710600.）

形义映射突显二语教学模式

张京鱼

摘要：本研究试图构建一个将张京鱼的语义突显层级模式完善并应用到二语教学实践的教学理论：形式-意义映射突显模式（Form-Meaning Mapping Salience Model），简称形义突显模式。该模式将语言本体的形义映合突显性特点、二语习得和外语教学三者融为一体。它的建构具有丰富二语习得和教学理论，提高教学效率的应用意义。

关键词：形义；突显性；语义突显层级模式；二语教学

Form-Meaning Mapping Salience Model as an L2 Learning Theory

ZHANG Jingyu

Abstract: This study attempts to construct an L2 learning theory based on applying Zhang's Semantic Salience Hierarchy Model into the learning and teaching practice of a second learning. The newly-constructed model is named "Form-Meaning Mapping Salience Model" and it incorporates the salience of the ontologically linguistic form-meaning mapping, second language acquisition and learning into an integration. The construction of such a form-meaning mapping salience model not only enriches second language learning theories, but has both applications and implications for second language teaching and learning in general.

Key words: form-meaning; salience; Semantic Salience Hierarchy Model; L2 teaching and learning

一　引言

全球化与"一带一路"人类命运共同体建设都需要更多的双语和多语人才。双语及多语人才需求也是国家语言能力提升的需求，给汉语作为二语教育和英语及其他外语作为二语教育提出了教学改进和创新的使命。语言学选题指南"二语习得输入与产出的理论和应用研究""外语教学法创新与实践研究"和"中国特色外语教育教学理论研究"便是对这一使命研究需求的反应。如何将二语习得理论应用到二语教学实践，如何构建契合二语习得规律的教学理论便是本课题所要回答和解决的问题。本研究与选题指南密切相关，还涉及句法—语义范畴类型学研究。"形式—意义映射突显模式"的前身是张京鱼创建的语义突显层级模式，后者是一个致使结构语言表征理论和二语习得理论，其构建基础就是探究语言共性的生成语法和语言类型学两个途径结合的产物。本研究试图构建一个将语义突显层级模式完善并应用到二语教学实践的教学理论：形式—意义映射突显模式（Form-Meaning Mapping Salience Model），简称"形义突显模式"。形义突显模式的构建基于二语习得和二语教学本质上相同的基本假定，是一个既揭示又指导二语能力发展的理论。该模式的建构具有丰富二语习得和教学理论，提高教学质量和效率的实际意义。

二　研究现状述评与研究意义

形义突显模式的前身是语义突显层级模式，后者"是中国学者提出的为数不多的二语习得理论，值得国内学者关注"。冯晓、常辉（2016）"'语义突显层级模型'及其实证研究述评"一文对该二语习得理论所做的评论是"'语义突显层级模型'从语义突显度视角预测二语英语中致使结构的习得顺序，并对语义突显度做了比较细致的解读和阐释。大量相关研究证实了该理论的正确性和合理性，而且，该理论的适用范围可能还会更大，比如母语习得和三语习得，除英语外的其他语言，甚至除致使结构以外的其他结构"（p.61）。冯晓、常辉（2016）评述中所依据的证据仅来自国内的知网数据，下面的证据文献补充了国外的和2016年之后的，如张京鱼（2003，2004，2005，2007，2014，2015，2019），陈国华、周榕（2006），戴曼纯、刘晓英（2008），Dehghan & Jabbari（2011），胡文飞（2011），常辉（2011，2014），黄小平、侯国金（2015），Tash（2015），赵静、王同顺（2016），周岸勤（2016），Yoon et al（2017），康建东（2017），杨柳（2017），刘璐（2018），吴菲（2018），王娇艳（2019）等。常辉（2011）在《世界汉语教学》上发表的"母语为英语的留学生汉语致使结构的习得研究"在汉语二语习得中验证了该理论。张京鱼（Zhang，2019）报告了该理论对英美澳留学生汉语动结式习得的解释力。艾哈麦提（Tash，2015）提供了该理论在英语心理谓词三语习得中的支持证据。

  本研究选择形义突显模式二语习得和教学理论构建，而不是将二语习得和二语教学理论分开构建，因为已有的二语习得理论很多，教学法也不少。大部分早期二语习得研究的目的是提高语言教学的质量（Ellis & Shintani，2014），然而二语习得和语言教学研究至今还没有得出任何可信的内置教学大纲，也没有一个可以推广操作的自然习得顺序或语言发展路径（肖云南、戴曼纯，2004）。二语习得理论研究和教学法实践之间存在错位现象，需要将二语习得理论与二语教学直接关联。只有将二语习得理论付诸于教学实践才能真正理解它们对教学语境的意义（Lightbown，2003）。教授型/课堂二语习得（ISLA）便是在二语习得和二语教学关联需求下应运而生的，它有别于自然环境下的语言习得，致力于探索课堂环境下如何系统操纵学习生态，凸显语言形式特征，促发学习者在认知层面的"注意"，促成语言学习发生（陈浩，2019）。文秋芳教授的"产出导向法"和王初明教授的以"续"促学模式等都是中国学者创建的具有极高应用价值的教学理论，为推动中国外语教学理论创新作出的有益尝试。我国的二语习得理论建设似乎没有得到足够的重视，二语习得研究及理论建设还有待加强（戴曼纯，2010）。

  2016年东亚应用语言学（AILA-East Asia）研讨会的主题是"连接二语习得研究与英语语言教学实践：机会与挑战"，笔者应邀所做的主旨发言就是"语义突显层级模式与致使结构的教学"。袁博平教授在2010年第十届国际汉语教学研讨会的主旨发言报告"汉语二语习得研究与对外汉语教学的结合——以教授汉语结果补语为例"也是以点带面的建构路径。形义突显模式建设源自连接语义突显层级模式与二语教学实践的应用语言学学科持续性发展的需求，形义突显涵盖形式-功能突显，即句法与语义和句法与语用/语篇的突显，从致使结构二语习得扩展到整个二语习得和二语教学，实现解释力和应用性双优化目标。

形义突显模式二语习得及教学理论建构目标是实现二语习得理论与二语教学实践双优化目标，因为针对二语教学中的"学用分离"弊端，找到有效改进方案，既需要构建完善的理论体系，又需寻找操作性强的实践路径（文秋芳 2017）。二语习得研究的理论建设问题研究也是学科发展的需要（戴曼纯，1997，2009，2010；戴炜栋、周大军，2005；Doughty & Long，2003；Jordan，2004；Gregg，2004；Van Patten & Williams，2007；Ellis & Shintani，2014；王文斌、李民，2016；文秋芳，2018；Larsen-Freeman，2019等）。徐承萍、张文忠（2020）考察了形义映合特征对英语动词论元构式习得的影响研究，其结果显示形义映合特征对构式习得的影响作用明显，且具有持久性。因此，本研究是构建中国特色外语教育教学理论研究，有助于完善语义突显层级模式，丰富二语习得和教学理论建设。本研究的成果将启迪于汉语作为二语教育和英语及其他外语作为二语教育的教学实践。

三　研究内容

（一）研究对象

我们的研究对象本质上是（母语）语言与发展中第二语言（中际语），也就是双语（Bilingualism）。确切地说是双语语言知识或者双语能力（bi-linguistic competence）。具体到本研究里就是双语/二语的形式意义突显模式。形义突显模式是整体二语能力习得模式，它是从部分二语能力习得模式（语义突显层级模式）演绎而来。语义突显层级模式是致使结构或者因果关系表达式二语能力习得模式。

"致使"是人类语言普遍存在的一个语义范畴，而致使结构就是对这一语义范畴的表征模式。致使结构指用以表述一个含因果关系的致使情景的结构，即动词或动词性的结构，如汉语中的使动句、动结式、"把"字句、"得"字句以及双及物结构等都是典型的致使结构。英语的致使结构主要有词汇使役动词，缀合化使役动词，句法使役构式（使动句）和结果构式等。对英汉语言的致使结构的这一简单罗列就可看出英汉语之间存在的一个基本参数差异：英语的致使结构是词汇化的，即英语是主要通过词汇手段表达致使关系，而汉语是通过句法手段表达致使意义。使役动词涉及使役与起始转换、使役与非使役（或者反使役）和被动式。动结式或者结果构式的二语学习还涉及体态（aspect）和时态（Tense）习得的问题，如汉语的完成体"了"就表示"终结"的语义，与英语的过去式标记"-ed"有相似的功用，母语为英语的汉语学习者就应用母语这一相似的形式来学习动结式（Grover，2015）。因此，致使结构（因果关系的表达式）的教学理论涵盖语言的功能范畴（轻动词和体态）和词汇范畴，是语法或者语言的缩影。语义突显层级模式是揭示二语里致使结构的表征模式，展现的是部分二语能力习得模式。

形义突显模式是自然语言表征模式和社会文化使用模式的兼容和融合模式，涵盖形式-语用功能的突显度。例如：*Give me a penny*（给我一分钱）与 *Can you spare me a penny*?（请匀给/舍给我一分钱!）两句对照突显二语学习的语言和社会文化性。两句都是乞丐的讨钱话语，即言语行为都是请求，前者绝对讨不来钱，而后者极会成功。两句动词都是双及物动词（give 是典型的双及物动词，而 spare 的双及物性是其非典型用法），前一句采用祈使句形式，而后一句是一般疑问句。祈使句表请求不仅要符合权力结构，而且要附加弱化"命令"的委婉语，如 *will you*?（好吗?）等。形义突显模式解释力和教学性从此可见一斑。形义突显模式是整体二语能力习得模式。

（二）总体框架

基本假定（Fundamental Assumption）：二语习得理论和二语教学理论在本质上是相同的（fundamentally the same）因为它们具有相同研究目标——二语能力发展。二语习得理论偏重二语能力发展之法，二语教学理论偏重二语能力发展之果。

第一部分阐明理论基础和立场：

（1）人类社会生物学的基因—文化协同进化论（Wilson，1980）：语言本能性、多元性与变异性（Evans & Levinson，2009；Pinker & Jackendoff，2009）；

（2）UG 学习机制和基于使用的学习机制互补而非对立的调和观；

（3）语言形式的共时线索（蕴含在语言中的更抽象的、更具普遍意义的结构特征）与语言形式历时语法化的调和观；

（4）语言生态的可供性（affordance，Gibson，1979；van Lier，2004）、语言类型学的多元性（Evans & Levinson，2009）和跨语言的可迁移性、以及动态系统性等。

第二部分阐述形式—意义凸显模式：

1. 二语习得理论或者心理语言学模式

（1）形义一对一（一个形式对应一个意义）最省力原则（One-to-One Least Effort Principle）。

（2）语义突显层级模式：致使结构的二语习得是对与句法相关的语义成分［致使］在自然语言中实际表征突显度的反映。语义突显度能够反映致使结构习得的难易度，致使结构的习得顺序应当是致使义从显性到隐性的过程。

（3）形义突显模式：语言所有形义映射，或者形式与语用功能匹配的习得顺序都是从显性到隐性的过程。

2. 二语教学理论

（1）理论理据：显性二语语法知识的习得可以随二语输入增多而逐渐习得，但隐性二语语法知识则不一定会呈现发展性模式。

（2）二语教学指导原则：

（i）把学习者的注意力聚焦到以意义为中心的形式识别或者确认上；

（ii）开展突显学习者语言学习的可供性的教学活动；

（iii）形义突显跨语对比和显性元语言讲授；

（iv）以学习者当前中际语状态 ILS^{i+1} 迭代式方法教授学生适应他们的语言资源。

（3）评估原则：形义突显的语言水平测量和以学生自我参照或者指认的方式评估学生。

第三部分展示形义突显模式假设和预测检验：（1）二语理论实证检验；（2）二语教学实践检验。

本研究的终极目标：构建一个既揭示又指导二语能力发展的理论——形义突显模式。

（三）研究的重点、难点与主要目标

本研究的重点有二：（1）对形式-意义突显模式的语言学、心理学、教育学和社会文化理据论证；（2）对形义突显度心理语言学模式的细化；（3）对形义突显化教学途径教学实践流程细化；（4）实证和实践检验。

二语习得和二语教学两者研究目标不同：前者关注语言习得的必要条件和充分条件，而后者关注如何提高教学效率。这给教授型/课堂二语习得（ISLA）带来了机遇和挑战。本研究的难点就是弥合二语习得和二语教学之间的缝隙（gap），在基于两者本质上相同（fundamentally the same）的基本假定上构建一个既揭示又指导（guide）二语能力发展的理论。

我们的主要目标是完善"中国学者提出的为数不多的二语习得理论"——语义突显层级模式，并将其解释范围从致使结构（致使与非致使表达式）扩展到整个语言结构，并且实现将其与二语教学实践相连接的目标。形义突显模式的核心词"突显"在二语习得理论里是名词性的"突显度"，而在二语教学理论里是动词性的"突显化"。简言之，本研究旨在实现形义突显模式解释力和应用性双优化目标。

四 思路方法

（一）基本思路

形式与意义映射或者匹配模式是语言能力的核心。突显度（salience）在语言发展中发挥重要作用，因为突显度越高越能引起学习者的注意，从而在学习中分配更多的认知资源，加速习得。语义突显层级模式成功地预测了致使结构二语习得中致使结构的二语习得是对与句法相关的语义成分［致使］在自然语言中实际表征突显度的反应（张京鱼，2003，2004，2005，2007，2014，2015，2019）。根据该理论，语义突显度能够反映致使结构习得的难易度，致使结构的习得顺序应当是致使义从显性到隐性的过程。［致使］的语义突显度与主语的有生性有关：主语的有生性影响致使义的突显度。"有生性层级假说"指出零位致使在与无生主语组合时最显著，在与转喻人（Metonymic Human）组合时居中，在与有生主语组合时最不显著，突显层级为：无生>转喻人>人（有生）。其中转喻人指用人类属性或视觉和听觉感官的感知来指涉人，如 *a satisfied* smile（满意的微笑），其有生性低于人。

本研究将语义突显层级模式的解释范围扩展和提升到整个二语语言学习。所谓的扩展和提升其实就是理论完善，因为模式的核心仍然是突显度（salience）。形义突显模式的"突显"在二语习得理论里是名词性的"突显度"而在二语教学理论里是动词性的"突显化"。因此，作为教学理论的"形义突显模式"提倡的是对形义映射或者匹配格局或者线索的显性教学。

（二）具体研究方法

二语习得研究关注语言习得的必要条件和充分条件，心理语言学属性决定其实证性质，实验工具有二，一是句子可接受性判断测试；二是图片产出性测试，有利于发现受试对结构的选择，从中发现受试对句式的偏爱是否与母语有关，是否采用"回避"策略等。二语教学研究关注如何提高教学效率，其理论建构采用思辨或者辩证研究法（文秋芳，2017）。

（三）研究计划与可行性

我们将首先完善语义突显层级模式，将其发展成形义突显模式。我们拟采用实证研究和教学实践研究。形式和意义的关联是二语习得理论中必不可少的组成部分（Van Patten et al, 2004），正因为如此长期以来是二语习得领域中的研究兴趣所在。我们已成功创建了语义突显层级模式，而该模式构建的初心就是为了解决消除二语学习中整体性错误（global errors）之法，即兼具教学性。突显性在二语习得中的作用得到越来越多研究的证实。森特朗-万伦庭与爱利斯（Cintrón-Valentín & Ellis, 2016）报告了物理形式、学习者注意力及教学焦点突显度都以多样的方式影响二语习得的成功。聚焦形式的教学产出了实质性的定向目标二语获得，显性教学类型比隐性教学类型更有效，而且二语教学的效果有持续性。聚焦意义法（focus-on-meaning）只有在关注语言自身，即聚焦形式法（focus-on-form）时才能提高教学效果，原因是学习者的注意力简短地转移到语境里语言编码特征上去诱发注意。诸如此类研究发现都为本研究的可行性提供了支持。

五 结语

　　语义突显层级模式是中国学者创建的为数不多二语习得理论，形义突显模式是将其完善成揭示二语学习机制和能力发展路线图的理论。形义突显模式建构坚持本能、多元和变异之语言之本质，是基因-文化协同发展的理论。形义突显模式是在二语习得和二语教学本质上相同的基本假定上构建的一个既揭示又指导二语能力发展的理论。二语习得方面偏重二语能力发展之法，二语教学方面偏重二语能力发展之果。形义突显模式兼具二语习得和二语教学双重性质，实现将二语习得理论研究与二语教学实践的直接连接。"突显"在习得模式是名词性的"突显度"，而在教学途径里是动词性的"突显化"。本研究的去向是语言学、心理学、教育学等跨学科研究和教学领域，尤其是汉语国际教育和外语/二语教学，它将启迪于汉语作为二语教育和英语及其他外语作为二语教育的教学实践。

主要参考文献

　　常辉：《语义和形态对中国学生习得英语心理使役动词的影响》，《现代外语》2014年第5期。

　　常辉：《母语为英语的留学生汉语致使结构的习得研究》，《世界汉语教学》2011年第1期。

　　陈国华、周榕：《基于语料库的使役性心理谓词的习得比较研究》，《解放军外国语学院学报》2006年第4期。

　　戴曼纯：《二语习得研究理论建设几个核心问题》，《外语与外语教学》2010年第5期。

　　戴曼纯、刘晓英：《中国英语学习者心理动词习得实证研究》，《外语学刊》2008年第5期。

　　戴炜栋、周大军：《中国的二语习得研究：回顾、现状与前瞻》，《外国语》2005年第2期。

　　冯晓、常辉：《"语义突显层级模型"及其实证研究述评》，《第二语言学习研究》2016年第2期。

　　顾伟勤等：《多外语学习的语言习得原理、认知规律及学习方法研究》，上海教育出版社2011年版。

李静文：《二语习得视角下对外汉语语法教学中的"形式"与"意义"——以马来语为例》，《国际汉语学报》2018年第2期。

王初明：《外语教学三大情结与语言习得有效路径》，《外语教学与研究》2011年第4期。

王初明：《从"以写促学"到"以续促学"》，《外语教学与研究》2017年第4期。

王文斌、李民：《"教学理论""教学流派"和"教学方法"概念之辨》，《中国外语》2016年第3期。

文秋芳：《构建"产出导向法"理论体系》，《外语教学与研究》2005年第4期。

文秋芳：《辩证研究法与二语教学研究》，《外语界》2017年第4期。

徐承萍、张文忠：《形义映合特征对英语动词论元构式习得的影响研究》，《外语与外语教学》2020年第2期。

袁博平：《汉语二语习得研究与对外汉语教学的结合——以教授汉语结果补语为例》，第十届国际汉语教学研讨会论文选，2010年8月18日。

袁博平：《谈国际汉语基础研究与教学应用的关系》，《世界汉语教学学会通讯》2014年第3期。

张京鱼：《大学生英语色彩使役动词习得研究》，《外语教学与研究》2005年第6期。

张京鱼：《语义突显层级模式与致使结构的二语习得》，中国社会科学出版社2014年版。

张京鱼、张长宗、问小娟：《有生性在中学生英语心理谓词习得中的认知作用》，《外语教学与研究》2004年第5期。

张绍杰、杨忠：《我国外语教学—学习模式的整体构想——桂诗春"系统工程说"对于外语教学的启示》，《外语教学》1991年第2期。

Andersen, R. The one to one principle of interlanguage construction. *Language Learning*, 1984, (34): 77–95.

Carroll, S. E. Input and SLA: Adults' Sensitivity to Different Sorts of Cues to French Gender. *Language Learning*, sup. 2005: 79–138.

Cintrón-Valentín, M. & Ellis, N. Salience in Second Language Acquisition: Physical Form, Learner Attention, and Instructional Focus. *Frontiers Psychology*. 2016, 7: 1284.

DeKeyser, R. M. What makes learning second-language grammar difficult? A review of issues. *Language Learning*. 2005, 55: 1-25.

Doughty, C. J., & Long, M. H. Optimal psycholinguistic environments for distance foreign language learning. *Language Learning Technology*. 2003, 7: 50-80.

Ellis, N. Selective attention and transfer phenomena in SLA: contingency, cue competition, salience, interference, overshadowing, blocking, and perceptual learning. *Applied. Linguistics*. 2006, 27: 1-31.

Ellis, R. *Form-Focused Instruction and Second Language Learning Language Teaching Research and Pedagogy*. Hoboken, NJ: Wiley-Blackwell, 2012: 271-306.

Ellis, R. & Shintani, N. *Exploring Language Pedagogy through Second Language Acquisition Research*. New York: Routledge, 2014.

Evans, N. & Levinson, S. C. The myth of language universals: Language diversity and its importance for cognitive science. *Behavioral and Brain Sciences*. 2009, 32: 429-492.

Jordan, G. *Theory Construction in Second Language Acquisition*. Amsterdam: John Benjamins Publishing Company, 2004.

Larsen-Freeman, D. Second Language Development in Its Time: Expanding Our Scope of Inquiry. (第二语言发展回顾与展望：扩大我们的研究视野：中国应用语言学 2019 年第 3 期。)

Lightbown, P. Great expectations: Second-language acquisition research and classroom teaching. *Applied Linguistics*. 1985, 6: 173-189.

Norris, J. M., & Ortega, L. Effectiveness of L2 instruction: a research synthesis and quantitative meta-analysis. *Language Learning*. 2000, 50: 417-528.

Pinker, S. & Jackendoff, R. The reality of a universal language faculty. *Behavioral and Brain Sciences*. 2009, 32: 465-466.

Van Lier, L. *The Ecology and Semiotics of Language Learning: A Sociocultural Perspective*. Dordrecht: Klumwer Academic Publishers, 2004.

Van Patten, B., Williams, J., Rott, S. & Overstreet, M. *Form-Meaning Connections in Second Language Acquisition*. Mahwah, NJ: Lawrence

Erlbaum Associates, Inc., 2004.

Zhang, Jingyu. Animacy Hierarchy Effects on the L2 Acquisition of Attributive Psych Adjectives, *Applied Psycholinguistics*, 2015, 36 (2): 275-298.

Zhang, Jingyu. Review of "*From Body to Meaning in Culture*" by Ning Yu, Metaphor and Symbol, 2010, 25 (1): 58-61.

Zhang Jingyu, *The Semantic Salience Hierarchy Model: L2 Acquisition of Psych Predicates*, Bern: Peter Lang, 2007.

(张京鱼 西安 西安明德理工学院语言文化传播学院 710124 zhangjy@mdit.edu.cn)

四个知识性因素对学生翻译创造力的综合影响
——以中国旅游景点名称汉英翻译为例

王光庭　唐　玮

摘要：创造力在翻译中必不可少，但在翻译教学中从哪些方面可以有效训练提高学生的创造力仍有待研究。本研究依据新布卢姆分类法里的知识维度，以中国旅游景点名称汉英翻译为例，实证考察了语言能力、学习策略、自效认知和特定领域知识这四个具有代表性的知识性因素对学生翻译创造力的综合影响。我们利用 Mplus 中的路径分析法对收集到的实证数据进行分析，结果表明：1) 语言能力、自效认知和特定领域知识显著影响学生的翻译创造力；2) 学生的学习策略并不直接影响其翻译创造力，但对其他三个知识因素都有显著影响，因此，学习策略与学生翻译创造力之间可能存在间接联系。根据研究结果，我们从教学角度针对培养学生的翻译创造力提出了几点实际建议。

关键词：翻译创造力；语言能力；学习策略；自效认知；特定领域知识

Synthesizing the Effects of Knowledge Factors on Students' Translational Creativity: Taking English Translation of Chinese Culture-Loaded Tourist Attraction Names as an Example

WANG Guangting, TANG Wei

Abstract: Creativity is essential in translation, which calls for more research on how to improve students' creativity in translation. The present study, based on the knowledge-dimension of the Revised Bloom's Taxonomy, examines and synthesizes the effects of four representative knowledge factors, namely language proficiency, learning strategies, self – efficacy, and domain – specific knowledge, on student translators' creativity in translation, and then verified the model in the setting of classroom training by taking the Chinese – English translation of culture – loaded tourist attraction names as an example. The empirical data collected were analyzed by using path analysis in Mplus. The results showed 1) language proficiency, self-efficacy and domain-specific knowledge significantly affected students' translational creativity; 2) students' learning strategies did not directly affect their translational creativity; however, it yielded significant effects on all the other three knowledge factors, which may suggest an indirect connection between the learning strategies and students' translational creativity. In light of the results, some pedagogical implications are discussed for improving translational creativity training.

Key words: translational creativity; language proficiency; learning strategies; self-efficacy; domain-specific knowledge

一 引言

20世纪80年代末以来，创造性作为一个课题出现在翻译研究领域。只要没有现成的对等翻译，创造力就会在翻译中发挥作用（Jääskeläinen，2012）。近年来，为了提高语言景观和整个城市形象，国家相关的语言机构和翻译研究者也多次提到旅游翻译中的创造性问题。例如，李宇明教授在教育部语言文字信息管理司编写的《公共服务领域英文译写指南》（2016）的序言中明确指出：对于文化信息用语要"用目标语言进行话语创造"，而"旅游领域的中国人文景观名称包含有丰富的中华文化信息，如何译写，还有待深入研究"。很多旅游景点名称集中浓缩了中华文化特色，其信息功能、诱导功能、文化外宣功能与有限的公示牌空间相契合等要求都需要译者发挥其创造力。

为了安全或不导致误译之目的，有专家对于景点名称的翻译提出了"全名译音+通名译意"（如牛新生，2013）。这种较为格式化的翻译，无论从译者和读者的角度，都没有很好地解决文化传递的问题，也没有达到目的语交际认知的功能，有可能为文化交流带来障碍，甚至产生无效翻译。另外，景点名翻译缺乏创造性还体现在千篇一律上，典型例子如目前"景区"二字在国内一律翻译成了 Scenic Area，丝毫不区分景区的真正性质，比如这个"景区"实际上可能是个娱乐性的公园（park），或者人文景观，如寺庙（temple），甚至只是个购物区（shopping mall），等等。这时，译者需要在足够的领域知识基础上，不囿于中文字面，创造性地、准确地将景区性质传递给来自另一文化背景的游客。

当然，也有不少翻译研究者（如 Guillen，2004；Hatim，2004；杨红英，2011；乌永志，2012；吕和发、蒋璐，2013）通过自己的翻译实践和研究分析，认识到并强调了在翻译具有丰富文化信息的旅游文本时，创造力的必要性。文化负载的旅游景点名称汉英翻译作为创造性翻译的典型例子，已经引起了越来越多的翻译研究者的关注。他们从广告语言创意（吕和发、蒋璐，2013），翻译目的论和翻译类型学（潘虹，2010；周霞，2017），叙事理论（林金艳、李红英，2016），认知机制（汤敬安、余叶子，2019）等不同角度对景点名称创造性翻译进行了探讨，但大多数是说明或总结翻译中存在问题及其创造性翻译策略的。

国外有关创造性翻译的研究已经注意到了一些影响翻译创造力的因素，如目的语言能力（如，Forstner et al.，2009；Kroll et al，.2002；Kussmaul，1995）、放松和自信（如，Kussmaul，1995）、策略能力（如，Hadley & Reiken，1993；PACTE，2009）、特定领域的知识（如，Gandin，2013；Pierini，2007）、内在和外在动机（Amabile，1983；Collins & Amabile，1999）、智力能力（Lubart & Sternberg，1995）、个性（Feist，1998）、情绪（Rojo & Caro，2016）以及情绪的控制（Cifuentes-Férez & Fenollar-Cortés，2017）等。然而，到目前为止这些因素并没有得到统合的分析。对于学习翻译的学生，从哪些方面入手在翻译教学中训练提高他们的翻译创造力还缺少相关的实证研究。

基于以上两方面问题，本实证研究从教学角度出发，以新布卢姆分类法（Krathwohl，2002；Krathwohl & Anderson，2009）里的知识维度为理论基点，以文化负载的中国旅游景点名称翻译为例，在课堂训练的背景下，检验和分析典型的四个知识性因素对学生翻译创造力的综合影响。研究结果有利于我们了解哪些潜在的知识性因素会影响学生的翻译创造力，既可以补足相关的理论研究证据，也对训练学生提高其翻译创造力具有重要的教学意义。

二 理论背景

(一) 新布卢姆分类法的知识维度框架

虽然根据定义，创造性思维超出了知识的范畴，但知识是构建新思想的基石（Weisberg，1999：226）。因此，我们采用新布卢姆分类法（Krathwohl，2002；Krathwohl &d Anderson，2009）的知识维度作为该研究的理论框架。布卢姆分类法（Bloom's Taxonomy；Bloom，1956）在很多教学活动中得到了广泛应用，如课程规划、教学大纲、学习目标设定等等。新布卢姆分类法是原分类法的进阶版，它将原布卢姆分类法的单维框架改为二维框架，包含知识维度和认知过程维度。知识维度是本文的理论基点，它包括事实性知识、概念性知识、程序性知识和元认知知识（见表1）。

表1　　新布卢姆分类法的知识维度（Krathwohl，2002：214）

A. 事实性知识
　　Aa. 术语的知识
　　Ab. 具体细节和要素的知识

B. 概念性知识
　　Ba. 分类和类别的知识
　　Bb. 原理和概括的知识
　　Bc. 理论、模型和结构的知识

C. 程序性知识
　　Ca. 特定领域的技能和算法的知识
　　Cb. 特定领域技术和方法的知识
　　Cc. 确定何时使用何种适当程序的知识

D. 元认知知识
　　Da. 策略知识
　　Db. 关于认知任务的知识，包括合适的情境知识
　　Dc. 自我认知知识

我们采用知识维度而非认知过程维度作为本研究的理论基础，主要有以下两个原因。第一，从系统培养学生翻译创造力的角度出发，我们主张翻译创造能力是由基础知识体系构成的。第二，目前在正常教学中，翻译

训练的大规模评价或考核通常是通过学生的翻译作品来进行，而不是记录或阐述翻译过程。我们同意阿马比尔（Amabile，1982：1001）的观点，"任何一个对思维过程创造性的认定，最终都必须取决于该过程的成果——产品或反应"。

（二）四个典型的知识性因素

在确定了从知识性因素入手后，我们搜索了四个数据库（Science Direct、EBSCO、JSTOR 和 ProQuest）里 2020 年之前发表的关于翻译创造力影响因素的文章，然后，根据本研究的研究目的和理论基点，我们排除了认知过程维度相关的因素，如情感（Rojo & Caro，2016；Cifuentes-Férez & Fenollar-Cortés，2017）、内在动机和外在动机（Amabile，1983；Collins & Amabile，1999）、智力能力（Lubart & Sternberg，1995）、人格（Feist，1998）等非知识性因素，最后确定了 4 个典型的与翻译创造力相关的知识性因素。它们分别是语言能力（Forstner et al.，2009；Kroll et al.，2002；Kussmaul，1995；Bayer-Hohenwarter，2011，王爱琴、任开兴，2016）、特定领域知识（Sternberg & Lubart，1995；Munford & Gustafson，1988；Feldhusen，1995；Dann，1996；Gandin，2013；Mednick，1962；Pierini，2007）、学习策略（Hadley & Reiken，1993；Cohen，1998；Nosratinia et al.，2014；PACTE，2009）和自效认知（Bandura，1986；Kussmaul，1995；Stajkovic & Luthans，1998；PACTE，2009）。

语言能力可以作为衡量其语言知识和技能的指标，在知识维度框架中属于事实性知识、概念性知识和程序性知识的范畴。特定领域知识包含在框架中的事实性知识、概念性知识和程序性知识中。学习策略代表的是策略性知识，是框架中元认知知识的一个组成部分。学生翻译的自效认知与个人翻译能力的自我知识或自我认知密切相关，属于理论框架中的元认知知识范畴。另外值得注意的是，这四个潜在因素还可能互相影响，如学生的语言能力和自效认知（Jiménez Ivars et al.，2014；Magogwe & Oliver，2007；Raoofi et al.，2012；Zimmerman et al.，1992），语言能力与学习策略（Ehrman & Oxford，1990；Green & Oxford，1995；Khaldieh，2000；Wharton，2000），自效认知与学习策略（Magogwe & Oliver，2007），等等。

(三) 假设关系和研究问题

依据新布卢姆教育目标分类法的知识维度，在回顾和总结相关文献的基础上，本研究将可能影响学生翻译创造力的典型知识性因素集合成一个综合性假设关系。根据文献中已发现的相关性证据，该假设关系中不仅包括知识因素与翻译创造力之间的潜在联系，还包括各知识因素之间可能存在的影响，如图1所示。

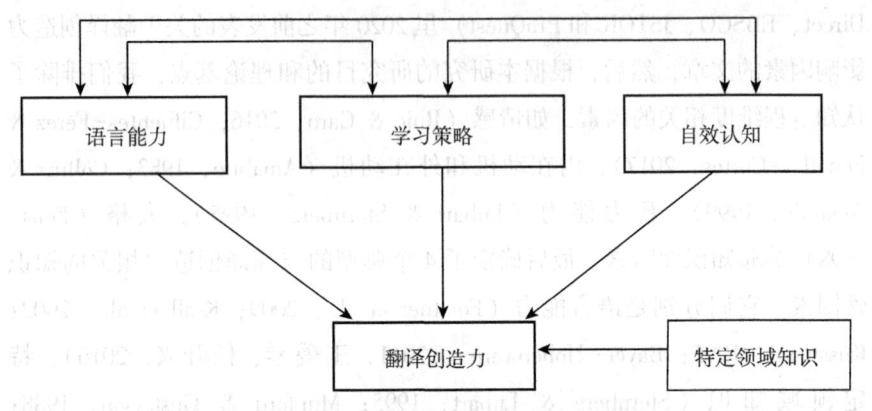

图1 四个知识性因素与翻译创造力之间的假设关系

假设关系主要呈现两种关系：一种是四个因素与翻译创造性之间的关系，另一种是各因素之间的关系。对应这两种关系，本研究的具体研究问题分别是：

1. 假设关系中的四个典型知识性因素是否直接或间接地影响学生翻译的创造性？
2. 假设关系中的四个典型知识性因素在影响学生译者翻译创造性方面是如何相互联系的？

三 方法

(一) 被试

本次实验的被试来自中国某外国语大学旅游英语专业，其中男26人，女138人（平均年龄20.84岁）。这些学生是本科三年级的学生，均自愿参加本次研究。

（二）数据收集过程

在学生上完旅游翻译课程中公示语翻译部分后，我们进行了一次包含 15 个旅游景点名称，时长 45 分钟的翻译小测试，其间不允许使用任何形式的词典。测试之后，发放了一项有关测量翻译学习策略和自效认知的调查问卷。

我们以学生上学期"中国文化遗产解说"课程的期末成绩作为翻译文化负载景点名称所需的特定领域知识的指标，以全国英语水平考试英语专业四级考试（TEM4）的成绩作为语言水平的指标。

（三）相关因素评分

1. 翻译创造力

2011 年，豪亨沃特（Bayer Hohenwarter）总结了创造性翻译的主要三种类型/方式：抽象、修改或具体化。抽象化是指译文比原文更精缩；具体化是指译文比原文更具体更详细；修改是指在既不是更抽象也不是更具体的情况下的诸如等效替换等。基于 Hohenwarter 的分类，我们的翻译测验题目包括 15 个文化负载型旅游景点名称，分别需要这三种创造性转换中的一种（见附录）。选材的原则是：如果缺乏创造性转换只按字面直译，就会造成一定程度的无效翻译。测验的指示语中鼓励学生站在旅游者的立场思考，大胆地用自己的方式提出可理解、可接受的翻译。

为了评价学生在翻译每个景点名称时的创造性，我们采用了创造力评估常用的同感评估技术（CAT：the consensual assessment technique；Amabile，1982）。三位旅游翻译教授专家被邀请为评审。所有的翻译作品都是评审们先独立地看，对所有作品总体有一个大致了解。然后，评审根据自己对创造性的理解，在 5 分级的李克特量表上对翻译作品进行了单独评分，其中 5 分为最高，1 分为最低，另外 3 分为"高""中"和"低"。每位评委以不同的随机顺序阅读和评价所有翻译作品。

2. 学习策略

问卷中使用语言学习策略量表（SILL；Oxford & Burry-Stock，1995）检测学生们的学习策略。为了尽量减少调查中的项目数量，我们根据阿尔达西瓦和特雷特（Ardasheva & Tretter，2013）的 SILL 验证版本（共 28 个项目）设计了一个较短的问卷（共 15 个项目；见表 3），使用从

1分（完全不同意）到5分（完全同意）的五分制进行回答。

3. 翻译的自效认知

由于一般自效认知测试（GSE）测量"与特定活动领域或行为相关的效能信念几乎没有或根本没有关系"（Bandura, 1997: 42），自效认知应限制在"给定的情境需求"。然而，目前还没有测量学生翻译自效认知的工具。因此，我们在GSE量表基础上拣选编制了一个简短的翻译自效认知量表。该翻译自效认知量表（见表3）作为一种具体领域自效认知的测量方法，比GSE更符合Bandura对自效认知的定义。

（四）数据分析

为了直接比较结果，我们将样本中的各变量数值全部转化为一个固定的范围（从1到5），并使用SPSS 23计算每个变量的平均值和标准差。为了验证各个变量测量的可靠性，使用SPSS 23计算了评估语言学习策略、特定领域知识和翻译自效认知测量工具内部一致性以及评分者之间的一致性。通常认为0.7或更高的系数数值满足一致性的要求（Nunnally, 1978）。为验证调查问卷的有效性，我们采用SPSS 23软件进行主成分分析（PCA），并对所生成的相应的因子值作进一步分析。最后，使用Mplus 7（Muthén & Muthén, 1998—2012）进行路径分析，以测试图1中的各变量之间的假设关系。

四 结果

（一）描述性统计

描述性统计结果显示，学生在语言学习策略使用上的平均得分较高，而在翻译自效认知上的平均得分较低。这些变量的标准差相当均匀，范围从0.48到0.67。测量结果的内部一致性系数均为中到高，均在0.7以上。翻译创造力评分人之间的可信度系数（括号中）低于其内部一致性系数。

表2　　　　　　　　　　描述性统计和信度

变量	N	Mean	SD	信度
翻译创造力	163	3.38	0.54	0.86 (0.78)

续表

变量	N	Mean	SD	信度
学习策略	162	3.94	0.48	0.85
翻译得自效认知	164	2.99	0.64	0.79
语言能力	164	3.27	0.59	NA
特定领域知识	164	3.35	0.67	NA

（二）测量的有效性

我们采用主成分分析法对测量数据进行分析。结果证实，翻译自效认知有一个主成分，占总方差的59.14%。虽然缩短版的语言学习策略量表显示了几个子成分的存在，但有一个通用成分占总方差的45.26%。由于本研究的目的是探讨语言学习策略的使用与翻译创造力之间的关系，而不是语言学习策略的子成分与翻译创造力之间的关系，因此表3只呈现题目与主成分有关的相关系数数值。系数范围为0.46到0.84。大多系数都高于0.6，这表明大多数题目与主成分具有强相关。

表3　语言学习策略量表和翻译自效认知的主成分分析

语言学习策略量表	
为了更好地理解学习新词汇，我会尽力使用它们。	0.53
学习新词汇时，我会主动思考什么时候能使用它们。	0.77
学习新的英语词汇时，我会想象一个场景去帮助记忆。	0.76
学习新的英语词汇时，我会试图寻找它在中文里的对等词。	0.57
我会把长的单词分成几部分去理解记忆。	0.59
我常常总结自己听到或读到的英语篇章。	0.48
如果找不到合适的英语词汇，我可能会自己造个词。	0.53
英语阅读时，我不会查所有不认识的词。	0.73
我会预测接下来人们会用英语说什么。	0.46
我会思考自己的英语水平如何。	0.70
我能明白自己的英语错在哪里，然后会尽力改正。	0.68
我会自己努力找途径学好英语。	0.65
我和别人一起练习英语。	0.78
我学英语时，会告诉别人自己的感受。	0.62

续表

语言学习策略量表	
*我很少和别人一起练习英语。	0.72
翻译自效认知	
我的翻译能力在同龄人中属于中上水平。	0.79
*与同学相比,我的翻译质量很差。	0.84
*当我的翻译出问题时,我认为主要是因为我的双语能力差。	0.76
当我在翻译中出错时,我相信大多数人也会犯同样的错误。	0.68

(三) 路径分析

图 2 所示的假设关系与数据不太吻合,路径分析结果显示 Chi-Square =7.59, df=2, p=0.02; CFI=0.88, SRMR=0.05。此外,图 1 所示的并非所有链接都具有统计学意义。如图 2 所示,虚线表示语言能力与翻译自效认知之间没有显著关系。此外,语言学习策略对翻译创造力的影响并不显著。实线表示由它们形成的连接在 p<0.05、0.01 或 0.001 时具有统计学意义。

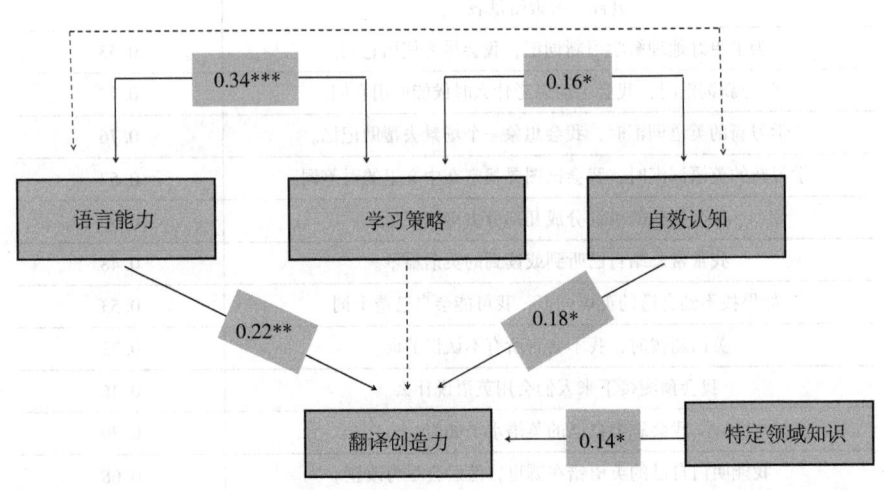

图 2 各变量之间的假设关系验证结果 (p<.05*, p<.01**, p<.001***)

根据 Mplus 生成的分析结果,我们对各变量之间的假设关系进行了相应的修正 (见图 3)。修正后的关系拟合度较好,路径分析结果显示 Chi-

Square =4.58，df=4，p=0.33，CFI=0.98，SRMR=0.03。结果表明，学生的学习策略并没有直接影响他们的翻译创造力，而是可能通过其他三个知识因素间接影响翻译创造力。具体来说，学生的学习策略显著影响其语言能力、翻译自效认知和领域知识，而这三个知识因素显著影响学生的翻译创造力。

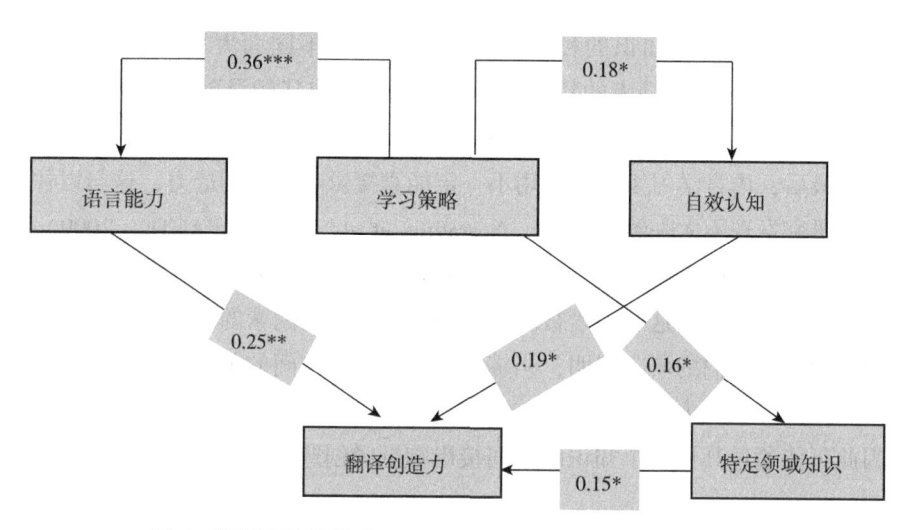

图3 修正后的关系（p<.05*，p<.01**，p<.001***）

五 讨论

（一）研究问题1

本研究发现，在翻译文化负载型景点名称时，语言能力和创造性之间存在正相关。该发现与列维（Levý，2011）的观点相呼应，即译者的翻译创造力受语言的影响。为了让读者在语言和文化上都能接受，译者需要创造性地编辑原文或译文的信息或结构，这都需要足够的语言能力和技巧。译者能否有效创造在很大程度上也取决于其语言水平。

与语言能力相似，翻译自效认知对学生的翻译创造力也有直接和积极的影响。也就是说，一个学生译者对自己的翻译能力越有信心，就会产生更多新颖的翻译。在翻译研究中发现，自效认知或翻译自信在创造性翻译中起着建设性的作用（Kussmaul, 1995），会使人们的表现更具积极性和多样性（Linnenbrink & Pintrich, 2003）。

此外，学生的特定领域知识在文化负载型景点名称的创造性翻译中也发挥了显著作用。这一发现与以前一些强调特定领域知识在翻译中作用的研究（如 Dann, 1996; Pierini, 2007; 李海军、彭劲松 2006）一致。Baer（1996, 2012）证明创造力应该是在特定领域的，因为促进某个领域创造力的特定领域知识的种类和内容会因领域不同而大相径庭（Baer, 2012: 24）。因此，译者的特定领域知识也是影响其翻译创造力的一个重要因素。

最后，语言学习策略的使用不一定能直接影响翻译创造力，这与以往一些研究发现不太一致（例如，Nosratinia et al., 2014; PACTE, 2009）。造成这一结果的可能原因是，尽管二元相关性分析可能表明这些因素都是显著相关的，但当这些因素被综合在一起时，某些因素的影响可能被其他因素中和。我们的研究表明，当综和考虑各变量之间的关系时，语言学习策略对翻译创造力没有直接影响，但它确实与其他三个因素有显著关系，因此可能通过其他三个知识因素间接影响翻译创造力。

（二）研究问题 2

如前所述，在四个知识性因素之间的相互关系上，最活跃的是语言学习策略，它对其他三个知识因素都产生了显著的影响。语言学习策略在语言学习和使用中起着至关重要的作用，在许多方面有助于学习者发展语言能力（Oxford, 1990），而成功的学习者会有效地使用更多和更频繁的学习策略（Bruen, 2001; Green & Oxford, 1995; Griffiths, 2003）。因此，在学习策略和语言能力之间有显著联系并不出乎预料。

此外，语言学习策略与翻译自效认知之间存在显著关系。以往研究（如，Purdie & Oliver, 1999; Hong & Park, 2012）虽然也得出了类似结果，但都没有涉及翻译，本研究首次证明了语言学习策略对翻译自效认知的积极影响。

语言学习策略还会影响学生的特定领域知识。阿尔达西瓦和特雷特（Ardasheva & Tretter, 2013）总结出策略性学习者比非策略性学习者能更有效地获取知识。在本研究中，被试的特定领域知识是以英文授课的"中国文化遗产解说"课程成绩进行评估的，这也可能是学生语言学习策略会直接影响他们所获得的文化和传统知识的原因。

从这项研究中，我们没有观察到语言能力和自效认知之间的显著关系，这和我们根据以往研究（如，Jiménez Ivars et al., 2014; Raoofi et al., 2012; Zimmerman et al., 1992）所假设的关系有出入。可能的原因是学生翻译人员都是翻译初学者，无论语言水平高低，他们的翻译自信还没有很好地建立。

六　教学启示

从本研究结果出发，我们得到以下几点关于培养学生翻译创造力的教学启示。

首先，收集到的证据表明语言基础较好的学生在翻译时表现得更有创造力。因此，帮助学生奠定坚实的语言基础对于培养学生的翻译创造力是不容忽视的。对于翻译专业的学生而言，打好语言基础主要是让学生清楚中英两种语言的主要差异，比如英语是一种静态语言，有名词化倾向，而中文相对而言是一种动态语言，会更多地使用动词（连淑能，1993）。类似这些基本的语言特性和差异需要在教学中强调清楚。实际上，学生双语转换的创造性是建立在他们的语言基础上，也就是他们对于两种语言差异的认识上的。

其次，翻译自效认知越强，学生完成翻译任务的积极性、乐观性、创造性就越强。因此教师应从教学态度和方法出发，有意识地帮助提高学生译者的自效认知，比如对学生良好的翻译表现应及时提供更加积极和肯定的反馈，而不是一味批评纠错。同时，教师也应该鼓励和鞭策学生，让他们自己更加有意识地练习自己的创译，从实践中总结丰富自己的双语平行语料和翻译经验，发展自己的优势和长处，守正出奇，提高自效认知。另外，教师还可以提供给学生经典译文或范例，鼓励学生多模仿有创意的大师译作细节，从而帮助他们提高翻译水平和信心。总之，要采取多种措施帮助提高学生的翻译自效认知，使之步入良性循环。

第三，由于特定领域知识是发展翻译创造性的必要条件，那么从宏观的角度上，翻译专业设置应该更细化，具体领域的课程设置要加强各领域的专业知识课程，翻译的技能课程需要和领域的专业知识课程互相配合。从微观的教学角度上，教师应花费更多的时间和精力解释分析特定领域知识。比如，旅游翻译教学需要更多地让学生了解主题相关的历史地理、宗教艺术、旅游心理等行业知识，尽早地给学生强调领域特定知识对于有效翻译的重要性。以本文中讨论的旅游景区名称的翻译为例，如果译者对景区的背景了解较透彻，就能不囿于中文字面，创造性地翻译出旅游景区真正的性质和特色，会对旅游景区的外宣和外来的游客更为有益。注重特定领域知识的提高，既可以帮助学生激发翻译创造力，也可以使翻译理论和教学脚踏实地，为文化的有效外宣找到了一条途径。

主要参考文献

Amabile, T. M. Social Psychology of Creativity: A Componential Conceptualization. *Journal of Personality and Social Psychology*, 1983, 45: 357-377.

Amabile, T. M. Social Psychology of Creativity: A Consensual Assessment Technique. *Journal of Personality and Social Psychology*, 1982, 43: 997-1013.

Ardasheva, Y., and T. R. Tretter. Strategy Inventory for Language Learning-ELL Student Form: Testing for Factorial Validity. *The Modern Language Journal*, 2013, 97: 474-489.

Baer, J. The Effects of Task-specific Divergent-Thinking Training. *The Journal of Creative Behavior*, 1996, 30: 183-187.

Baer, J. Domain Specificity and the Limits of Creativity Theory. *Journal of Creative Behavior*, 2012, 46: 16-29.

Bandura, A. *Social Foundations of Thought and Action: A Social Cognitive Theory*. Upper Saddle River, NJ: Prentice Hall, 1986.

Bandura A. *Self-efficacy: The Exercise of Control*. New York: W. H. Freeman, 1997.

Bayer-Hohenwarter, G. Creative Shifts as a Means of Measuring and Promoting Translational Creativity. *Meta*, 2011, 56: 663-692.

Bloom, B. S. *Taxonomy of Educational Objectives. Vol. 1: Cognitive domain*. New York: David McKay, 1956.

Bruen, J. Strategies for Success: Profiling the Effective Learner of German. *Foreign Language Annals*, 2011, 34: 216-225.

Cifuentes-Férez, P. & Javier Fenollar-Cortés. On the impact of self-esteem, emotion regulation and emotional expressivity on student translators' performance. *Vigo International Journal of Applied Lingus*, 2017, 14: 71-97.

Cohen, A. D. *Strategies in Learning and Using a Second Language*. London: Longman, 1998.

Cohen, A. D., and E. Macaro. (Eds.) *Language Learner Strategies*: 30 *Years of Research and Practice*. Oxford: Oxford University Press, 2007.

Collins, M. A., and T. M. Amabile. Motivation and Creativity. In R. J. Sternberg (Eds.) *Handbook of Creativity*, (pp. 297-312). Cambridge: Cambridge University Press, 1999.

Dann, G. M. S. *The Language of Tourism. A Sociolinguistic Perspective*. Nashville: Thomas Nelson Publishers, 1996.

Ehrman, M., and R. Oxford. Adult Language Learning Strategies in an Intensive Training Setting. *The Modern Language Journal*, 1990, 74: 311-327.

Feist, G. J. A Meta-analysis of the Impact of Personality on Scientific and Artistic Creativity. *Personality and Social Psychological Review*, 1998, 2: 290-309.

Feldhusen, J. F. Creativity: a Knowledge base, Metacognitive Skills, and Personality Factors. *Journal of Creative Behavior*, 1995, 29: 255-268.

Forstner, M., H. Lee-Jahnke, and P. A. Schmitt, (Eds). *CIUTI-Forum 2008: Enhancing Translation Quality: Ways, Means, Methods*. New York: Peter Lang, 2009.

Francis, W. S., N. Tokowicz, and J. F. Kroll. The Consequences of Language Proficiency and Difficulty of Lexical Access for Translation Performance and Priming. *Memory & Cognition*, 2014, 42: 27-40.

Gandin, S. Translating the Language of Tourism. A Corpus Based Study on the Translational Tourism English Corpus (T-TourEC). *Procedia-Social and Behavioral Sciences*, 2013, 95: 325-335.

Green, J. M., and R. Oxford. A Closer Look at Learning Strategies, L2 Proficiency, and Gender. *TESOL Quarterly*, 1995, 29: 261-297.

Griffiths, C. Patterns of Language Learning Strategy Use. *System*, 2003,

31: 367-383.

Guillen, I. Representational Transference in Translation: a Reflection on the Interpretive Possibilities of Inter-linguistic Grammatical Metaphor. In Maria Pilar Navarro Erssall, Rosa Lores Sanz, and Silva Marino Ornat (Eds.). *Pragmatics at Work: The Translation of Tourist Literature*, (pp. 29 - 56). Bern: European Academic Publisher, 2004.

Hadley, A. O., and E. Reiken. *Teaching Language in Context, and Teaching Language in Context - Workbook*. Florence, KY: Heinle & Heinle Publishers, 1993.

Hatim, B. Culture as Textual Practices: the Translation of the Tourist Brochure as a Genre. In Maria Pilar Navarro Erssall, Rosa Lores Sanz, and Silva Marino Ornat (Eds.). *Pragmatics at Work: The Translation of Tourist Literature*, (pp. 43-70). Bern: European Academic Publisher, 2004.

Hickery, L. 2004. Perlocutionary Pursuit: Persuading of/that/to. In Maria Pilar Navarro Erssall, Rosa Lores Sanz, and Silva Marino Ornat (Eds.). *Pragmatics at Work: The Translation of Tourist Literature*, (pp. 77 - 99). Bern: European Academic Publisher, 2004.

Hong, S. C., and Y. S. Park. An Analysis of the Relationship between Self - study, Private Tutoring, and Self - efficacy on Self - regulated Learning. *KEDI Journal of Educational Policy*, 2012, 9: 113-144.

Jääskeläinen, R. Translation Psychology. In Y. Gambier and L. van Doorslaer (Eds.). *Handbook of Translation Studies*, Volume 3, (pp. 191 - 197). Amsterdam: John Benjamins, 2012.

Jiménez Ivars, A., D. P. Catalayud, and M. R. Forés. Self-efficacy and Language Proficiency in Interpreter Trainees. *The Interpreter and Translator Trainer*, 2014, 8: 167-182.

Khaldieh, S. A. Learning Strategies and Writing Processes of Proficient vs. Less-proficient Learners of Arabic. *Foreign Language Annals*, 2000, 33: 522-533.

Krathwohl, D. R. A Revision of Bloom's Taxonomy: an Overview. *Theory into Practice*, 2002, 41: 212-218.

Krathwohl, D. R., and L. W. Anderson. *A Taxonomy for Learning*,

Teaching, and Assessing: *A Revision of Bloom's Taxonomy of Educational Objectives*. London: Longman, 2009.

Kroll, J. F., E. Michael, N. Tokowicz, and R. Dufour. The Development of Lexical Fluency in a Second Language. *Second Language Research*, 2002, 18: 137-171.

Kussmaul, P. *Training the Translator*. Amsterdam: John Benjamins, 1995.

Levý, J. *The Art of Translation*. Philadelphia: John Benjamins Publishing Company, 2011.

Linnenbrink, E. A., and P. R. Pintrich. The Role of Self-efficacy Beliefs in Student Engagement and Learning in the Classroom. *Reading, and Writing Quarterly*, 2003, 19: 119-137.

Lubart, T.I., and R.J.Sternberg. An Investment Approach to Creativity. In S.M.Smith, T.B.Ward, and R.A.Finke (Eds.). *The Creative Cognition Approach*, (pp.269-302). Cambridge, MA: MIT Press, 1995.

Magogwe, J. M., and R. Oliver. The Relationship between Language Learning Strategies, Proficiency, Age, and Self-efficacy Beliefs: A study of Language Learners in Botswana. *System*, 2007, 35: 338-352.

Mednick, S. The Associative Basis of Creativity. *Psychological Review*, 1962, 59: 220-232.

Mumford, M. D., and S. B. Gustafson. Creativity Syndrome: Integration, Application, and Innovation. *Psychological Bulletin*, 1988, 103: 27-43.

Muthén, L. K., and B. *Muthen. Mplus User's Guide. 7th ed.* Los Angeles, CA: Muthén, and Muthén, 2012.

Nosratinia, M., Z. Mojri, and E. Sarabchian. Creativity and Language Learning Strategies: Toward a More Successful Language Learning. *International Journal of Scientific, and Engineering Research*, 2014, 5: 1156-1170.

Nunnally, J. C. *Psychometric Theory. 2nd ed.* New York: McGraw-Hill, 1978.

Oxford, R. L., and J. A. Burry-Stock. Assessing the Use of Language Learning Strategies Worldwide with the ESL/EFL Version of the Strategy Inventory for Language Learning (SILL). *System*, 1995, 23: 1-23.

Oxford, R. L. *Language Learning Strategies: What Every Teacher Should*

Know. Englewood Cliffs, NJ: Newbury House, 1990.

PACTE. Results of the Validation of the PACTE Translation Competence Model: Acceptability and Decision Making. *Across Languages and Cultures*, 2009, 10: 207-230.

Pierini, P. Quality in Web Translation: An Investigation into UK and Italian Tourism Web Sites. *The Journal of Specialised Translation*, 2007, 8: 85-103.

Purdie, N., and R. Oliver. Language Learning Strategies Used by Bilingual School-aged Children. *System*, 1999, 27: 375-388.

Raoofi, Saeid & Tan, B. H. & Chan, Swee. Self-efficacy in Second/Foreign Language Learning Contexts. *English Language Teaching*, 2012, 5: 60-73.

Rojo, A. & Caro, M. R. Can emotion stir translation skill? Defining the impact of positive and negative emotions on translation performance. *Reembedding Translation Process Research*, 2016, 3: 107-129.

Stajkovic, A. D., and F. Luthans. Self-efficacy and Work-related Performance: A Meta-analysis. *Psychological Bulletin*, 1998, 124: 240-261.

Sternberg, R. J. & Lubart, T. I. *Defying the Crowd: Cultivating Creativity in a Culture of Conformity*. New York: Wiley & Sons, 1995.

Weisberg, R. W. Creativity and knowledge: A challenge to theories. In R. J. Sternberg (Eds.). *Handbook of Creativity*, (pp. 226-250). New York: Cambridge University Press, 1999.

Wharton, G. Language Learning Strategy Use of Bilingual Foreign Language Learners in Singapore. *Language Learning*, 2000, 50: 203-243.

Zimmerman, B. J., A. Bandura, and M. Martinez-Pons. Self-Motivation for Academic Attainment: The Role of Self-Efficacy Beliefs and Personal Goal Setting. *American Educational Research Journal*, 1992, 29: 663-676.

教育部语言文字信息管理司：《公共服务领域英文译写指南》，外语教学与研究出版社 2016 年版。

李海军、彭劲松：《专业知识：科技翻译的瓶颈》，《中国科技翻译》2006 年第 3 期。

连淑能：《英汉对比研究》，高等教育出版社 1993 年版。

林金艳、李红英：《Mona Baker 叙事观下温州雁荡山景点名称英译研究》，《管理观察》2016 年第 26 期。

吕和发、蒋璐：《创意翻译的探索过程》，《中国科技翻译》2013 年第 3 期。

牛新生：《关于旅游景点名称翻译的文化反思——兼论旅游景点翻译的规范化研究》，《中国翻译》2013 年第 3 期。

潘虹：《目的、功能与旅游景点名称翻译》，博士学位论文，中南大学，2010 年。

汤敬安、余叶子：《旅游景区英译公示语的认知研究——以张家界为例》，《中国科技翻译》2019 年第 3 期。

王爱琴、任开兴：《语言与翻译能力同步提升之模式》，《上海翻译》2016 年第 4 期。

乌永志：《文化遗产类旅游景点名称汉英翻译规范研究》，《外语教学》2012 年第 2 期。

杨红英：《旅游景点翻译的规范化研究——陕西省地方标准《公共场所公示语英文译写规范：旅游》的编写启示》，《中国翻译》2011 年第 4 期。

周霞：《从功能目的论的角度谈旅游景点名的英译——对湖北恩施地区部分景点名英译的分析》，《海外英语》2017 年第 7 期。

附录

翻译测试题目、对应官方翻译及主要的创造性转换

	景区名称	官方翻译	创造性转换
1	红碱淖风景区	Hongjiannao Lake Scenic Area	具体化为 Lake
2	宝鸡民间社火	Baoji Folk Festive Parade	修改为 Festive Parade
3	三原文庙	Sanyuan Confucian Temple	修改为 Confucian
4	十里画廊	Ten-Mile Long Picturesque Valley	具体化为 Valley
5	大唐芙蓉园	Tang Paradise	修改为 Paradise
6	鹤寿亭	the Longevity Pavilion	修改为 Longevity
7	万寿山	the Longevity Mountain	修改为 Longevity

续表

	景区名称	官方翻译	创造性转换
8	青羊宫	Qingyanggong Daoist Temple	具体化为 Daoist
9	楼观台	Louguantai Daoist Temple	具体化为 Daoist
10	赵公明财神庙	The God of Wealth Temple	抽象化为 God of Wealth
11	镇北台	Zhenbeitai Fortress	修改为 Fortress
12	丝绸之路起点旅游走廊	Silk Road Tourism Attractions	修改为 Attractions
13	荷风四面亭	the Lotus Pavilion	抽象化为 Lotus
14	藏经阁	the Sutra Library Hall	具体化为 Library Hall
15	关帝庙	Guan Yu Temple	具体化为 Guan Yu

（王光庭：西安外国语大学，陕西 西安 710128，wangguangting@xisu.edu.cn；唐玮：西安外国语大学 陕西 西安 710128）

交叉融合、特色发展
——翻译硕士专业人才培养模式

马庆林

摘要：培养具有国际视野、通晓国际规则，能够参与国际法律事务和维护国家利益的高素质涉外法律服务人才已成为了我国新形势下的重大战略和决策。而当前我国的高等教育情况是人才培养模式相对单一，学生实践能力不强，应用型、复合型法律职业人才培养不足。为此，顺应国家经济、社会、文化发展建设的需要，更好地服务于"一带一路"倡议，积极探索复合型人才培养模式，提高法律人才培养质量成为我国高等法学教育改革发展最核心最紧迫的任务。本研究以全国翻译专业学位研究生教育指导委员会（以下简称 MTI 教指委）《翻译硕士专业学位研究生教育指导性培养方案》为依据，以我国 5 所政法类院校 MTI 专业前期调研为参照，通过西北政法大学 MTI 专业开展人才培养模式研究与实践，提出了具有政产学研一体化人才培养路径和开放式合作办学两大实践特色的 MLTI（Masters of Legal Translation & Interpreting）复合型人才培养模式。

关键词：翻译硕士；翻译+法律；复合型；人才培养模式

An Intergrated MTI plus Law Talent Training Model

MA Qinglin

Abstract: It is a major strategy and decision-making to cultivate high-quality, foreign-related legal service talents with international vision. The talent should be familiar with international rules and able to participate in international legal affairs and safeguard national interests. The current situation of higher education in China is that the talent training mode is relatively single, the students' practical ability is not strong, and the training of application and comprehensive legal professionals is insufficient. Therefore, to meet the needs of "Belt and Road Initiative" and explore the training mode of comprehensive talents are the core and urgent tasks of the reform and development of higher law education in China. This study is based on the guiding training plan for the education of postgraduates majoring in translation and takes the preliminary investigation of MTI major in five political and legal colleges in China as a reference. Taking the MTI major of Northwest University of political science and law as an example, it puts forward the MLTI comprehensive talent training model with the two practical characteristics of the integration of the new model.

Key words: MTI; Translation+Law; Comprehensive Model; Personnel Training Mode

一 引言

"复合型人才培养"不仅是我国翻译专业人才教育模式的基本方向（武光军，2011：2），更是近十年来国家高等教育改革和发展的重要内容和指针。时至今日，在世界正处于百年未有之大变局的背景下，翻译专业人才培养，尤其是法律翻译方向的翻译专业人才培养不仅是高等教育的基本任务，更是落实习近平法治思想加快涉外法治工作战略布局，协调推进国内治理和国际治理，更好维护国家主权、安全、发展利益，为国家提供涉外法治智力支持的重要来源（新华网，2020）。

西北政法大学外国语学院自2014年获批开展翻译硕士教育以来，始终坚持"交叉融合、特色发展"方向，结合自身办学特色、学科优势，积极探索"翻译+法律"复合型人才培养模式。本文从教育背景、人才培养模式构建、教学实践特色、实践成效四个角度分别详述，为推广复合型人才培养模式提供实践参考。

二 开展翻译硕士专业教育的背景

西北政法大学外国语学院开展翻译硕士专业学位教育的背景及依据主要包括以下三点。

(一) 国家政策

国家相关教育政策不仅反映国家发展重大战略，而且反映行业产业当前及未来人才重大需求。教育政策不仅体现教育规律、统筹推进，而且更以立德树人、服务社会、提升质量、追求卓越为主线，是任何时候任何机构开展教育实践活动的指南和依据。

西北政法大学外国语学院始终积极响应并深刻理解近年国家关于复合型人才，尤其是法律翻译方向复合型人才的培养要求，并将其作为开展"翻译+法律"复合型人才培养的行动指针，如《国家中长期教育改革和发展规划纲要》（2010）、《关于实施卓越法律人才教育培养计划的若干意见》（2011）、《关于发展涉外法律服务业的意见》（2016）、"习近平法治思想关于涉外法治人才培养论述"（2020）等。

(二) 社会需求

中国外文局前副局长兼外文出版社总编辑、全国 MTI 教指委主任黄友义（2015）指出，跨国电商、海外投资、人员交流、出境旅游等社会活动都离不开翻译，未来对翻译人才的要求也会越来越高。社会发展对翻译的需求不止在于量，同样也在于品质和多样性。"翻译+法律"复合型人才培养模式的提出基于社会和市场需求。

20世纪末，随着我国高等教育从精英式教育转向大众化教育，用人单位的人才需求逐渐转向应用型和复合型，即一专多能的人才，既能够节约人力成本，又可以提高工作效率。然而，传统的翻译人才培养机制与翻译市场的人才需求存在脱节，特别是高层次翻译人才无法满足市场需要，造成毕业生就业困难，用人单位却无人可用的尴尬境地（张法连，2018：57）。更为重要的是，我国当前在应对大变局、参与全球治理、走向世界的过程中，亟须加强涉外法治建设，亟须加快涉外法治工作战略布局，急需一大批通晓国际法律规则、善于处理涉外法律事务的涉外法治专业人才，以保障和服务高水平的对外开放（黄进，2019）。

（三）自身特色

政法类院校开展翻译硕士专业学位教育依托其法学优势学科，将法律与翻译进行有机结合，既符合校情也符合国情。依据《翻译硕士专业学位授权点专项评估方案》，办学理念作为一级指标就办学单位对专业学位教育的认识和办学特色作出明确要求。师资队伍、教学内容等指标也反映出了翻译硕士专业学位教育的应用型、复合型人才培养方向。西北政法大学是一所法学特色鲜明，哲学、经济、管理、文学等多学科相互支撑、协调发展的多科性大学；是陕西省省属高水平大学、陕西省"一流学科"建设高校，入选国家首批"卓越法律人才教育培养计划"、国家级大学生创新创业训练计划，为法学传统"五院四系"成员。以此背景为依托，西北政法大学外国语学院充分发挥卓越涉外法律人才教育培养基地的作用，利用法学优势学科和教学资源，积极探索我国法治建设所需要的应用型复合型翻译人才。

三 MLTI 复合型人才培养模式构建与实施

（一）明确复合型人才培养目标

"翻译+法律"复合型人才培养模式旨在培养适应国家和区域经济社会发展所需、通晓国际规则、具有世界眼光和国际视野、德智体美劳全面发展、基础扎实、知识丰富、具有较强创新精神、实践操作能力和社会适应能力的高素质、应用型、复合型高级法律翻译人才，为政府机关、外事部门、公检法单位、海关边检以及民航、旅游、律师事务所等企业输送能够胜任与法务相关的翻译和管理岗位的涉外法律服务人才。

（二）打造复合型课程体系

"翻译+法律"复合型课程体系应涵盖三大模块：翻译专业课程、法律基础课程以及特色选修课程。MTI 学生已具备较为扎实的语言基础，硕士阶段应通过翻译概论、英汉汉英翻译实践、计算机辅助翻译等翻译专业课程夯实翻译理论知识和翻译技能。但多数学生缺乏法律专业基础，因此开设高级法律英语、法律基础、知识产权法、民商法概论等法律专业基础课程。开设法庭口译、法律文本翻译Ⅰ（司法文书）、法律文本翻译Ⅱ（知识产权）、法律文本翻译Ⅲ（法律法规），学生可根据兴趣与专长选修课程。

（三）加强复合型师资队伍建设

采取"横向联合、内培外引"等方式，创造良好的教师成长环境，在数量、年龄、学历、专业素养等方面不断强化师资队伍建设，加强师德师风建设，高度重视教师梯队建设，尤其注重青年教师培育。鼓励教师从事翻译实践，积极参加行业师资培训，也可邀请法律行业资深专家担任实务导师对学生进行指导，聘请兼职教师担任实务课程教学，邀请国内外知名学者举办实务讲座。

（四）健全质量保障体系

完善教学检查制度，通过初期检查、中期教学检查、专项检查、期末检查等多项措施对课堂教学、考试命题、试卷评阅、实践教学等各个教学环节实施全方位监控。积极开展学生评教、教师评教活动，组织学生对教师的课程教学进行评分，组织督导专家不定期听课，并要求导师进行年终述职。

四 教学实践特色

西北政法大学外国语学院重视教学与教师和学生的实训进行深度的融合，理论知识与基本技能进行有机的结合，在教学过程中逐步摸索并总结出政产学研一体化人才培养路径和开放式合作办学两大实践特色，为推广复合型人才培养模式提供实践依据。

（一）政产学研一体化人才培养路径

2016 年与秦汉文化翻译有限公司共同建立"法律商务翻译协同创新基地"；2017 年分别与知识产权出版社成立"专利翻译实训中心"、与美国哥伦比亚大学出版社共同组建"巴顿·华兹生中国文化翻译研究中心"；2018 年与中山市法制局签订《中山市政府规章翻译委托协议》，

2019 年与商务印书馆签订中国法律图书翻译战略合作协议。通过校企、校政合作等方式，初步形成了聘请行业精英、政企实践实训、合作教学科研、承接线上线下翻译项目的一体化人才培养路径，为涉外法务部门、律师事务所、翻译公司及其他企事业单位输送高级法律翻译人才。

通过"法律商务翻译协同创新基地"，师生共同承担律所、企业、高校等委托的法律文书资料翻译，如美国纽约某法院长达 220 多页的庭审诉讼资料、英美国家上诉案件判决意见书、韩国进出口银行贷款合同及中外经贸合同、中英美大学合作备忘录等。依托"巴顿·华兹生中国文化翻译研究中心"，师生们目前已经完成 4 部约 100 万字文学作品的英汉或汉英翻译，如巴顿·华兹生先生的散文集《彩虹世界》（样书已出）、陕西著名作家张兴海的长篇历史小说《圣哲老子》（34 万字）、纪实文学《死囚车上的采访》（15 万字）等。目前，正在承担的文学作品翻译还包括有关中国抗战期间英国援华组织公谊救护队的研究专著 *A True Friend To China*、短篇小说集 *Daughters of An Ancient Race*、有关美国友人的传记作品 *China's American Daughter* 等。2018 年起，学院组织 2016 级、2017 级共 12 名 MTI 研究生参与有关中国抗战历史研究的资料整理和翻译，如一百多封 40 年代中国工合运动的历史函件和通信，书名暂定《有关中国工合的通信 1940》（即将印刷）。

近年来，1 位 MTI 专任教师受聘为广东省法制办地方法规译文评审专家，3 位教师承担了中山市法制办、兰州市法制办委托的 30 余部地方法规的翻译工作，以及 40 余部广东省地方法规的译文评审工作。3 名 2018 级学生参与国家外专局组织的《中华人民共和国公务员法》（2018）翻译项目，7 名 2017 级学生参与翻译中山市法制办委托的《中山市房屋安全管理规定》《中山市慈善事业促进办法》等法规文件，23 名 2016 级和 2017 级学生参与兰州市法制办委托的兰州市人民政府令［2014］第 1—9 号令、［2015］第 1—8 号令、［2016］第 1—10 号令、［2017］第 1 号令、［2018］第 1-5 号令的翻译工作。

此外，共有 17 名学生在教师的指导下先后翻译了广东省高院人民法院、陕西省高院人民法院、西安市中级人民法院的判决书，以及律师事务所委托的各类文书。在与商务印书馆和荷兰威科集团建立的合作框架下，2 名 2015 级学生负责《欧洲劳动法（第二册）》（2017 年）部分章节的翻译，16 名 2016 级和 2017 级和 7 名 2017 级和 2018 级学生分别参与《中国公司法案例精读》(2018年) 和《中国劳动法案例精读》(2019年) 全书的英译和校对工作。目前 9 名学生已经将《犯罪学与刑事司法测量问题手册》译为中文，2020 年由法律出版社出版。

(二) 开放式合作办学

2015 年，西北政法大学 MTI 专业与西安外国语大学高翻学院签订了《长安联盟框架下的 MTI 合作办学及基地建设协议书》，共享优质教学资源，教师互聘、学生互派、跨校选课、学分互认。按照该协议，MTI 学生在西安外国语大学完成"计算机辅助翻译""专业前沿""文献检索与论文写作"课程的学习，并取得相应学分。西安外国语大学 MTI 学生在我校选修"法律文本翻译（知识产权）""法律文本翻译（司法文书）""民商法概论"课程，并取得相应学分。

2016 年，西北政法大学与中国政法大学、华东政法大学、西南政法大学、中南财经政法大学等兄弟院校组建了"立格外语联盟"。至 2020 年，已举办六届联盟工作会议，共同探讨"翻译+法律"复合型人才培养模式的构建与实施。

五　实践成效

西北政法大学外国语学院自 2015 年起面向全国招收英语笔译专业研究生，共计招生 211 人，分别为 2015 级 28 人，2016 级 27 人，2017 级 26 人，2018 级 31 人，2019 级 27 人，2020 级 36 人，2020 级 36 人；共计毕业 112 人，分别为 18 届 23 人，19 届 31 人，20 届级 27 人，21 届 31 人。大部分毕业生从事与英语教学或翻译相关的职业，也有毕业生从事金融、管理、科技、和律师等工作。五年来，本专业积极探索和实施"翻译+法律"复合型人才培养模式，取得了十分显著的成效。MTI 教育中心规章制度完善，质量保障体系健全。2018 年，翻译硕士专业学位教育因定位准确、理念清晰、特色明显顺利通过 MTI 教指委组织的"翻译硕士专业学位授权点专项评估"。

自复合型人才培养模式实践以来，专任教师队伍的数量、结构等方面发生了可喜的变化，科研实力和实践能力显著增强。自 2015 年，新增教授 2 人、副教授 3 人、博士 8 人、博士在读 3 人、复合型教师 3 人、实务导师 5 人。20 名专任教师队伍中，博士 10 人，占比 50%，高级职称数量 13 人，占比 65%。期间，有 4 名教师先后获得"陕西省百人计划"特聘教授、陕西省教学名师、校级教学名师、校级"长安青年学术骨干"等称号。

  师资队伍结构上的改变和数量上的增加使 MTI 整体办学水平得到了显著提升。近五年，MTI 专任教师年均发表学术论文 1.5 篇，在《中国外语》《外语教学》等国内外核心期刊发表论文 6 篇；在西安交通大学出版社等出版学术著作 2 部；在商务印书馆、广西人民出版社等出版《欧洲劳动法》《英国刑事法官：正当性、法院与国家诱导的认罪答辩》等译著 11 部（法学专著 7 部，文学作品 2 部，民族史 1 部、百科知识读物 1 部），合计 300 余万字。由马庆林教授和付欣博士主持翻译的《中国公司法案例精读》英文版 *Landmark Company Law Cases in China：An In-depth Analysis* 和《中国劳动法案例精读》英文版（*Landmark Labor Law Cases in China：An In-depth Analysis*）分别于 2018 年和 2019 年由国际知名出版商威科集团出版，这两本译著系商务印书馆 2011 年承担的"中国图书对外推广计划"（CBI）之一——"中国文化著作翻译出版工程"的项目成果。近年来 MTI 师生共承担各类国际会议、论坛、法庭口译等近百场。MTI 教师主持完成 MTI 教指委重点课题"MLTI 复合型人才培养模式研究"，参与完成国家社科基金中华学术外译项目 1 项。目前主持 2019—2021 年度国家社科基金西部项目"中国共产党与世界主要政党党内法规翻译及汉英平行语料库建设""基于语料库的法庭话语权力互动机制研究"，2019—2020 年度教育部产学合作协同育人第二批项目"英语+法律复合型师资队伍建设"，2019—2021 年度陕西省教改项目"'翻译+法律'复合型人才培养模式研究与实践"，2018—2020 年度陕西省社科基金项目"动态系统视阈下'续论'的应用研究"等国家级、省部级项目 8 项。

  学生实践能力明显增强，多次获得各类专业学科竞赛奖励。近年来，学院在开展 MTI 教育方面非常重视课堂教学与实践教学相结合，通过以赛促学、以赛促教等方式，积极动员学生报名参加各级各类专业学科竞赛。2017 年，2015 级学生陆永刚的论文"伤害中国人民的感情的语源和英译问题"、董欢和王朵朵参与的译著《欧洲劳动法（第二册）》分别获得陕西省第三届研究生创新成果展一等奖和三等奖；2016 级学生周婷在丝路翻译联盟举办的"我为译狂"模拟联合国翻译比赛中获得"最佳译员"称号。2018 年，2017 级学生陈华获得"第三十届韩素音国际翻译大赛"英译汉三等奖；2016 级学生柴倩茹等《2018 丝路春晚》字幕翻译成果获得陕西省第四届研究生创新成果展三等奖；在中国翻译协会主办的第七届全国口译大赛陕西省复赛中，2016 级学生周婷、林文君和 2017 级学生丁雯婷分获二等奖和三等奖；在成都举行的大区赛中，周婷同学再次获得二等奖。2019 年，2016 级学生周婷、2017 级学生江钰婷获得第八届全国口译大赛陕西省复赛三等奖；2018 级学生伍萌、2017 级学生杨芮和白益洪在全国"希望之星"英语风采大赛陕西省赛区决赛分别斩获特等奖、二等奖及三等奖；2017 级白益洪同学获得"第三十一届韩素音国际翻译大赛"汉译英优秀奖；2018 级伍萌同学参加在京举行的全国总决赛，最终入围大学成人组 50 强，并获得全国二等奖。2020 年，2019 级杨爽同学获得"第三十二届韩素音国际翻译大赛"英译汉优秀奖。尤为可喜的是 2019 级 4 位同学从 669 名参赛队员中胜出，成为进入决赛圈的 50 位选手，其中黄欣悦、李连圆、杨阳获得第十一届"华政杯"全国法律翻译大赛总决赛三等奖，张彤彤获得优胜奖。上述各类专业学科竞赛获奖反映出学院贯彻落实"以赛促学、以赛促教"和"理论加实践"的育人理念所取得的成果。

六　结语

随着国家专业学位教育的稳步发展，MTI 教育和培养工作也日趋成熟，并同其他专业学位教育一样呈现了鲜明的行业性和区域性特点。政法类院校的 MLTI 专业应以自身的传统法学优势学科为依托，瞄准国家和区域的法律翻译市场需求，强化和发挥"翻译+法律"复合型师资优势，重视翻译教学创新，建立政产学研一体化人才培养路径，开放式合作办学。各培养单位应积极探索多元化人才培养模式，以加强涉外法律服务队伍建设、推进涉外法律服务业发展为己任，助力全面推进依法治国，增强我国在国际法律事务中的话语权和影响力。

本论文是 2019—2021 年度陕西高等教育教学改革研究项目"'翻译+法律'复合型人才培养模式研究与实践"阶段性研究成果之一。

主要参考文献

黄进：《如何加强涉外法治人才培养》，《法制日报》2019 年 11 月 20 日（001）。

黄友义：《在第一届翻译人才发展国际论坛开幕式上的讲话》，中国网，2015：http：//www.china.com.cn/news/2015 - 12/12/content_37299483.htm.访问日期：2020 年 11 月 20 日。

潘柳燕：《复合型人才及其培养模式刍议》，《广西高教研究》2001年第 6 期。

新华网：《习近平在中央全面依法治国工作会议上强调 坚定不移走中国特色社会主义法治道路 为全面建设社会主义现代化国家提供有力法治保障》，新华网，2020：http：//www.xinhuanet.com/politics/2020 - 11/17/c_1126751678.htm.访问日期：2020 年 11 月 28 日。

武光军：《复合型翻译人才：我国翻译专业人才培养模式构建与改革方向》，《外语界》2011 年第 3 期。

张法连：《新时代背景下涉外法律人才培养机制新探》，《中国法学教育研究》2018 年第 1 期。

（马庆林 西安 西北政法大学外国语学院 710063 horserman@163.com）

《语言、用法和认知》述评

张 祥 时 健

摘 要：《语言、用法和认知》一书聚焦语言产生的动态过程及其结构和变化，阐明了认知作用于语言使用进而创造语法的机制。理论直指语法本质。本文首先介绍著作各章主要内容，然后从作者的理论思想、理论模型和论证维度评论了著作的主要语言学思想。

关键词：语言；用法；认知

Review of *Languag, Usage and Cognition* by Joan Bybee

ZHANG Xiang, SHI Jian

Abstract: *Language, usage and cognition* focuses on the dynamic processes that create languages and give them their structure and their variance. The theory proposed in the book directly addresses the nature of grammar. This paper briefly introduces the main contents of each chapter and comments its linguistic ideas from the perspectives of theory, model and dimensions.

Key words: language; usage; cognition

一 引言

语言有内在的结构，也在其各层面变化：各语言彼此不同，但相似的工作机制使其成型；同一语言中话语各异，却有相同的句式；语言历时而变，变化有规可循。域概括认知过程（Domain - General Cognitive Process）在每一个语言用法示例中发挥作用，语句的重复使用影响了它的认知表征并且在语言中表现出来。作者认为自然语言语法结构产生于使用中的域概括认知过程并从用法事实、认知加工和语言变化角度为可观察的语言结构的性质提供统一解释。作者阐明了认知过程作用于使用过程进而创造语法的机理（李瑞林、贺婷婷，2020：viii）。

二　内容简介

本书共 11 章。现逐一简要介绍如下：

第 1 章：基于用法的语言观。作者以沙丘比拟语言形成的机制，描述语言结构各层面的梯度（Gradience）和变化（Variation）、定义了域概括及其涵盖范围、明确了基于用法的语法研究基调。在梳理前人研究基础上论述了研究方法和进路，同时指出本书研究旨在回答"用法频率如何影响语言结构""用法示例与认知表征之间的关系""构式如何产生、变化和运作""语法从何而来"以及构式在语言各层面的语义、语用和语音形式及他们的可分析性、组合性和能产性问题。

第 2 章：语言的丰富记忆：样例表征。样例表征是记忆表征，他们是语言使用者在语言体验中感知的所有信息。样例源自使用，它体现了语言结构的梯度和渐进变化。样例记录语音变化、语词和构式、意义及其基于语境的推理（Inference）和语境的社会、物理和语言属性。本章通过对语音范畴化（Phonetic Categorization）、语音识别（Voice Recognition）、社会语音学（Sociophonetics）、语音变化的词汇扩散（Lexical Diffusion of Sound Change）、语法化（Grammaticalization）、逐字回忆（Verbatim Recall）等方面研究结果的介绍，说明大量的语言细节会存留于认识表征之中。同时指出，样例围绕一系列蕴含丰富细节信息的用法示例建构，用法示例影响语言的认知表征。作者还详细举例说明了音位、形态和句法中的样例表征，指出重复（Repetition）和样例强度（Exemplar Strength）可在语言变化过程中催生新结构。

第 3 章：组块化和自治度。在前一章对于样例表征和词与词、语素与语素、语音与语音构成聚合关系网络讨论的基础上，作者首先介绍语块

(Chunk)的性质和形成：语块是顺序体验的层级组织，是形成复杂语言单位的认知机制，其强度取决于词与词共现的频率。然后指出样例和网络模式有助于描写和解释语块现象，包括语言结构序列因重复而紧缩（Reduction）、可分析性和成分性在重复使然的复杂表达中的保持和失去、高频案例中的自由度和因语境浸润而产生的意义变化，尤其是因推理而产生的意义。最后强调了语块及其对于形态句法结构的重要性，分析了语块的形成及其可分析性与组合性的互动关系，论证了语块自由度增长过程中其可分析性和组合性的逐步丧失。

第4章：类比和相似性。类比是指以新形式使用已有构式的方法，类比根据相似性而类比，范畴化为类比提供了相似性框架。本章探讨了语言类比的性质并阐明类比加工是人们创造新奇话语能力的基础。预制的词序、规约的表达和成型的构式为类比这一域概括过程提供了基础。儿童语言研究证明的"类比产生新奇话语"可以用于解释成人语言产出。本章也回顾了类比在历时变化中的运作机制，分析了形态类比和句法构式类比的相同之处。这说明类比加工产生于语言的各个层面，具有历时性和共时性。范畴化和相似性是类比的理论依据。

第5章：范畴化和语料库的构式分布。本章详细讨论构式的示例（Token）和类型（Type）分布，指出构式的开放槽位（Open Slot）的范畴性质和示例类型的频率与语义范畴互动决定他们的范畴性质、图式性程度和能产性。作者通过分析含有图式性槽位的构式的范畴结构来说明影响构式内部结构、能产性、图式性和可分析性的用法性质，指出：构式中与能产性相关的高频词项构成了范畴的中心。这说明用法影响进入构式的范畴的结构。构式中语素意义的范畴化是构式如何吸纳词项并拓展新用法的决定性因素，研究数据支持记忆表征这一观点，因为这些表征是通过对具有一定强度的样例的使用而形成的，也是构式对语素意义的细节性记录，这为类比产生构式的新用法提供依据。本章还阐述了前一章中呈现的部分相关概念，并根据语料中构式示例的频率分布情况讨论了图式性和能产性。

第6章：构式从何而来：基于用法理论中的历时与共时。本章首先讨论词汇语素的语法化问题，作者从语言是复杂的适应性系统这一要义切入，重点讨论新结构产生过程中语言的变化。她认为这些变化过程是解释语言历时而变的终极基础。就语法化及语法化的产生和解释力，她认为语言的历时变化是过去几十年语言研究的主要对象。语法化研究表明：语法由语言的日常使用演进而来，语言是人类的一般感知、神经动觉和认知体验的产物。语法来自域概括过程，对语法化的探讨可以消除语法的神秘性。同时，"语法来自语法化"这一观点说明"儿童语言习得是语言变化的根源"这一假说是错误的。最后，作者对比了作为语言变化根源的用法和习得。

第7章：析出还是新范畴的产生：以英语助动词为例。本章介绍了两种析出（Reanalysis）的可能：一、语言在演进过程中，某一时期的突然变化会创生范畴，但其表层形式变化非常缓慢；二、人们修正的共时语法观念，即范畴的层级、渐进的变化和量化因素，可直接在语法中表征。二者无论称其语法化，还是析出，都是逐渐发生的。英语助动词范畴的发展变化说明了这一现象。作者借助类型和频率分析疑问句和否定句中"do"的产生和扩散、主谓倒置和情态助动词语法化问题。她指出，语言结构是语言自身历史的产物，规约（Conventionalization）的主要因素是重复，仅从共时维度解释语言结构是不充分的。

第8章：梯级的成分和渐进的析出。在前几章讨论互动创造语法结构的认知加工过程的基础上，本章在基于用法语法框架内讨论成分结构的产生和变化，尤其是新成分结构的产生和语法构式内部结构的消失。作者还论证了语块化、范畴化等域概括过程使成分结构连贯的假说。由于这些认知加工过程均基于特定样例在语言实时使用中产出层级表征，所以成分结构也是层级的。作者认为词语在一组序列中的可分析程度和该词与其他序列中的样例关联程度不同，这取决于这种关联在语言使用中被激活的程度。这种变化的结果是：一、同一类型的若干构式（比如复杂介词）语法化速度不同；二、同一构式在语法化过程中，与一些词语的语法化程度比与另外一些词语的语法化程度高。

第9章：规约和局部与整体：以现代英语 can 为例。本章继续探讨互动产生语法结构的认知加工过程。作者以现代英语 can 为例论证规约如何造就具有次语法（Subgrammatical）性质的局部句型（Local Pattern）。研究发现：can 和 can't 在高频组合中的用法事实与句法结构的许多假说不符。比如，作为有标记的否定范畴 can't 比肯定范畴 can 用法频率高，其原因是否定的情态与认知动词（Cognitive Verb，如 remember, understand, imagine, think 等）或交际动词（Communicative Verb，如 tell, say

等）构成的预制序列（Prefabricated Sequence）具有特定的语篇功能。为证实这一结论，作者考察了物质动词（Material Verb）如 go、get、和 put，发现他们的肯定形式分布更广。另外，通过对（don't）remember 和 can/can't remember 的对比研究发现：规约结构是用法频率较高的结构。第三，通过对比具有语用功能和主观功能的语篇标记和描述某一情景的程式性表达（Formulae）发现：前者是预制形式（Prefab），其形式是固定的；后者是构式，其部分意义由语篇的其他部分表达。

第 10 章：样例和语法意义：特别和一般。语法化旨在明确语法意义的性质及其语言历史和用法根源。本章，作者讨论了如何根据体验和记忆表征来分析和理解语法意义。丰富的记忆表征允准推理性质逐渐增长并导致意义变化。作者以语法化中语义的变化机制、变化的语法意义本质和与结构主义理论抽象对立的对比展开论述并指出语法意义来自词汇意义、意义的抽象和概括、语用强化、词义的保留、语境中吸纳的意义、零语素的演化等问题。这说明语境因素和语境推理可成为部分语法意义；用法因素说明语言是自然的、有机的社会工具，不是抽象的逻辑工具。最后作者讨论了人类体验和语法意义的互动，指出语言表达的结构和意义、人们对语言形式的用法和体验密切联系，自然语言的范畴化并非基于充分必要条件，而是参照相似性和样例的使用频率演进。

第 11 章：作为复杂的适应性系统的语言：认知、文化和使用的互动。本章以"语言共性产生自域概括过程的应用和互动"为主线总括全书，指出语言是复杂的可调变系统，是认知、文化和用法互动的产物，将语言作为实时发生并传承的体验活动，才能更好地解释人们感知的语言结构。

三　简要评述

琼·拜比是美国新墨西哥大学语言学系荣休教授。其作《语言、用法和认知》2010 年由剑桥大学出版社出版，2020 年由商务印书馆"语言学及应用语言学名著译丛"翻译出版。在此书中，琼·拜比着力打造的理论聚焦语言结构的变体和层级，直指语法本质，该理论基于语言使用中的"重复"与"互动"的认知加工方式来解释语言结构成因。她论证的基础是大量的口语和书面语语料、对语言变化的洞察和对语言使用者的实验结果。本书的结论是语言使用和语言变化的整合性理论，对认知加工和语言演化研究有启迪意义。著作内容涉及语言使用、变化和认知的诸多方面，对语言现象的论述既有理论思辨，又有实证数据，具有较高的学术价值和实用价值。综观全书，有以下几大鲜明特点：

（一）基调：基于用法的语法

Joseph Greenberg 于 1960 年首先提出"基于用法"理念，它是美国功能主义的延续和发展（Bybee，2010：195）。基于用法理论认为语法源自体验。Bybee 认为语法是人类语言体验的认知组织，"构式"是形态和句法表征的研究单位。既然构式是有一定序列结构的形义配对体，那么语法就不该含有独立于语义的句法模块。基于用法语法的各抽象层面是在相似示例的用法范畴化的基础之上产生的认知表征。基于用法语法研究的核心思想是用法示例影响语言的认知表征，所以变体和层级是语言使用系统中的直接表征，用法事实也是语法本身历时和共时变化的证据。构式的具体示例影响认知表征还包括示例会因重复使用而变成新的、独立的构式。在样例模型中，所有变体以样例束（Exemplar Cluster）在记忆中存在。这样的样例束逐渐演进，记录着它在使用过程中发生的变化。因此，变化产生于使用而非习得。构式来源于对话语的概括（Generalization），所以用样例模型研究更为直观（Bybee，2010：9）。

（二）理论：域概括思想贯穿始终

域概括是人类在发展过程中逐渐形成的一般认知能力。该研究将语言结构中潜藏的域概括过程置于人类行为的大背景下研究。域概括能力是语言的起源（Bybee，2010：201），这些域概括过程主要包括范畴化、语块形成、记忆存储、类比等。这些域概括机制调节复杂的语言演进，使之产生丰富的语言结构和变化。域概括过程以及它们在语言用法中的反复应用创造了范畴、构式和成分。同时，可分析性、成分性、能产性和创造性用法也可以从域概括过程获得。这些过程体现在语言的演进之中，尤其体现在语法化、新构式产生和成分结构的变化。语法结构不是"抽象规则"的产物，而是基于用法的概括过程，是从具体到一般、现象到本质的过程。对"概括"这一术语的翻译还见于陆俭明（2013）、吴海波（2008；2013）。中译本对这一概念的翻译存在多处误解和误译。

（三）模型：样例模型是理论模型

样例表征是丰富的记忆表征，他们是语言使用者在语言体验中感知的所有信息。样例模型的核心立场是用法示例影响认知表征。每一个用法示例都强化其词项、词串或构式的表征。语法构式和语素的语义范畴并非由一组充分必要条件决定。构式具有范畴结构和高频用法，所以语义范畴可以分裂为两个或更多的范畴，这很自然地造成了语法形式的多义现象。样例的范畴化就预测和模拟了这样的变化。记忆表征也包含语境因素，样例表征记录语境推理。这意味着不用每次都计算惯常和重复的推理，因为推理会成为一部分语法表征。特定构式的示例影响认知表征，因此构式中某一词语的示例频率（如高频出现的 drive me crazy）和类型（出现在 drive me crazy 这个构式中的不同形容词）决定了构式的表征及其能产性。构式的特定示例影响表征的证据是示例因重复使用逐渐成为新的独立的构式、具体的构式示例影响构式中图式性槽位的范畴。因为语言用法的每一个示例都影响表征，所以变化和层级在语言使用系统中有直接的表征。样例模型中的变化形式以样例束在记忆中存在并发生变化，也代表语言在使用中发生的变化，所以变化是使用中的变化，而非习得中的变化。

（四）论证：历时与共时有机结合

语言的句式有其演进历史，研究语言结构就应追溯语言结构产生的根源。作者认为只有考鉴语言变化才能解释语言现象。语言是复杂的适应性系统，语言的用法所反映的认知过程就是导致语言变化的过程。因此，对于语言现象的阐释应坚持历时与共时统一的原则。近期研究表明，历时性不仅对于理解语法，而且对于阐释认知加工都具有重要意义。就这一点，Greenberg（1963，1969，1978）、Givón（1979）、Heine et al.（1991）、Haiman（2002）、Bybee（1985，1988）和 Bybee et al.（1994）均有论证（Bybee，2010：105）。语言变化不该是共时维度中的边缘现象，共时和历时是有机的整体。域概括机制和样例模型的协同运作，推动和调节着语言系统的演进。同时也是解释语言结构历时和共时变化的理论根据。语言结构历时而变，源自从特定话语中获知的语境推理，而推理同时催生了意义的变化。因此，语言变化不仅是认知表征的窗口，也是语言结构的创造者。如果我们从本书理论视角审视语言，把它当作变化的、有层级的范畴，那么变化就是语言中不可缺失的部分，论证就应坚持历时与共时的统一。

四　结语

著作在体验哲学框架内，着力打造揭示语法本质和语言结构成因与变化发展的理论和模型，去除了语法的神秘性。作者以翔实的语言事实为依据，从历时和共时维度辩证地解释了语言结构产生过程，深度揭示了潜在于语言系统的域概括认知机制和组织语言的样例模型协同运作的原理。这种认知加工机制和语言在语言用法事件中的高水平重复，导致了个体语言系统的建立和语法的产生、变化和及其在语言社团中的存续。作者强调语言的社会文化属性，指出语言来自演化，也正在演化（Bybee，2010：119）。语言的动态适应过程即是语法化过程。域概括过程催生语法，新的语法标记和构式通过多样的还原过程（Reductive Processes）和语境中的推理机制历时形成，这些渐进的变化产出新语法范畴、新范畴成员、新语法"规则"。语法本身是自然发生的，也是语言特有的（李瑞林、贺婷婷，2020：252），语法化和基于用法的语法对于意义研究不可或缺。另外，作者关注结构产生发展的过程而非结构本身，体现了认知和功能对于语言结构认识的趋同。

主要参考文献

Bybee, J. From usage to grammar: The mind's response to repetition, *Language*, 2006, 82 (4): 711-733.

Bybee, J. *Language, Usage and Cognition.* Cambridge: Cambridge University Press, 2010.

Goldberg, A. E. *Constructions at Work: The Nature of Generalization in Language.* Oxford: Oxford University Press, 2006.

［美］阿黛尔·戈德堡：《运作中的构式：语言概括的本质》，吴海波译，北京大学出版社2013年版。

陆俭明：《构式语法理论再议：序中译本运作中的构式：语言中概括的本质》，《外国语》2013年第1期。

［美］琼·拜比：《语言、使用与认知》，李瑞林等译，商务印书馆

2020年版。

吴海波:《〈运作中的构式:语言中概括的本质〉简介》,《当代语言学》2008年第4期。

(张祥 张掖 河西学院外国语学院 734000 zhxiangsean@163.com;时健 西安 西安科技大学人文学院 710054)

2020 年版.

尤韩娥, 名《〈朝中四州志〉清实中的民俗本相、救介》, 《法作研究》, 2008 年第 4 期.

(张 栋, 陇东学院文学院 平凉 744000 zhangs-eun@163.com; 冯毅,
陕西 西安外国语大学 文学院 710054)